명인록

De viris illustribus

by Hieronymus

Published by Acanet, Korea, 2022

학술명저번역 636

명인록

De viris illustribus

히에로니무스 지음

최원오 옮김

아카넷

차례

일러두기

1. 인명과 지명은 한국교부학연구회『교부학 인명 · 지명 용례집』(분도출판사 2008)을 따랐다.

2. 작품명은 한국교부학연구회『교부 문헌 용례집』(수원가톨릭대학교출판부 2014)을 따랐다.

3. 『교부학 인명 · 지명 용례집』과 『교부 문헌 용례집』을 수정 · 보완한 한국교부학연구회『교부학 사전』(한국성토마스연구소 2021)을 최종 잣대로 삼았다.

4. 본문의 주석은 옮긴이 주이다.

옮긴이 해제[*]

1. 들어가는 말

히에로니무스(Hieronymus, 347-420년)는 탁월한 성경 주석가이자 번역가의 수호성인이며, 암브로시우스, 아우구스티누스, 대 그레고리우스와 함께 서방의 4대 교부로 일컬어진다. 히에로니무스의 최고 업적은 라틴어로 번역한 대중판 성경 『불가타』*Vulgata*이지만, 그가 저술한 『명인록』*De viris illustribus*도 고대 그리스도교 연구의 소중한 원천이다.

393년에 출간된 『명인록』에는 사도 베드로부터 자신에 이르기까지 유명 저술가 135명의 생애와 작품 정보가 들어 있다. 사도들과 복음사가들, 사

---

[*] 해제는 최원오, "히에로니무스 『명인록』의 교부학적 의미", 『가톨릭 신학』 40 (2022), 5-30을 다듬은 것이다.

도 교부와 호교 교부를 비롯하여, 이단과 열교, 유대인 필론과 요세푸스, 철학자 세네카도 포함되어 있다.

그리스도교 환경에서 나온 첫 작품이기는 하지만, 『명인록』은 독창적 문학 장르가 아니다. 히에로니무스가 머리말에서 밝히듯, 로마 전기 작가 수에토니우스(Gaius Suetonius Tranquillus, 69/75년경-130년경)의 본보기를 따라 교회 저술가 목록을 작성한 것이다.[1] 히에로니무스는 이미 그리스어 또는 라틴어로 저술한 다양한 『명인록』 저자들을 알고 있었고[2], 그들이 남긴 저술가 목록(catalogus scribarum) 형식을 빌려 썼다. 내용에서는 카이사리아의 주교 에우세비우스(Eusebius, 236-339년)의 『교회사』Historia ecclesiastica에 크게 기댔다. 최초의 교회 역사서인 에우세비우스의 이 작품은 고대 그리스도교의 보화가 가득한 황금 동굴이며, 중요한 교회사적 인물들의 생애와 작품을 정리·기록한 걸작이다.[3] 히에로니무스는 에우세비우스가 물려준 방대한 사료를 자유롭게 엮고 보완하여 그리스도교 저술가들에 관한 책을 썼다. 에우세비우스의 『교회사』와 짝을 이루어 교부 연구의 두 기둥이 될 『명인록』이 탄생한 것이다. '교부학'(Patrologia)이라는 본격적인 이름을 달지는 않았지만[4], 에우세비우스의 『교회사』와 히에

---

1 수에토니우스는 100년경 로마 문학의 거장들을 아우른 『명인록』De viris illustribus을 썼는데, 그 가운데 문법학자와 수사학자들의 대목만 남아 있다. Suetonius, De grammaticis et rhetoribus, R.A. Kaster (ed.), Oxford 1995; 수에토니우스, 『로마의 문법학자들』, 안재원 옮김, 한길사 2013 참조.

2 히에로니무스, 『명인록』De viris illustribus 머리말 참조.

3 에우세비우스의 『교회사』Historia ecclesiastica는 325년 이전에 열 권으로 출간되었으며, 교회 창립부터 그리스도인 황제 콘스탄티누스가 324년 리키니우스에게 승리를 거둘 때까지의 다양한 문헌과 정보를 담고 있다. 소크라테스와 소조메누스가 저마다 따로 에우세비우스의 『교회사』를 증보했다.

4 교부학(Patrologia)이라는 용어를 처음 사용한 사람은 개신교 신학자 요한네스 게르하르트

로니무스의 『명인록』을 통해 교부학적 연구는 이미 교부 시대에 시작된 셈이다.[5]

2. 히에로니무스 약전

히에로니무스(Hieronymus, 347-420년)는 347년 달마티아에 있는 아주 작은 마을 스트리돈에서 태어났다.[6] 358년 죽마고우 보노수스와 함께 로마로 가서 366년까지 문법과 수사학을 공부했다. 그의 스승 아일리우스 도나투스는 로마의 유명한 문법학자였다.[7] 팜마키우스, 헬리오도루스, 루피누스와도 친구가 되었다. 아마도 로마 유학 시절에 세례를 받은 것 같다.[8]

367년경, 친구 보노수스와 함께 공직 경력을 쌓기 위해 황실이 있는 트리어에 갔다가 초기 형태의 수도승 생활을 체험하면서 수행의 삶으로 전향(conversio)했다.[9] 그때부터 374년경까지 아퀼레이아에서 벗들과 함께 수도승 생활을 시도했으나 끝내 불화 속에 뿔뿔이 흩어졌다. 그 동료들 가운데는 로마에서 함께 공부했던 보노수스, 루피누스, 헬리오도루스를 비롯

(Johannes Gerhard, †1637년)이다. 세상을 떠난 지 16년 만인 1653년에 출간된 책 제목이 『교부학 또는 초기 그리스도교 교회 학자들의 생애와 작품』*Patrologia sive de primitivae Christianae Doctorum vita ac lucubrationibus*이었다. 최원오, "교부학인가 교부론인가", 『신앙과 삶』 5 (2001), 8 참조.

5 M. Vessey, "Literature, Patristics, Early Christian Writing", in *The Oxford Handbook of Early Christian Studies*, Oxford 2008, 43-47; J. Quasten, *Patrology*, vol. I, Bruxelles 1950, 1-5; G. Bosio-E. Dal Covolo-M. Maritano, *Introduzione ai Padri della chiesa. Secoli I e II*, Torino 1990, 4-5 참조.

6 히에로니무스, 『명인록』 135; 『편지』*Epistula* 81,2 참조.

7 히에로니무스, 『루피누스 저서 반박 변론』*Apologia adversus libros Rufini* 1,16 참조.

8 히에로니무스, 『편지』 15,1; 16,1 참조.

9 히에로니무스, 『편지』 5,2,3 참조.

하여 훗날 안티오키아의 주교가 되는 에바그리우스 사제(폰투스의 에바그리우스와 동명이인)와 아퀼레이아의 주교가 되는 크로마티우스 사제도 있었다.[10]

히에로니무스는 373/374년경 안티오키아에 가서 그리스어를 공부하며 라오디케아의 주교 아폴리나리스에게 성경 주석을 배웠다.[11] 훗날 베들레헴 현지에서 더 본격적으로 연마할 히브리어도 익혔고[12], 시리아어와 아람어 공부도 했다.[13] 그 후 375년부터 377년까지 안티오키아에서 45km 떨어진 칼키스 사막으로 들어가 2년 남짓 수행 생활을 했다. 378/9년경에는 에우스타티우스파 파울리누스 주교에게 사제품을 받았다. 서른한 살 남짓한 나이였다.[14]

379/380년 콘스탄티노플로 가서 그리스어 공부를 이어갔다. 거기서 나지안주스의 그레고리우스를 만났으며, 그를 통해 알게 된 오리게네스의 작품들을 탐독하며 열정적으로 번역하기 시작했다.[15]

382년, 자기 주교 파울리누스의 통역으로 로마 교회회의에 참석한 히

---

10 M. Simonetti-E. Prinzivalli, *Storia della letteratura cristiana antica*, Casale Monferrato 1999, 460-461 참조.

11 히에로니무스, 『편지』 84,3,1; 『루피누스 저서 반박 변론』 1,13 참조.

12 히에로니무스, 『편지』 84,3,1-3 참조. 아우구스티누스는 히에로니무스가 '세 언어의 사나이' (vir trilinguis)였다고 증언한다(『신국론』*De civitate Dei* 18,43): "히에로니무스 사제처럼 매우 박학하고 세 언어 모두에 능통한 인물들이 있어 그리스어를 거치지 않고 직접 히브리어에서 라틴어로 성경을 번역한 경우도 있다." 참조: 『율리아누스 반박』*Contra Iulianum* 1,34.

13 히에로니무스, 『편지』 17,2,4; Fürst, A., "Hieronymus", in *Augustinus Lexikon*, Cornelius Mayer (ed.), Basel 2004, 318 참조.

14 히에로니무스, 『예루살렘의 요한 반박』*Contra Ioannem Hierosolymitanum* 4,1; J.N.D. Kelly, *Jerome. His Life, Writings and Controversies*, London 1975, 58 참조.

15 히에로니무스, 『루피누스 저서 반박 변론』 1,13; 『편지』 50,1,3 참조.

에로니무스는 다마수스 교황의 눈에 띄어 비서(secretarius)로 일하게 되었다.[16] 로마에 머무는 동안 부유한 여인들의 영적·신학적 지도자가 되어 금욕 생활을 전파하며 성경 공부에 열성을 쏟았다. 로마의 아벤티노 언덕에 있는 부유한 과부 마르켈라의 집에서 주로 모였는데, 죽는 날까지 히에로니무스와 동행하게 될 파울라와 그 여인의 셋째 딸 에우스토키움도 합류했다.[17] 다마수스 교황의 요청으로 네 복음서와 시편의 '옛 라틴어'(Vetus Latina) 번역본을 그리스어 원문과 칠십인역을 바탕으로 개정한 것이 이 무렵인데, 이 작업이 '대중판'(Vulgata)이라 불릴 성경 번역의 시작이다.[18]

그러나 돈 많은 과부들이나 젊은 여인들과 3년 가까이 친하게 지내면서도 금욕을 지나치게 강조하고 다른 성직자들의 못마땅한 행실을 얄궂게 비꼬던 그의 태도는 많은 이들의 노여움을 샀다. 다마수스 교황이 384년 12월 11일에 세상을 뜬 후, 로마 사제단의 강력한 저항으로 그는 어쩔 수 없이 385년 8월에 로마를 떠나야 했다.[19] 얼마 뒤 파울라도 딸 에우스토키움을 데리고 예루살렘으로 가서 히에로니무스와 동행했다. 그 이듬해인 386년, 히에로니무스는 파울라와 에우스토키움과 함께 팔레스티나와 이집트를 순례했다.[20] 알렉산드리아 교리교육 학교장이던 시각 장애인 디디무

---

16 히에로니무스, 『편지』 123,9 참조. 아우구스티누스도 이때 로마에서 수사학 교사(383-384년)로 일했다. 비록 만나지는 못했지만, 인생 경로가 교차하는 기간이었다.

17 히에로니무스, 『편지』 45,2,2; 47,3,1 참조.

18 히에로니무스는 383년에 네 복음서의 『옛 라틴어』Vetus Latina 번역본을 그리스어 원전에 맞추어 개정했고, 384년에는 시편의 『옛 라틴어』 번역을 칠십인역본(LXX)을 기준으로 1차 수정했다. 오리게네스의 『육중역본』Hexapla과 히브리어 원전을 바탕으로 한 구약성경의 본격적인 번역에 관해서는 『명인록』 135,5 각주 참조.

19 히에로니무스, 『편지』 40,45 참조.

20 히에로니무스, 『편지』 46 참조.

스를 방문하여 4주 가까이 머물기도 했다.[21] 같은 해인 386년, 마침내 베들레헴에 정착한 이들은 파울라의 재정 지원으로 3년에 걸쳐 순례자들의 숙소가 딸린 남·녀 수도원을 세웠다. 남자 수도원에는 세 가지 언어(히브리어, 그리스어, 라틴어)의 성경 판본과 주해서 등이 소장된 도서관도 있었다.[22] 여자 수도원은 세 공동체로 나뉘었는데 파울라가 수도원장을 맡았고, 히에로니무스는 남자 수도원을 지도했다.[23] 그는 안티오키아 교구 소속이었으므로 베들레헴에서는 사제직을 수행할 수 없었으나, 전례 때 설교하고 성경을 강해했으며, 고전 문학을 가르치고 금욕의 삶을 전파했다. 또한 성경 주석과 서신교환을 통해 다른 세계와 연결 고리를 이어갔다.[24]

히에로니무스는 오리게네스 논쟁에도 뛰어들었다. 한때 흠모했을 뿐 아니라, 성경 연구에 한평생 큰 빚을 진 오리게네스에게 등을 돌린 것이다. 오리게네스에게 적대적이었던 살라미스의 에피파니우스와 알렉산드리아의 테오필루스를 도와 오리게네스를 비방하는 그들의 편지들을 번역했다.[25] 위대한 교회 개혁가 요한 크리소스토무스를 콘스탄티노플 총대주교좌에서 쫓아내고 유배와 죽음으로 몰아붙인 교회 정치꾼 알렉산드리아의 테오필루스에게 협력하기도 했다.[26]

---

21 히에로니무스, 『편지』 50,1,3; 84,3,1; 『루피누스 저서 반박 변론』 1,13 참조.
22 히에로니무스, 『편지』 10,3,2; 22,30,1; 32,1,2; 36,1,1; 36,4,1; 78,20,2; 78,26,2; 84,3,5; 『명인록』 3 참조.
23 히에로니무스, 『편지』 108,20 참조.
24 A. Fürst, *Hieronymus. Askese und Wissenschaft in der Spätantike*, Freiburg 2016, 154 참조.
25 히에로니무스, 『편지』 96; 98; 100 참조.
26 히에로니무스, 『편지』 97,4; A. Fürst, *Hieronymus. Askese und Wissenschaft in der Spätantike*, 154 ; A. Fürst, "히에로니무스", 지그마르 되프-빌헬름 게어링스 엮음, 『교부학 사전』, 하성수·노성기·최원오 옮김, 한국성토마스연구소 2021, 1176 참조.

393년 살라미스의 주교 에피파니우스는 히에로니무스의 동생 파울리니아누스를 베들레헴 수도원 사제로 만들기 위해 예루살렘 주교의 동의도 없이 맘대로 서품했는데, 교회법에 어긋나는 일이었다. 예루살렘의 주교 요한은 격노하여 파울리니아누스에게 성무 집행 정지 명령을 내렸고, 히에로니무스의 베들레헴 수도승들에게는 성지 출입을 금했다. 에피파니우스는 요한 주교를 오리게네스주의자로 몰아붙이는 편지를 뿌렸고, 히에로니무스는 그 편지를 라틴어로 번역했다. 몇 차례 화해의 기회가 있었으나 히에로니무스는 끝내 『예루살렘의 요한 반박』*Contra Ioannem Hierosolymitanum*이라는 과격하고 편파적인 책을 내기까지 했다.[27]

『오리게네스를 위한 변론』*Apologia pro Origene*을 쓴 사제 루피누스(예루살렘의 요한의 제자)는 예루살렘의 올리브산에서 수도 공동체를 지도하고 있었는데, 히에로니무스는 오랜 친구 루피누스와 경쟁하며 평생 원수지간으로 지냈다. 411년 루피누스가 세상을 떠난 뒤에도 옛 친구를 향한 독설을 멈추지 않았다.[28]

히에로니무스는 아우구스티누스의 낯선 은총론보다 금욕적 수도승인 펠라기우스의 영성을 더 친근하게 여겼다.[29] 그러나 펠라기우스 논쟁에서는 아우구스티누스를 지지하여 412/3년에 예루살렘에 있었던 펠라기우스와 그 추종자들에게 맞섰다.[30]

히에로니무스가 소모적 논쟁에만 매달리지는 않았다. 베들레헴에서 히

---

27 J.N.D. Kelly, *Jerome. His Life, Writings and Controversies*, 200-209 참조.
28 히에로니무스, 『에제키엘서 주해』*Commentarii in Ezechielem* 머리말; 피에르 마라발, 『히에로니무스의 생애와 편지』, 남성현 편역, 앰-에드 2006, 98-99 참조.
29 히에로니무스, 『펠라기우스파 반박 대화』*Dialogi contra Pelagianos* 3,17-19; A. Fürst, "히에로니무스", 『교부학 사전』, 1177 참조.
30 A. Fürst, *Hieronymus. Askese und Wissenschaft in der Spätantike*, 155 참조.

브리어를 익힌 그는 390년부터 407년경까지 구약성경을 라틴어로 번역했다. 유대인이 사용하는 히브리어 성경보다 그리스어 칠십인역의 권위에 더 익숙해진 그리스도인의 비판과 반대가 드셌지만, '히브리어 진리'(veritas hebraica)를 한결같이 추구했다.[31] 히브리어 원전과 그리스어 번역본들을 일일이 비교·분석한 오리게네스의 『육중역본六重譯本』*Hexapla*의 창의적 토대 위에서 라틴어로 번역한 『불가타』 성경은 그가 일군 가장 위대한 업적이다.[32]

393년부터 406년까지 『소예언서 주해』*Commentarii in Prophetas minores*를 썼고, 407년부터 죽기 직전까지 『다니엘서 주해』*Commentarii in Danielem*, 『이사야서 주해』*Commentarii in Isaiam*, 『에제키엘서 주해』*Commentarii in Ezechielem*, 『예레미야서 주해』*In Hieremiam prophetam*(미완성)를 저술했다. 오리게네스의 주석에 바짝 기댔고 디디무스의 주해서를 따라 쓰기도 했지만, 히에로니무스는 라틴 교부들 가운데 유일하게 모든 예언서를 주해한 인물이다.[33]

404년 1월 26일 히에로니무스의 가장 든든한 후원자 파울라가 사망했다. 416년에는 베들레헴 수도원이 펠라기우스파에게 습격당하여 불타고 약탈당했으며 부제가 살해되기도 했다.[34] 418/9년에는 파울라의 딸 에우스

---

31 히에로니무스는 '히브리어 진리'를 주장하면서도 제2정경 책들을 제외하지 않았다. 그 시대의 그리스도인들이 이미 제2정경도 권위 있는 책으로 받아들이고 있었기 때문이다. 세베르 J. 보이쿠 엮음, 『교부들의 성경 주해. 구약 XV. 제2정경』, 김영선 옮김, 분도출판사 2021, 47; S. Rebenich, "Jerome: The 'vir trilinguis' and the 'hebraica veritas'", in *Vigiliae Christianae* 47 (1993), 50-77 참조.

32 M. Simonetti-E. Prinzivalli, *Storia della letteratura cristiana antica*, 463 참조.

33 피에르 마라발, 『히에로니무스의 생애와 편지』, 114 참조.

34 히에로니무스, 『편지』 135-139 참조. 펠라기우스파는 418년에 예루살렘을 떠나야 했다(히에로니무스, 『편지』 141).

토키움마저 세상을 떠났다. 그렇게 히에로니무스의 열정적 성경 연구와 파란만장한 수행의 삶도 저물어갔다.

420년 9월 30일 히에로니무스는 세상을 떠났다. 그의 나이 일흔셋이었다.[35] 죽는 날까지 34년 동안 베들레헴에서 살았고, 주님 탄생 성당 근처에 묻혔다고 한다. 가톨릭교회는 그의 천상 생일인 9월 30일에 성 히에로니무스 사제[36] 학자를 기념한다.

3. 『명인록』 저술 시기와 제목

히에로니무스는 『명인록』 첫머리에서 이 작품은 "그리스도의 수난에서 테오도시우스 황제 재위 14년까지"[37]의 기록이라고 밝힌다. 테오도시우스가 황제 자리에 오른 것은 379년 1월 19일이고, 히에로니무스의 황제 연보 계산법에 따르면 재위 14년은 393년 1월 1일부터 12월 31일까지이다. 『명인록』이 393년에 저술되었다는 데는 이견이 없다.[38]

정확한 책 제목은 무엇일까? 히에로니무스는 393년에 친구 데시데리우

---

35 프로스페르, 『연대기 요약』*Epitoma Chronicorum* 1,467 참조.

36 진홍색의 추기경 복장을 한 히에로니무스의 그림이 르네상스 시기에 널리 퍼진 것은 다마수스 교황의 비서로 일한 경력을 오해한 까닭이다. 사자 발톱에서 가시를 빼주었다는 일화는 후대에 덧붙은 전설이다. A. Fürst, *Hieronymus. Askese und Wissenschaft in der Spätantike*, 20-21 참조.

37 히에로니무스, 『명인록』 머리말. 참조: 『편지』 47,3.

38 P. Nautin, "La date du 《De viris illustribus》 de Jérôme", in *Revue d'Histoire Ecclésiastique* 56 (1961), 33-35; J. Gribomont, "Giroloamo", in *Nuovo Dizionario Patristico e di Antichità Cristiane*(= NDPAC), vol. 2, Roma 2006, 2262-2268; J. Gribomont, "Saint Jérôme", in *Dictionnaire de spiritualité*, vol. 8, Paris 1974, 901-918; J.N.D. Kelly, *Jerome. His Life, Writings and Controversies*, 174-178; A. Fürst, *Hieronymus. Askese und Wissenschaft in der Spätantike*, 155 참조.

스에게 보낸 편지에서 "나는 [수에토니우스] 트란퀼루스를 본받아 사도들에서 우리 시대에 이르기까지 '유명 인사들에 관하여'(de viris illustribus) 책을 썼다."[39]라고 한다. 같은 해에 쓴 『요비니아누스 반박』*Adversus Iovinianum* (393년)[40]과 396년 말에 쓴 『요나서 주해』*Commentarius in Ionam*[41]에서도 똑같이 진술한다. 히에로니무스가 이 작품을 『명인록』 또는 적어도 '유명 인사들에 관한 책'이라 일컬었다는 점은 의심할 나위가 없다.

아우구스티누스가 398년경에 히에로니무스에게 쓴 편지 한 통이 책 제목과 연관된 또 다른 정보를 제공한다. 아우구스티누스는 한 형제를 통해 이 책의 일부만 우연히 구했는데 거기에는 아무런 제목도 달려 있지 않았다. 게다가 『비명碑銘』*Epitaphium*이라고 불리기까지 한다는 말을 전해 들은 아우구스티누스는 사실 여부를 히에로니무스에게 편지로 문의했다.[42] 히에로니무스는 6년이나 지난 404년경에 보낸 답장에서 이 작품은 죽은 이들뿐 아니라 생존해 있는 당대의 유명 인사들을 포괄하고 있으므로 『비명』이라 불릴 수 없다고 못 박는다. 더 나아가, 『명인록』*De viris illustribus* 또는 더 정확하게는 『교회 저술가들에 관하여』*De scriptoribus ecclesiasticis*라고 일컬어져 마땅하다고 덧붙였다.[43]

세월이 훌쩍 지나, 6세기 중반 북아프리카 헤르미아네의 주교 파쿤두스 (Facundus Hermianensis)는 "우리 히에로니무스는 『명인록』이라는 제목이 달

---

39 히에로니무스, 『편지』 47,3. '유명 인사들에 관하여'(de viris illustribus)는 『명인록』*De viris illustribus*이라고 번역할 수도 있다.

40 히에로니무스, 『요비니아누스 반박』 1,26 참조.

41 히에로니무스, 『요나서 주해』 머리말 참조.

42 히에로니무스, 『편지』 67; 아우구스티누스, 『편지』 40,2,2 참조.

43 아우구스티누스, 『편지』 75,2,3(히에로니무스가 아우구스티누스에게 보낸 편지).

린 책을 썼다."[44]라고 증언했다. 엇비슷한 시기에 카시오도루스(Cassiodorus, 485-585년)도 성 히에로니무스의『명인록』을 읽으라고 권고하고 있으니[45], 히에로니무스의 이 작품은 이미 교부 시대부터『명인록』이라는 이름으로 두루 불렸음이 분명하다.

4.『명인록』의 원천

일찍이『명인록』이라는 이름을 단 다양한 작품들이 그리스와 라틴 고전 세계에 널리 퍼져 있었다. 유명한 인물들(정치인dux, 철학자philosophus, 연설가orator, 역사학자historicus, 시인poeta, 서사시인epicus, 비극작가tragicus, 희극작가comicus 등[46])의 생애와 작품을 간추려 목록화한『명인록』이라는 문학 양식이 이미 오래전부터 존재했다는 말이다.[47]

탁월한 고전 교육을 받은 히에로니무스는 이름(nomen), 행적(res gestae), 삶(vita)과 죽음(obitus)이라는 로마 전기 문학의 전통적인 틀을 받아들였다.[48] 그러나 그 내용은 에우세비우스가 애써 모으고 정성껏 엮어놓은『교회사』로 일차적인 내용을 채웠다.『교회사』는 콘스탄티누스가 로마 제국의 유일한 황제가 되는 324년으로 끝난다. 324년 이후부터 393년까지 빈 정

---

44 헤르미아네의 파쿤두스,『삼두서 변론』*Pro defensione trium capitluorum* 4,2 참조.

45 카시오도루스,『가르침』*Institutiones* 1,17,2 참조.

46 아우구스티누스,『편지』75,2,3 참조.

47 히에로니무스,『명인록』머리말 2: "그리스인 가운데 이와 같은 작업을 한 사람들로는 소요학파 헤르미푸스, 카리스투스의 안티고누스, 박학한 인물 사티루스, 이 모든 이들 가운데 가장 박식한 음악가 아리스토제누스가 있지만, 라틴인 가운데는 바로, 산트라, 네포스, 히기누스, 그리고 우리가 본보기로 삼고자 하는 [수에토니우스] 트란퀼루스가 있습니다."

48 『명인록』머리말 1-2: A. Ceresa-Gastaldo, *Geroloamo. Gli uomini illustri*, Firenze 1988, 23 참조.

보는 히에로니무스 스스로 메울 수밖에 없었다. 그 까닭에『명인록』은 크게 두 부분으로 구분된다. 첫 부분은 히에로니무스가 에우세비우스의『교회사』를 요약 편집한 것이고(1-78장), 둘째 부분은 자신이 수집한 자료와 정보로 짤막하게 작성한 것이다(79-135장).

히에로니무스의『명인록』은 에우세비우스의『연대기』*Chronicon*에도 기댔다. 구약성경과 근동 역사, 그리스 로마 역사를 통합하기 위해 에우세비우스가 저술한 이 책은 아브라함부터 콘스탄티누스 황제에 이르는 방대한 역사를 포괄한다. 303년에 초판을 낸 뒤 325년에 증보한 에우세비우스『연대기』를 히에로니무스가 추려서 번역했고, 326년부터 378년까지의 내용을 손수 덧붙였는데,『명인록』에도 유용한 잣대가 되었다.[49]

5. 문헌 전승

히에로니무스가 세상을 떠난 지 55년 남짓 지난 475년경, 마르세유의 사제 겐나디우스(Gennadius, †495년)는 490년까지의 인물들을 다룬『명인록』*De viris illustribus*을 출간했다. 히에로니무스『명인록』의 속편이다. 겐나디우스는 그리스도교 저술가 103명을 101개 항목에서 소개하는데, 이 가운데 10명은 다른 사람이 덧붙인 것이다.[50] 겐나디우스는 히에로니무스의 작품 형식과 구조를 따랐으며, 아흔아홉 번째 유명 인사로 자신을 소개하는 일

---

49 에우세비우스의『연대기』그리스어 원본은 소실되었으나, 아르메니아어 번역본과 히에로니무스의 라틴어 번역본이 남아 있다. R. Helm (ed.), *Eusebius Werke*, 7, *Die Chronik des Hieronymus*; M. Simonetti-E. Prinzivalli, *Storia della letteratura cristiana antica*, 468; A. Ceresa-Gastaldo, *Gerolamo*, 24-29 참조.

50 겐나디우스,『명인록』30. 87. 95-101 참조.

도 잊지 않았다. 그러나 히에로니무스와는 달리, 논평한 작품 대부분을 직접 읽었고, 히에로니무스보다 더 객관적으로 저술했다는 평가를 받는다.[51] 그리스도교 저술가 목록(catalogus scribarum christianorum)의 보편성을 확대 계승한 까닭에, 중세에는 히에로니무스의『명인록』과 겐나디우스의『명인록』이 한 쌍으로 읽혔다.[52]

　서방의 마지막 교부라고도 불리는 세비야의 이시도루스(Isidorus, 560년경-636년)는 겐나디우스의 작품에 히스파니아와 북아프리카 저술가들을 추가하여『명인록』을 증보 출간했다.[53] 본디 33명의 저술가들에 관한 기록이었지만, 누군가 북아프리카 저술가들을 덧붙여 46명으로 늘어났다.[54]

　톨레도의 주교 일데폰수스(Ildefonsus, 607년경-667년)도『명인록』증보 작업에 뛰어들었으나, 고대 그리스도교 문헌학의 역사를 보편적으로 계승하지는 못했다. 그는 단 한 명을 빼고는 모두 히스파니아 출신들로 채웠으며, 그마저도 절반은 톨레도의 주교들이었다. 톨레도 주교좌의 권위를 강화하려는 교회 정치적 목적이 교회 문헌 목록의 소중한 전승을 얼룩지게 했다.[55]

　히에로니무스의『명인록』은 교부 시대부터 널리 퍼져나간 까닭에 6세기부터 15세기에 이르는 필사본이 176개나 남아 있다. 다양한 필사본들을 비교·분석하여 본문을 재구성한 공인본(editio princeps)이 1467년에 로마에서 출간되어 교황 피우스 2세에게 헌정되었다.[56]

51　U. Hamm, "겐나디우스",『교부학 사전』, 71-73 참조.
52　S. Pricoco, *Storia letteraria e storia ecclesiastica. Dal De viris illustribus di Girolamo a Gennadio*, Catania 1979 참조.
53　C. Codener Merino (ed.), *El De viris illustribus de Isidoro de Sevilla*, Salamanca 1997 참조.
54　G. Röwekamp, "이시도루스(세비야의)",『교부학 사전』, 867 참조.
55　E. Reichert, "일데폰수스",『교부학 사전』, 875-876 참조.
56　『히에로니무스 서간집』*Epistolae Hieronymi* 제2권에 들어 있다.

1516년에 에라스무스(Erasmus)는 『히에로니무스 전집』*Opera omnia Hieronymi* 제1권에 『명인록』을 실었고, 그리스어 번역본[57]도 나란히 찍었다.

1735년에 발라르시(D. Vallarsi)가 편집한 『명인록』은 『성 히에로니무스 작품집』*S. Hieronymi opera*에 포함되었으며, 1767년에 다시 찍은 두 번째 판은 1865년에 출간된 미뉴(J. Migne)의 『라틴 교부 총서』*Patrologia Latina* 제23권 631-759쪽에 실렸다.

1896년에 리처드슨(E.C. Richardson)은 145개 필사본 가운데 9개로 간추린 필사본들을 비교·분석하여 『고대 그리스도교 문학사 문헌 연구』*Texte und Untersuchungen zur Geschichte der altchristlichen Literatur* 제14권에서 『명인록』을 펴냈다.

1927년 페더(A. Feder)는 『라틴 그리스도교 저술가 총서』*Corpus scriptorum ecclesiasticorum Latinorum*(=CSEL)의 새로운 비평본 출간을 준비했으나 도중에 사망함으로써 작업이 중단되었다.

1988년에 체레사 가스탈도(A. Ceresa-Gastaldo)는 이탈리아 교육부의 지원을 받아 리처드슨의 비평본과 9개의 필사본을 활용하여 새로운 비평본을 라틴어-이탈리아어 대역으로 출간했다. 지금까지 출간된 『명인록』 편집본 가운데 가장 권위 있는 작품이다. 우리 번역의 저본(底本)이기도 하다.

---

57 이 번역본은 4세기 유사파의 대표적 인물인 소프로니우스(『명인록』 134)가 옮긴 것으로 잘못 알려져 있었다.

6. 『명인록』의 교부학적 의미

히에로니무스는 고전 문화(cultura classica)에서 양성된 인물이다. 그의 스승인 아일리우스 도나투스(Aelius Donatus)는 로마의 유명한 문법학자였다.[58] 어린 시절부터 베르길리우스와 키케로에 열광했던 히에로니무스 스스로 고백하듯, 그는 '키케로주의자'(ciceronianus)와 '그리스도인'(christianus) 사이에서 심한 갈등을 겪으며 자기 정체성을 찾아야 했다.[59]

"예루살렘과 아테네가 무슨 상관인가?"[60]라고 외치며 현실 세계와 타협할 수 없는 복음의 급진성을 흑백논리로 밀어붙였던 테르툴리아누스와는 달리, 히에로니무스는 고전 문화를 배척하지 않았다. 오히려 자신을 키워 준 인문학적 역량을 활용하여 '고전 문화'와 구별되는 '성경 문화'(cultura biblica)를 뚝심 있게 탄생시킨다.

히에로니무스에게 '세속 문학'(saecularis litteratura)과 '거룩한 책'(sancta scriptura)은 긴밀하게 연결되어 있었다. 그는 이교 문학의 토대 위에 성경이 그 꼭짓점을 이루는 새로운 학문의 위계질서를 만들어냈다.[61] 고대 그리스 철학을 활용하여 '참된 그리스도교 철학'(vera philosophia christiana)을 추구한 교부들이나 고전 문화 토양에서 복음의 꽃을 피워낸 거장들을

---

58 히에로니무스, 『루피누스 저서 반박 변론』 1,16 참조.
59 히에로니무스가 파울라의 딸 에우스토키움에게 보낸 유명한 『편지』 22,30 참조. 어느 날 히에로니무스는 꿈에서 자신의 신원을 묻는 물음에 "나는 그리스도인입니다."라고 답하자, "너는 키케로주의자이지, 그리스도인이 아니다. 너의 보물이 있는 곳에 너의 마음도 있다(마르 6,21)."라는 말씀을 들었다고 한다.
60 테르툴리아누스, 『이단자들에 대한 항고』 De praescriptione baereticorum 7.
61 알베르토 망구엘, 『세계적인 인문학자가 밝히는 서구문화의 근원. 일리아스와 오디세이아』, 김헌 옮김, 세종서적, 2015, 97-107; 김용규, 『그리스도인은 왜 인문학을 공부해야 하는가. 신학과 인문학의 대화』, Ivp 2019, 13-24 참조.

히에로니무스는 『명인록』에서 칭송한다. 그리스도교에 귀의한 뒤에도 "철학자들의 옷도 계속 입고 다닌" 평신도 교부 유스티누스[62], "성경뿐 아니라 세속 문학에도 지혜와 학식이 깊었던" 스토아 철학자 판타이누스[63], "성경에서든 세속 문학에서든 탁월한" 알렉산드리아의 클레멘스[64], "논리학과 시력이 특별히 필요한 기하학마저 완벽한 수준"이었던 시각 장애인 디디무스[65] 등이 대표적 인물이다.

'고전 문화'와 '성경 문화'는 새로운 '그리스도교 문화'(cultura christiana)에서 긴장을 불러일으키기도 했지만, 히에로니무스는 이 둘을 결코 대립 관계에 두지 않았다. 오히려 세속 문학을 활용하여 그리스도에 대한 신앙 (fides)을 가르칠 수 있을 뿐 아니라, 그리스도교 진리를 가장 효과적으로 담아낼 수 있는 그릇이라 판단했다.[66] 성경 연구나 신학 작업이 세속 문학과 조화를 이루어야 한다는 히에로니무스의 눈에는 오리게네스가 가장 이상적인 본보기였다.

"그[오리게네스]의 불멸의 천재성에 관해서는 침묵하지 않으리니, 그는 또한 논리학, 기하학, 천문학, 음악, 문법, 수사학과 모든 철학 분야를 두루 익혔다. 그리하여 세속 문학 분야의 학자들도 제자로 받아 날마다 그들에게 설명해 주었고, 그에게 몰려드는 인파가 경탄을 자아냈다. 그가 그들을 받아들인 까닭은 세속 문학을 활용하여 그리스도에 대한 신앙을 가르치려는 것이었다."[67]

---

62 히에로니무스, 『명인록』 23,1 참조.
63 히에로니무스, 『명인록』 36,1 참조.
64 히에로니무스, 『명인록』 38,2 참조.
65 히에로니무스, 『명인록』 109,1 참조.
66 J.N.D. Kelly, *Jerome. His Life, Writings and Controversies*, 334-335; A. Ceresa-Gastaldo, *Gerolamo*, 30-31 참조.

히에로니무스는 "성경에 관하여 기억할 만한 무언가를 내놓은 모든 이"[68]를 소개하려는 목적으로 『명인록』을 썼다고 한다. 이른바 굵직한 '교회 저술가'(scriptor ecclesiasticus)를 책 속에 모두 모아 내려는 의도였다. 심지어 이단자들마저 교회 저술가 범주에 아울렀다.[69] 그 덕분에 테르툴리아누스를 비롯하여, 타티아누스, 노바티아누스, 도나투스, 에우노미우스 같은 이단과 열교도 『명인록』에 등재될 수 있었다. 필론이나 요세푸스 플라비우스 같은 비그리스도인들도 그리스도교에 호의적이었거나[70] 예수님에 관해 증언했다는 이유로 『명인록』에 포함시켰다.[71]

히에로니무스의 관심은 여기서 그치지 않는다. 그는 히브리어를 익히고 구약성경을 공부하기 위해 로마와 팔레스티나에서 유대 공동체와 꾸준히 교류했다.[72] 오리게네스가 그랬듯이, 유대 문화와 그리스도교 문화가 상생할 수 있다고 믿은 까닭이다.[73]

한편, 그리스도교가 무식쟁이들의 종교라는 비아냥과 악의적인 비난, 오해는 호교 교부 시대부터 풀어야 했던 한결같은 과제였다. 그런 의미에서 히에로니무스의 『명인록』은 그리스도교 신앙의 '단순 소박함'(rustica simplicitas)이 고전 문화를 뛰어넘는 새로운 그리스도교 문화라는 사실을 증명하려는 호교적 목적 또한 지니고 있다.

---

67 히에로니무스, 『명인록』 54,8.

68 히에로니무스, 『명인록』 머리말 1.

69 『명인록』에 이단자들을 아우른다는 사실에 아우구스티누스는 비판적이었다. 아우구스티누스, 『편지』 67,9 참조.

70 『명인록』 11 참조.

71 『명인록』 13; 요세푸스 플라비우스, 『유대 고대사』Antiquitates Iudaicae 18,63-64 참조.

72 히에로니무스, 『편지』 36,1 참조.

73 A. Quacquarelli, Reazione pagana e trasformazione della cultura (fine IV secolo d.C.), Bari 1986, 13 참조.

"얼마나 많은 역량 있는 사람들이 교회를 세우고 건설하고 영광스럽게 했는지 그리스도에 맞선 미친개들인 켈수스, 포르피리우스, 율리아누스[황제]가 배워야 할 것이며, 교회가 아무런 철학자도 웅변가도 학자도 모시지 않았다고 여기는 그들의 졸개들도 배워야 할 일입니다. 그리하여 그들이 단순 소박한 우리 신앙을 그만 헐뜯고, 오히려 자신들의 무지를 깨닫게 되기를 바랍니다."[74]

교부학이라는 학문이 엄격한 검열 과정을 거친 이른바 정통 교의의 틀에 갇히지 않고, 고대 그리스도교 저술가들의 생생한 삶과 그 다양한 문헌들의 풍요로움을 보존할 수 있었던 데는 히에로니무스의 공헌이 매우 크다.

7. 맺음말

사실, 교부의 전통적인 조건[75] 가운데 하나인 '거룩한 삶'(sanctitas vitae)이라는 잣대로는 히에로니무스에게 좋은 점수를 주기 어렵다. 그는 고약하고 편파적이었으며, 지독한 독설로 숱한 사람들과 수많은 갈등을 일으켰다. 단순한 수행의 삶을 묵묵히 실천하기보다 과도하고 과장된 금욕주의를 퍼뜨렸고, 높은 사람들이나 귀부인들과 즐겨 어울렸다.[76]

흠집 많은 사제 신분의 히에로니무스가 대 그레고리우스 교황, 암브로시

---

74 히에로니무스, 『명인록』 머리말 7.
75 레렝스의 빈켄티우스(†450년 이전)의 정의에 따라 정통 가르침(doctrina orthodoxa), 고대성(antiquitas), 거룩한 삶(sanctitas vitae), 교회의 인정(approbatio ecclesiae)을 교부의 조건으로 본다. 『회상록』*Commonitorium* 28 참조.
76 아달베르 함만, 『교부와 만나다』, 276-284 참조.

우스 주교, 아우구스티누스 주교와 더불어 서방의 4대 교부로 존경받는 이유는 무엇일까? 한평생 성경 연구에 헌신하며, 새로운 그리스도교 문화를 열정적으로 일구어낸 탁월함 때문일 것이다. 그의 학문적 공로에 대한 교회 안팎의 평가는 언제나 한결같다. 지난 2020년 히에로니무스 선종 1600주년에도 보편 교회는 그를 '성경 해설의 가장 위대한 학자'(doctor maximus explanandis Scripturis)로 기억했다.[77] 비록 고결하고 훌륭한 인품을 지니지는 못했지만, 인문 고전 분야에서 탁월한 역량을 지녔고 자신의 재능을 성경과 그리스도교 원천을 다듬고 보존하는 데 오롯이 바침으로써 '르네상스 인문주의자들의 선구자'[78]라는 평가도 받는다.

히에로니무스의 『명인록』은 다양한 학문 분야에서 자주 인용되는 책이다. 성서학과 교부학을 비롯하여 교회사와 세계사, 서양 고전과 서양 사상사 연구에 원천을 제공하는 자료이며 학문적 토대이기도 하다. 로마 전기 작가 수에토니우스에게 전통적 영감을 받았고, 카이사리아의 에우세비우스가 물려준 『교회사』의 소중한 정보를 과감하게 짜깁기했다. 그리하여 『명인록』은 세속 문화와 성경 문화의 합류 지점이 되었고, 고전 문학 전통 안에 그리스도교의 새로운 자리를 마련했다.[79]

『명인록』은 에우세비우스의 『교회사』가 개척한 고대 그리스도교 문헌학(litteratura christiana antiqua)의 새로운 전통 안에 교부학(patrologia)을 싹

---

77 프란치스코, 성 히에로니무스 선종 1600주년 교황 교서 『성경에 대한 애정』*Scripturae Sacrae Affectus*(2020년 9월 30일); 베네딕토 15세, 성 히에로니무스 선종 1500주년 교황 회칙 『위로자 성령』*Spiritus Paraclitus*(1920년 9월 15일) 참조.

78 아달베르 함만, 『교부와 만나다』 278 참조.

79 Benedict XVI, *Church Fathers. From Clement of Rome to Augustine*, Vatican City 2008, 136 참조.

틔운 작품이다.[80] 얼핏 보면 인명 소사전 같은 『명인록』은 교부학의 학문적 기원과 맞닿아 있다. 오늘날 출간되고 있는 수많은 교부학 입문서와 교부학 사전도 사실은 『명인록』의 큰 틀을 다양한 방식으로 응용·발전시킨 것이다.[81] 그렇다면 『명인록』이 지닌 교부학적 의미는 무엇인가? 한마디로 『명인록』은 교부학의 뿌리이며 아주 오래된 교부학 입문서이다.

8. 참고문헌

(1) 약어표

- CCL: *Corpus Christianorum, Series Latina*, Turnhout 1954 ss. [라틴 그리스도교 문헌 전집]
- CSEL: *Corpus Christianorum ecclesiasticorum latinorum*, Wien 1866 ss. [라틴 교회 저술가 전집]
- FC: *Fontes Christiani*, Freiburg 1990 ss. [그리스도교 원천 (독일어 대역)]
- GCS: *Die griechischen christlichen Schriftsteller der ersten drei Jahrhunderte*, Berlin–Leipzig, 1897 ss. [초기 3세기 그리스 그리스도교 저술가 전집]
- NDPAC: *Nuovo Dizionario Patristico e di Antichità Cristiane*, A.Di Berardino (ed.), Roma 2006. [새 교부학 사전]
- PG: *Patrologiae cursus completus, Series Graeca*, J.-P. Migne (ed.), Paris 1857-1866. [그리스 교부 총서]
- PL: *Patrologiae cursus completus, Series Latina*, J.-P. Migne (ed.), Paris 1841-1864. [라틴 교부 총서]

---

80 P. Siniscalco, "Due tradizioni storiografiche a confronto: le *Historiae ecclesiasticae* e i *De viris illustribus*, in *Venti secoli di storiografia ecclesiastica*, Roma 2010, 11-32 참조.
81 지그마르 되프–빌헬름 게어링스 엮음, 『교부학 사전』, 하성수·노성기·최원오 옮김, 한국성토마스연구소 2021, 1278-1282 역자 후기 참조.

- SC: *Sources chrétiennes*, Paris 1941 ss. [그리스도교 원천 (프랑스어 대역)]
- 『교부학 사전』: *Lexikon der antiken christlichen Literatur*, S. Döpp-W. Geerlings (ed.), Freiburg, 2002. [지그마르 되프-빌헬름 게어링스 엮음, 『교부학 사전』, 하성수·노성기·최원오 옮김, 한국성토마스연구소 2021.]

(2) 라틴어 비평본
- Gerolamo, *Gli uomini illustri. De viris illustribus*, A. Ceresa-Gastaldo (ed.), Firenze 1988.
- Hieronymus, *De viris illustribus*, E. Richardson (ed.), *Texte und Unter-suchungen zur Geschichte der altchristlichen Literatur* 14/1a, Leipzig 1896, 1-56.

(3) 현대어 번역본
- 독일어: Hieronymus, *De vitis illustribus. Berühmte Männer*, C. Barthold (tr.), Mühlheim 2011.
- 영어: Saint Jerome, *On Illustrious Men*, T.P. Halton (tr.), Washington D.C. 1999; Jerome, A Select library of the Nicene and Post-Nicene fathers of the Christian church 3, E.C. Richardson (ed.), Michigan 1980.
- 이탈리아어: Gerolamo, *Gli uomini illustri. De viris illustribus*, A. Ceresa-Gastaldo (tr.), Firenze 1988; Girolamo, *Uomini illustri*, G. Gottardi (tr.), Siena 1969.
- 프랑스어: Jérôme, *Les hommes illustres*, D. Viellard (tr.), Paris 2009.

(4) 일차 문헌
Benedict XVI, *Church Fathers. From Clement of Rome to Augustine*, Vatican City 2008.

겐나디우스 Gennadius, 『명인록』*De viris illustribus*, E. Richardson (ed.), Texte und Untersuchungen zur Geschichte der altchristlichen Literatur 14/1,

Leipzig 1896, 57-97.

그레고리우스 (나지안주스의) Gregorius Nazianzenus, 『가난한 이들에 대한 사랑』*De pauperum amore* (연설 14), PG 35,857-910.

그레고리우스 (니사의) Gregorius Nyssenus, 『에우노미우스 반박』*Contra Eunomium*, W. Jaeger (ed.), Gregorii Nysseni Opera I, libri I-II, Leiden 1960.

락탄티우스 Lactantius, 『거룩한 가르침』*Divinae Institutiones*, P. Monat (ed.), SC 326 [liber I]; 337 [liber II]; 377 [liber IV]; 204 [liber V].

루피누스 Rufinus, 『교회사』*Historia ecclesiastica* (에우세비우스의 교회사 라틴어 번역), E. Schwartz-T. Mommsen (ed.), GCS 9/1-2: Eusebius II/1-2, Versio latina Rufini.

루피누스, 『[히에로니무스 반박] 호교론』*Apologia [contra Hieronymum]*, M. Simonetti (ed.), CCL 20,37-123.

바실리우스 (대), 『내 곳간들을 헐어 내리라』*Homilia in illud: Destruam horrea mea*, Y. Courtonne (ed.), *Saint Basile. Homélies sur la richesse*, Paris 1935, 15-37 [노성기 옮김, 분도출판사 2018].

바실리우스 (대) Basilius Magnus, 『대 수덕집』*Asceticon magnum*, PG 31,901-1305 [The Asketikon of St Basil The Great, Silvas (ed.), A.M., Oxford 2007].

바실리우스 (대), 『성령론』*De Spiritu Sancto*, B. Pruche (ed.), SC 17,250-531.

바실리우스 (대), 『소 수덕집』*Asceticon parvum*, K. Zelzer (ed.), CSEL 86,3-221 [The Rule of St. Basil in Latin and English, Silvas (ed.), A.M., Oxford 2013].

베네딕토 15세 Benedictus XV, 성 히에로니무스 선종 1500주년 교황 회칙 『위로자 성령』*Spiritus Paraclitus*, Vatican City 1920. 9. 15.

소조메누스 Sozomenus, 『교회사』*Historia ecclesiastica*, A.-J Festugière-J. Bidez-B. Grillet (ed.), SC 418.

소크라테스 Socrates, 『교회사』*Historia ecclesiastica*, G.C. Hansen-M. Sirinjan (ed.), GCS M.F. 1, 1-395.

수에토니우스, 『문법학자들과 수사학자들』*De grammaticis et rhetoribus*, R.A.

Kaster (ed.), Oxford 1995 [『로마의 문법학자들』, 안재원 옮김, 한길사 2013].

수에토니우스 Gaius Suetonius Tranquillus, 『황제들의 생애』*De vita Caesarum*, C. Suetoni Tranquilli opera, vol. 1, De vita Caesarum libri VIII, Maximilianus (ed.), Leipzig 1908 [『열두 명의 카이사르』, 조윤정 옮김, 다른세상 2009.]

『신약 외경. 상권: 복음서』, 송혜경 옮김, 한님성서연구소 2021.

『신약 외경. 하권: 행전 서간 묵시록』, 송혜경 옮김, 한님성서연구소 2011.

아우구스티누스 Augustinus, 『고백록』*Confessiones*, L. Verheijen (ed.), CCL 27,1-392 [성염 옮김, 경세원 2016].

아우구스티누스, 『그리스도교 교양』*De doctrina christiana*, M. Simonetti (ed.), L' istruzione cristiana, Milano 1994 [성염 옮김, 교부 문헌 총서 2, 분도출판사 2011].

아우구스티누스, 『신국론』*De civitate Dei*, B. Dombart-A. Kalb (ed.), CCL 47-48 [성염 옮김, 교부 문헌 총서 15-17, 분도출판사 2004].

아우구스티누스, 『율리아누스 반박』*Contra Iulianum*, PL 44,641-874.

아우구스티누스, 『참된 종교』*De vera religione*, K.-D. Daur (ed.), CCL 32,187-260 [성염 옮김, 교부 문헌 총서 3, 분도출판사 2011].

아우구스티누스, 『[히에로니무스에게 보낸] 편지』*Epistula*, A. Goldbacher (ed.), ep. 40: CSEL 34/2,69-81; ep. 71: CSEL 34/2,248-255; ep. 73: CSEL 34/2,263-278; ep. 82: CSEL 34/2,351-387; ep. 166: CSEL 44,545-584; ep. 167: CSEL 44,586-609; ep 19 (Divjak): CSEL 88,91-93.

아타나시우스 Athanasius, 『아리우스파 역사』*Historia Arianorum* [H.G. Opitz (ed.), Athanasius Werke II 1, Berlin 1935, 183-230.

아타나시우스, 『안토니우스의 생애』*Vita Antonii*, G.J.M. Bartelink (ed.), SC 400, 124-377 [『사막의 안토니우스』, 허성석 옮김, 분도출판사 2015].

암브로시우스 Ambrosius, 『루카 복음 해설』*Expositio evangelii secundum Lucam*, M. Adriaen (ed.), CCL 14,1-400.

암브로시우스, 『성령론』*De Spiritu Sancto*, O. Faller (ed.), CSEL 79,7-222.

암브로시우스, 『성직자의 의무』*De officiis ministrorum*, Saint Ambroise, Les devoirs, Tome I: Introduction, texte établi, traduit et annoté par M. Testard, Paris 2007 (liber I); Saint Ambroise, Les devoirs, Tome II: Texte établi, traduit et annoté par M. Testard, Paris 2002 (libri II-III) [최원오 옮김, 한국연구재단총서 625, 아카넷 2020].

에우세비우스 Eusebius Caesariensis, 『교회사』*Historia ecclesiastica*, G. Bardy-P. Périchon (ed.), Eusèbe de Césarée. Histoire ecclésiastique, vol. SC 31; 41; 55; 73, Paris 1952-1967.

에우세비우스, 『연대기』*Chronicon*, R. Helm (ed.), Eusebius Werke, 7, Die Chronik des Hieronymus, Berln 1984.

에우세비우스, 『팔레스티나 순교자들』*De martyribus Palaestinae*, C. Bardy (ed.), SC 55,121-174.

에피파니우스 Epiphanius, 『약상자』*Panarion*, K. Holl (ed.), GCS 25,153-464; K. Holl-J. Dummer (ed.), GCS 59/2,1-544; K. Holl-J. Dummer (ed.), GCS 59/3,1-543.

오리게네스 Origenes, 『원리론』*De principiis*, H. Crouzel-M. Simonetti (ed.), SC 252; 253; 268; 269; 312 [이성효 · 이형우 · 최원오 · 하성수 옮김, 한국연구재단 총서 567, 아카넷 2014].

옵타투스 (밀레비스의) Optatus Milevitanus, 『도나투스 열교』*De schismate donatistarum*, Traité contre les Donatistes, I-II, M. Labrousse (ed.), SC 412-413, Paris 1995-1996 [Gegen den Donatisten Parmenianus, H.-J. Sieben (tr.), Freiburg 2013].

요세푸스 플라비우스 Iosephus Flavius, 『유대 고대사』*Antiquitates Iudaicae* [김지찬 옮김, 생명의말씀사 2006].

요한 크리소스토무스 Ioannes Chrysostomus, 『라자로에 관한 강해』*De Lazaro conciones*, PG 48,963-1054 [하성수 옮김, 분도출판사 2019].

요한 크리소스토무스, 『자선』*De eleemosyna*, PG 51,261-272 [최문희 옮김 · 최원오 해제, 분도출판사 2019, 233-302].

요한 크리소스토무스, 『참회에 관한 설교』*De paenitantia homiliae*, PG 49,277-350 [최문희 옮김 · 최원오 해제, 분도출판사 2019, 12-232].

유스티누스, 『유대인 트리폰과의 대화』*Dialogus cum Triphone Iudaeo*[안소근 옮김, 분도출판사 2022].

유스티누스 Iustinus, 『호교론』*Apologia*, M. Marcovich (ed.), Iustini Martyris Apologiae pro christianis, Berlin 1994[안소근 옮김, 분도출판사 2022].

이그나티우스 Ignatius Antiochenus, 『일곱 편지』*Epistulae VII*, A. Fischer (ed.), Die Apostolischen Väter, Darmstadt 1986, 216-225 [박미경 옮김, 교부 문헌 총서 13, 분도출판사 2000].

이레네우스 Irenaeus, 『이단 반박』*Adersus haereses*, N. Brox (ed.), FC 8/1,122-357; 8/2,16-305; 8/3,18-309; 8/4,12-363; 8/5,20-227.

이시도루스 Isidorus, 『명인록』*De viris illustribus*, C.C. Merino (ed.), *El 《De viris illustribus》 de Isidoro de Sevilla*, 2, Salamanca 1997.

정양모 외, 『200주년 신약 성서 주해』, 분도출판사 2001.

카시오도루스 Cassiodorus, 『가르침』*Institutiones*, R.A.B. Mynors (ed.), Cassiodori senatoris institutiones, Oxford 1961.

클레멘스 (로마의) Clemens Romanus, 『코린토 신자들에게 보낸 서간』*Epistula ad Corinthios*, A. Fischer (ed.), Die Apostolischen Väter, Darmstadt 1986, 1-107.

클레멘스 (알렉산드리아의) Clemens Alexandrinus, 『그리스인을 향한 권고』*Protrepticus ad Graecos*, M. Marcovich (ed.), Clementis Alexadrini Protrepticus, Leiden 1995.

클레멘스 (알렉산드리아의), 『양탄자』*Stromata*, M. Caster (ed.), SC 30,44-177.

클레멘스 (알렉산드리아의), 『어떤 부자가 구원받는가』*Quis dives salvetur*, O. Stählin -L. Früchtel-U. Treu (ed.), GCS 17,159-191, [하성수 옮김, 분도출판사 2018].

키프리아누스, 『가톨릭 교회 일치』*De catholicae ecclesiae unitate* [이형우 옮김, 교부 문헌 총서 1, 분도출판사 1987, 57-108].

키프리아누스 Cyprianus, 『도나투스에게』*Ad Donatum*, J. Molager (ed.), SC 291,74-

117 [이형우 옮김, 교부 문헌 총서 1, 분도출판사 1987, 29-55].

키프리아누스, 『선행과 자선』*De opere et eleemosynis*, M. Simonetti (ed.), CCL
  2,1039-1065 [최원오 옮김, 분도출판사 2018, 13-51].

키프리아누스, 『편지』*Epistulae*, G.F. Diercks (ed.), CCL 3B/2-3.

테르툴리아누스 Tertullianus, 『세례론』*De baptismo*, J. W. P. Borleffs (ed.), CCL
  1,277-295.

테르툴리아누스, 『이단자들에 대한 항고』*De praescriptione haereticorum*, R.R.
  Refoulé-P.De Labriolle (ed.), SC 46,88-152.

테르툴리아누스, 『호교론』*Apologeticum*, E. Dekkers (ed.), CCL 1,77-171 [한창용
  옮김, 분도출판사 2022].

테오도레투스, 『교회사』*Historia ecclesiastica*, L. Parmentier-G.C. Hansen (ed.),
  GCS N.F. 5.

테오도레투스 Theodoretus, 『이단자 이야기 개요』*Haereticarum fabularum compen-
  dium*, A. Rousseau-L. Doutreleau (ed.), SC 263,328-335.

테오필루스 (안티오키아의) Theophilus Antiochenus, 『아우톨리쿠스에게』*Ad Autolycum*,
  R.M. Grant (ed.), Oxford Early Christian Texts, Oxford 1970 [장재명 옮김, 분
  도출판사 2020].

팔라디우스 Palladius, 『라우수스에게 바친 수도승 이야기』*Historia Lausiaca*, G.J.M.
  Bartelink (ed.), La storia Lausiaca, Verona 1998 [『팔라디우스의 초대 사막 수
  도사들의 이야기』, 엄성옥 옮김, 은성출판사 2009].

팜필루스 Pamphilus, 『오리게네스를 위한 변론』*Apologeticum pro Origene*, R.
  Amacker-E. Junod (ed.), SC 464,32-279.

포르투나티아누스 Fortunatianus, 『복음서 주해』*In Evangelia commentarios*, L.
  Dorfbauer (ed.), *Fortunatianus redivivus Bischof Fortunatian von Aquileia
  und sein Evangelienkommenta*r, Extra Seriem in CSEL, Salzburg 2017.

포시디우스 Possidius, 『아우구스티누스의 생애』*Vita Augustini*, A.A.R. Bastiaensen
  (ed.), Vita di Agostino, Milano 1997 [이연학 · 최원오 옮김, 교부 문헌 총서

18, 분도출판사 2008].

『폴리카르푸스 순교록』*Martyrium Polycarpi*, P.T. Camelot (ed.), SC 10, 210-239 [하성수 옮김, 교부 문헌 총서 12, 분도출판사 2000].

폴리카르푸스 Polycarpus, 『필리피 신자들에게 보낸 서간』*Epistula ad Philippenses*, J.A. Fischer (ed.), Die Apostolischen Väter, Darmstadt 1986, 227-265 [하성수 옮김, 교부 문헌 총서 12, 분도출판사 2000].

프란치스코 Franciscus, 성 히에로니무스 선종 1600주년 교황 교서 『성경에 대한 애정』*Scripturae Sacrae Affectus*, Vatican City 2020. 9. 30. [우리말 번역: 한국 천주교주교회의 홈페이지].

프로스페르 Prosper, 『연대기 요약』*Epitoma Chronicorum*, Th. Mommsen (ed.), Monumenta Germaniae Historica, Auctores antiquissimi 9, 385-485.

플루타르코스, 『생애의 비교』*Vitae Parallelae: Demosthenes et Cicero*, K. Ziegler -H. Gaertner (ed.), Stuttgart 2010 [『두 정치연설가의 생애』, 김헌 옮김, 한길사 2013].

필론 (알렉산드리아의) Philon Alexandrinus, 『관상 생활』*De vita contemplativa*, F. Daumas (ed.), Paris 1976.

한국천주교주교회의, 『주석 성경』, 한국천주교중앙협의회 2010.

헤르마스 Hermas, 『목자』*Pastor*, M. Whittaker (ed.), GCS 48, Berlin 1967 [하성수 옮김, 분도출판사 2002].

『히에로니무스 전집』*Opere di Girolamo. Opere storiche e agiografiche*, Roma 2014.

히에로니무스 Hieronymus, 『루피누스 저서 반박 변론』*Apologia adversus libros Rufini*, P. Lardet (ed.), CCL 79,73-116.

히에로니무스, 『말쿠스의 생애』*Vita sancti Malchi*, R. Degòrski (ed.), Vite degli eremmiti Paolo, Ilarione e Malco, Roma 1996.

히에로니무스, 『성 파울루스의 생애』*Vita sancti Pauli*, R. Degòrski (ed.), Vite degli eremmiti Paolo, Ilarione e Malco, Roma 1996.

히에로니무스, 『성 힐라리온의 생애』*Vita sancti Hiarionis*, A.A.R. Batiaensen (ed.),

Vita di Martino di Sulpicio Severo. Vita di Ilarione e Girolamo, Scrittori
Greci e Latini. Vite dei Santi 4, 1983, 72-143.

히에로니무스, 『에제키엘서 주해』*In Ezechielem*, F. Glorie (ed.), CCL 75,771-950.

히에로니무스, 『요나서 주해』*Commentarius in Ionam*, Y.-M. Duval (ed.), SC
323,160-317.

히에로니무스, 『요비니아누스 반박』*Adversus Iovinianum*, PL 23,211-338.

히에로니무스, 『이사야서 주해』*Commentarii in Isaiam*, M. Adriaen (ed.), CCL
73,1-465; 73A,465-799.

히에로니무스, 『펠라기우스 반박 대화』*Dialogi contra Pelagianos libri*, C.
Moreschini (ed.), CCL 80,3-124.

히에로니무스, 『편지』*Epistulae*, I. Hilberg (ed.), CSEL 54-56.

히폴리투스 Hippolytus, 『모든 이단 반박』*Refutatio omnium haeresium*, M.
Marcovich (ed.), PTS 25, Berlin 1986, 53-417.

힐라리우스 Hilarius, 『시편 강해』*Tractatus super Psalmos*, M. Milhau (ed.), SC
344,90-283; 347,65-303.

(5) 이차 문헌

Bosio, G.-Dal Covolo, E.-Maritano, M., *Introduzione ai Padri della chiesa.
Secoli I e II*, Torino 1990.

Ceresa-Gastaldo, A., *Gerolamo. Gli uomini illustri*, Firenze 1988.

Chadwick, H., *Priscillian of Abila. The Occult and the Charismatic in the Early
Church*, Oxford 1976.

Corsaro, F., *Elementi romanzeschi e aretologia negli Atti apocrifi di Paolo e
Tecla: La narrativa cristiana antica*, Roma 1995.

Dassmann, E., *Ambrosius von Mailand*, Stuttgart 2004

Dekkers, E., *Clavis Patrum Latinorum*, Turnhout 1961.

Fürst, A., *Hieronymus. Askese und Wissenschaft in der Spätantike*, Freiburg

2016.

Fürst, A., "Hieronymus", in *Augustinus Lexikon*, Cornelius Mayer (ed.), Basel 2004, 317-336.

Fürst, A., "Pseudepigraphie und Apostolizität im apokryphen Briefwechsel zwischen Seneca und Paulus", in *Zeitschrift für Antike und Christentum* 41 (1998), 77-117.

Fürst, A., "히에로니무스", 『교부학 사전』, 1170-1181.

Geerard, M., *Clavis Patrum Graecorum*, vol. 1-4, Turnhout 1974-1983.

Grappone, A., "Girolamo e l'epistolario tra Seneca e san Paolo", in *Augustinianum* 50 (2010), 119-145.

Gribomont, J., "Giroloamo", in *Nuovo Dizionario Patristico e di Antichità Cristiane*, vol. 2, Roma 2006, 2262-2268.

Gribomont, J., "Saint Jérôme", in *Dictionnaire de spiritualité*, vol. 8, Paris 1974, 901-918.

Hamm, U., "겐나디우스", 『교부학 사전』, 71-73.

Kelly, J.N.D., *Jerome. His Life, Writings and Controversies*, London 1975.

Kelly, J.N.D., 『옥스퍼드 교황 사전』, 변우찬 옮김, 분도출판사 2014.

La Bibbia 'Vulgata' dalle origini ai nostri giorni. Atti del Simposio internazionale in onore di Sisto V, T. Stramare (ed.), Città del Vaticano 1987.

Mandouze, A., *Prosopographie chrétienne du Bas-Empire: Afrique (303-533)*, vol. 1, Paris 1982.

Markus, R., *The End of Ancient Christianity*, Cambridge 1990.

McGuckin, J.A., *St Gregory of Nazianzus. An Intellectual Biography*, New York 2001.

Moreschini, C., *Introduzione a Basilo il Grande*, Brescia 2006.

Moreschini, C., *Introduzione a Gregorio Nazianzeno*, Brescia 2006.

Moreschini, C., "Praeceptor meus: Tracce dell'insegnamento di Gregorio di Nazianzo in Gerolamo", in *Jérôme entre l'Occident et l'Orient*, Y.-M. Duval (ed.), Paris 1988, 129-138.

Nautin, P., "Études de chronologie hiéronymienne(393-397)", in *Revue des études augustiniennes*, 18 (1972), 209-218; 19 (1973), 69-86; 213-239; 20(1974), 251-258.

Nautin, P., "La date du 《De viris illustribus》 de Jérôme", in *Revue d'Histoire Ecclésiastique* 56 (1961), 33-35.

Nautin, P., "La liste des oeuvres de Saint Jérôme dans le 《De viris illustribus》, in *Orpheus*, 5 (1984), 319-334.

Palagi, L.B., *L'epistolario apocrifo di Seneca e San Paolo*, Firenze 1985.

Paredi, A., *Sant'Ambrogio e la sua età*, Milano 2015.

Paredi, A., *S. Gerolamo e S. Ambrogio*, Città del Vaticano 1964.

Pricoco, S., *Storia letteraria e storia ecclesiastica. Dal 《De viris illustribus》 di Girolamo a Gennadio*, Catania 1979.

Quacquarelli, A., *Reazione pagana e trasformazione della cultura (fine IV secolo d.C.)*, Bari 1986.

Quasten, J., *Patrology*, vol. I, Bruxelles 1950.

Rebenich, S. "Jerome: The 'vir trilinguis' and the 'hebraica veritas'", in *Vigiliae Christianae* 47 (1993), 50-77

Reichert, E., "일데폰수스", 『교부학 사전』, 875-876.

Röwekamp, G., "이시도루스 (세비야의)", 『교부학 사전』, 865-869.

Simonetti, M.-Prinzivalli, E., *Storia della letteratura cristiana antica*, Casale Monferrato 1999.

Siniscalco, P., "Due tradizioni storiografiche a confronto: le *Historiae ecclesiasticae* e i *De viris illustribus,* in *Venti secoli di storiografia ecclesiastica*, Roma 2010, 11-32.

The Brill Dictionary of Gregory of Nyssa, L.F. Mateo-Seco (ed.), Leiden 2010.

Vessey, M., "Jerome", in *Augustine through the Ages. An Encyclopedia*, A.D. Fitzgerald (ed.), Cambridge 1999, 460-462.

Vessey, M., "Literature, Patristics, Early Christian Writing", in *The Oxford Handbooks of Early Christian Studies*, S.A. Harvey-D.G. Hunter (ed.), Oxford 2008, 42-65.

김용규, 『그리스도인은 왜 인문학을 공부해야 하는가. 신학과 인문학의 대화』, Ivp 2019.

김헌, 『신화와 축제의 땅 그리스 문명 기행』, 아카넷 2021.

다스만, 에른스트, 『교회사 I』, 하성수 옮김, 분도출판사 2007.

다스만, 에른스트, 『교회사 II/2』, 하성수 옮김, 분도출판사 2016.

드롭너, H., 『교부학』, 하성수 옮김, 분도출판사 2002.

따르디외, 미쉘, 『마니교』, 이수민 편역, 분도출판사 2005.

마라발, 피에르, 『제롬(히에로니무스)의 생애와 편지』, 남성현 편역, 엠애드 2006.

마틴, 프랜시스 엮음, 『교부들의 성경 주해. 신약 VII. 사도행전』, 이혜정 옮김, 분도출판사 2011.

망구엘, 알베르토, 『세계적인 인문학자가 밝히는 서구문화의 근원. 일리아스와 오디세이아』, 김헌 옮김, 세종서적 2015.

몬딘, 바티스타, 『신학사 1』, 조규만·박규흠·유승록·이건 옮김, 가톨릭출판사 2012.

보이쿠, J. 세베르 엮음, 『교부들의 성경 주해. 구약 XV. 제2정경』, 김영선 옮김, 분도출판사 2021.

브랜들레, 루돌프, 『요한 크리소스토무스. 고대 교회 한 개혁가의 초상』, 이종한 옮김, 분도출판사 2016.

솅크, 케네스, 『필론 입문』, 송혜경 옮김, 바오로딸 2008.

송혜경, 『영지주의자들의 성서』, 한님성서연구소 2022.

스코펠로, 마들렌, 『영지주의자들』, 이수민 편역, 분도출판사 2005.

시모네티, 만리오 엮음, 『교부들의 성경 주해. 신약성경 I. 마태오 복음서 1-13장』, 노성기 옮김, 분도출판사 2010.

정양모, 『바울로 친서 이야기』, 성서와함께 1997.

정양모, 『요한 복음 이야기』, 성서와함께 2002.

최원오, "교부학인가 교부론인가", 『신앙과 삶』 5 (2001), 5-14.

최원오, "히에로니무스 『명인록』에 관한 교부학적 연구", 『가톨릭 신학』 40 (2022), 15-39.

최원오, 『교부들의 사회교리』, 분도출판사 2020.

프랑크, 카를 수소, 『고대 교회사 개론』, 하성수 옮김, 가톨릭출판사 2008.

한국교부학연구회, 『교부 문헌 용례집』, 수원가톨릭대학교출판부 2014.

한국교부학연구회, 『교부학 인명 · 지명 용례집』, 분도출판사 2008.

한국교부학연구회, 『내가 사랑한 교부들』, 분도출판사 2005.

함만, 아달베르, 『교부와 만나다』, 이연학 · 최원오 옮김, 비아출판사 2019.

히에로니무스

명인록

PRAEFATIO

1. Hortaris, Dexter, ut Tranquillum sequens ecclesiasticos scriptores in or-
dinem digeram et quod ille in enumerandis gentilium litterarum viris fecit
illustribus ego in nostris faciam, id est ut a passione Christi usque ad quartum
decimum Theodosii imperatoris annum omnes qui de scripturis sanctis me-

---

1 눔미우스 아이밀리아누스 덱스테르(Nummius Aemilianus Dexter)는 피레네 지방 바르셀로나
  의 주교 파키아누스의 아들이었다(『명인록』 106). 테오도시우스 황제가 다스리던 379-387년에
  소아시아 지방 총독(proconsul)이었고, 387년에 황실 재산 관리인(comes rerum privatorum)
  에 임명되었으며(『유스티니아누스 법전』*Codex Iustinianus* 7,38,2), 395년에 이탈리아 총독
  (praefectus praetorio Italiae)이 되었다(『테오도시우스 법전』*Codex Theodosianus* 6,4,27).
  『보편 역사』*Omnimoda historia*를 지었다고 한다(『명인록』 132). 히에로니무스에게 『명인록』
  저술을 권고한 인물이다(히에로니무스, 『루피누스 저서 반박 변론』 2,23). L. Van Hoof-P.
  Van Nuffelen (ed.), *The Fragmentary Latin Histories of Late Antiquity (AD 300-620)*,
  Cambridge 2020, 59-63 참조.
2 히에로니무스가 본보기로 삼는 가이우스 수에토니우스 트란퀼루스(Gaius Suentonius
  Tranquillus, 69/75년경-130년경)는 100년경 로마 문학의 거장들을 아우른 『명인록』*De viris*

머리말

1. 덱스테르[1], 그대는 나더러 [수에토니우스] 트란퀼루스[2]를 따라 교회 저술가들을 순서대로[3] 정리하라고 권고합니다. 그가 이교 문학의 유명 인사들을 차례대로 설명했으니, 나는 우리 [그리스도교] 인물들에 관해 다루겠습니다. 곧 그리스도의 수난에서 테오도시우스 황제 재위 14년[4]까지 성경에

---

*illustribus*을 썼는데, 그 가운데 문법학자와 수사학자들의 대목만 남아 있다[Suetonius, *De grammaticis et rhetoribus*, R.A. Kaster (ed.), Oxford 1995; 수에토니우스, 『로마의 문법학자들』, 안재원 옮김, 한길사 2013]. 수에토니우스는 율리우스 카이사르부터 도미티아누스에 이르는 『황제들의 생애』*De vita Caesarum*[수에토니우스, 『열두 명의 카이사르』, 조윤정 옮김, 다른세상 2009]도 썼다.

3 『명인록』은 예수 그리스도의 죽음부터 "테오도시우스 황제 재위 14년"(393년)까지의 세월을 순서대로 아우른다.

4 테오도시우스 황제는 379년 1월 19일에 즉위했으므로 재위 14년은 392년 1월 19일부터 393년 1월 18일까지이지만, 히에로니무스의 황제 연보 계산법에 따르면 재위 14년은 393년 1월 1일부터 12월 31일까지이다. 『명인록』의 저술 시기는 393년이다. 해제 3. 저술 시기와 제목 참조.

moriae aliquid prodiderunt tibi breviter exponam. **2.** Fecerunt quidem hoc
idem apud Graecos Hermippus Peripateticus, Antigonus Carystius, Satyrus
doctus vir et, longe omnium doctissimus, Aristoxenus musicus; apud Latinos
autem Varro, Santra, Nepos, Hyginus et, ad cuius nos exemplum vis provoca-
re, Tranquillus. **3.** Sed non est mea et illorum similis condicio. Illi enim histo-
rias veteres annalesque replicantes, potuerunt quasi de ingenti prato parvam
opusculi sui coronam texere. Ego quid acturus, qui nullum praevium sequens
pessimum, ut dicitur, magistrum memet ipsum habeo? Quamquam et Eusebi-
us Pamphili in decem *Ecclesiasticae historiae* libris maximo nobis adiumento
fuerit et singulorum de quibus scripturi sumus volumina aetates auctorum su-

---

5 헤르미푸스(Hermippus)는 기원전 2-3세기에 활동한 스미르나 출신 소요학파 철학자이다.
   칼리마쿠스의 제자였고, 유명 인사들의 생애(βίοι)를 저술했다.

6 카리스투스 출신 안티고누스(Antigonus)는 기원전 3세기경에 활동했으며, 동시대 철학자들
   의 생애를 저술했다.

7 칼라티스의 사티루스(Satyrus)는 기원전 3세기경에 활동한 소요학파 철학자였고, 왕과 장군,
   저술가와 철학자들의 생애를 저술했다.

8 아리스토제누스(Aristoxenus)는 기원전 375년경 타렌툼에서 태어난 소요학파 철학자로서 아
   리스토텔레스의 제자이기도 했다. 『조화의 요소』Ἁρμονικὰ στοιχεῖα *Elementa harmonica*
   라는 음악 작품을 남겼으며, 군사적 업적이 아니라 문화적 업적을 남긴 유명 인사들에 관하
   여 알렉산드리아의 전기 문학 규범에 따라 저술한 최초의 인물이다.

9 라틴어 문법을 정비하고 학문적 체계를 잡은 자유 교양 학문의 거장 마르쿠스 테렌티우스
   바로(Marcus Terentius Varro, 기원전 116년-기원전 27년)는 700명에 이르는 유명 인사들의
   전기를 썼다. 『초상肖像들』*De imaginibus* 또는 『칠백인보七百人譜』*Hebdomades*라 불리는
   이 작품은 소실되었다.

10 산트라(Santra)는 기원전 1세기경 코르넬리우스 네포스의 본보기를 따라 유명 인사들의 생
   애를 저술한 문법학자였다.

11 키케로와 동시대 인물인 코르넬리우스 네포스(Cornelius Nepos, 기원전 99년-기원전 24
   년)는 플루타르코스의 『생애의 비교』*Vitae Parallelae*와 비슷한 방식으로 기원전 36년에서
   35년 사이에 『명인록』*De viris illustribus*을 썼다. 수에토니우스, 『로마의 문법학자들』, 안재

관하여 기억할 만한 무언가를 내놓은 모든 이를 그대에게 간략히 소개하겠습니다. **2.** 그리스인 가운데 이와 같은 작업을 한 사람들로는 소요학파 헤르미푸스[5], 카리스투스의 안티고누스[6], 박학한 인물 사티루스[7], 모든 이들 가운데 가장 박식한 음악가 아리스토제누스[8]가 있지만, 라틴인 가운데는 바로[9], 산트라[10], 네포스[11], 히기누스[12], 그리고 우리가 본보기로 삼아 주었으면 하고 그대가 바라는 트란퀼루스[13]가 있습니다. **3.** 그러나 나와 그들의 상황이 똑같지는 않습니다. 그들은 고대사와 연대기를 들려주면서 드넓은 풀밭[14] 같은 데서 자기 작품의 작은 화관을 엮어낼 수 있었습니다. 내가 지금 하려는 일은 어떠한 길잡이도 따르지 않으면서[15], 가장 형편없는 나 자신을 스승으로 삼는 것이라고 할까요? 그럼에도 팜필루스의 [제자] 에우세비우스[16]는 『교회사』*Ecclesiastica historia* 열 권으로 우리에게 큰 도움이 되었고, 우리가 써 내려갈 개별 인물들의 작품은 그 저자들의 생애를

원 옮김, 한길사 2013, 21-35; 플루타르코스, 『데모스테네스와 키케로. 민주와 공화를 웅변하다. 두 정치연설가의 생애』, 김헌 옮김, 한길사 2013 참조.

12 카이우스 율리우스 히기누스(Caius Iulius Hyginus, 기원전 64년경-기원후 17년)는 아우구스투스에 의해 팔라티누스 도서관장으로 임명된 로마의 문법학자였고, 『명인록』*De viris claris*과 『유명 인사들의 생애와 사건』*De vita rebusque virorum illustrum*을 지었다. 히기누스에 관한 더 상세한 우리말 해설은 수에토니우스, 『로마의 문법학자들』, 안재원 옮김, 한길사 2013, 250-251 참조.

13 『명인록』 머리말 1 참조.

14 수에토니우스 트란퀼루스의 저술들 가운데 『풀밭』*Prata*이라는 작품이 있다. 에우세비우스도 고대 저술가들의 작품에서 핵심 문헌을 간추리는 작업을 "지성의 풀밭에서 꽃을 따는 일"에 비겼다. 에우세비우스, 『교회사』 1,1,4 참조.

15 에우세비우스(Eusebius, 264/265-339/340년)도 교회사를 저술하면서 자신의 작업이 "황무지요 아무도 밟지 않은 길"이라고 했다. 에우세비우스, 『교회사』 1,1 참조.

16 팜필루스의 제자였던 에우세비우스는 자기 이름에 스승의 이름을 덧붙이고 싶어 했다. 에우세비우스, 『팔레스티나 순교자들』*De martyribus Palaestinae*; 『교회사』 7,32,25-26 11,1-2; 히에로니무스, 『명인록』 75와 81 참조.

orum saepe testentur. **4.** Itaque Dominum Iesum precor, ut quod Cicero tuus, qui in arce Romanae eloquentiae stetit, non est facere dedignatus in *Bruto* oratorum Latinae linguae texens catalogum, id ego in ecclesiae eius scriptoribus enumerandis digne cohortatione tua impleam. **5.** Si qui autem de his qui usque hodie scriptitant a me in hoc volumine praetermissi sunt, sibi magis quam mihi imputare debebunt. **6.** Neque enim celantes scripta sua de his quae non legi nosse potui et quod aliis forsitan notum, mihi in hoc terrarum angulo fuerit ignotum. Certe cum scriptis suis claruerint, non magnopere nostri silentii dispendia suspirabunt. **7.** Discant igitur Celsus, Porphyrius, Iulianus, rabidi adversum Christum canes, discant sectatores eorum qui putant ecclesiam nullos philosophos et eloquentes, nullos habuisse doctores, quanti et quales viri eam fundaverint, struxerint, adornaverint et desinant fidem nostram rusticae tantum simplicitatis arguere suamque potius imperitiam recognoscant. Vale in Domino Iesu Christo.

---

17 키케로(Marcus Tullius Cicero, 기원전 106-43년)가 기원전 46년에 저술한 수사학 역사를 다룬 작품이다. 『연설가』*De oratore*라는 제목으로도 알려져 있으며, 로마의 수사학자들에 관하여 평가해 달라는 브루투스와 아티쿠스의 요청에 키케로가 답하는 형식으로 저술되었다.

18 히에로니무스는 당대의 저술가들 가운데 아우구스티누스를 아예 빼버렸다. 요한 크리소스 토무스나 대 바실리우스에 대한 평가는 야박하기 짝이 없고, "밀라노의 주교 암브로시우스 는 오늘날까지 저술하고 있다."(『명인록』 124,1)라는 이유로 아주 간략하고 퉁명스럽게 소개 한다. 히에로니무스가 균형감각을 잃은 대표적 사례이다.

19 켈수스와 포르피리우스는 그리스도교를 가장 집요하게 비난했던 신플라톤 철학자들이다 (히에로니무스, 『편지』 57; 70,3). 켈수스는 178년경 그리스도교를 거슬러 『참말』*Discorsus verus*을 출간했고, 70년쯤 지나 오리게네스(Origenes, 186-255)는 『켈수스 반박』*Contra Celsum*을 써서 그의 주장에 맞섰다.

종종 증언해 줍니다. **4.** 로마 수사학의 정상에 섰던 당신의 키케로가 『브루투스』*Brutus*[17]에서 라틴어 저술가 목록을 엮으면서 거침없이 행한 대로, 이제 내가 주님의 교회 저술가들을 차례대로 설명하면서 그대 권고에 어울리게 완성할 수 있도록 주 예수님께 기도합니다. **5.** 그러나 오늘날까지 저술 활동을 펼치고 있는 사람들 가운데 내가 이 책에서 빠뜨린 이가 있다면, 그들은 나보다는 오히려 자신을 탓해야 할 것입니다.[18] **6.** 자기 작품을 드러내지 않아서 내가 읽지 못한 것과, 혹시 다른 이들에게는 알려졌을지라도 지상의 이 귀퉁이에 있는 나에게 알려지지 않은 작품은 나도 알아낼 수 없었습니다. 그들이 자기 작품으로 명성을 떨치게 될 때, 우리가 아무런 언급도 하지 않는 바람에 손해를 입었다며 탄식하지 않으리라는 것은 분명합니다. **7.** 얼마나 많은 역량 있는 사람들이 교회를 세우고 건설하고 영광스럽게 했는지 그리스도에 맞선 미친개들인 켈수스[19], 포르피리우스[20], 율리아누스[21]가 배워야 할 것이며, 교회가 아무런 철학자도 웅변가도 학자도 모시지 않았다고 여기는 그들의 졸개들도 배워야 할 일입니다. 그리하여 그들이 단순 소박한 우리 신앙을 그만 헐뜯고, 오히려 자신들의 무지를 깨닫게 되기를 바랍니다. 주 예수 그리스도 안에서 인사드립니다.

---

20 플로티노스의 제자인 포르피리우스(Porphyrius, 234년경-305년경)는 『그리스도인 반박』 *Contra christianos*의 저자이다. 이 작품은 테오도시우스 2세(408-450년)의 명령으로 불살라졌다.

21 플라비우스 클라우디우스 율리아누스 황제(361-363년)는 이교 문화를 부흥시킨 탓에 '배교자'(apostata)라는 덧이름을 달고 다닌다. 그는 그리스도교 교리를 반박하는 『갈릴래아 사람들 반박』*Contra Galilaeos*을 저술했고, 알렉산드리아의 키릴루스는 『율리아누스 반박』 *Contra Iulianum*으로 맞섰다. "율리아누스 황제가 그리스도를 거슬러 책 일곱 권을 썼다"라는 히에로니무스의 증언은 『편지』 70,3 참조.

I

Simon Petrus

1. Simon Petrus, filius Iohannis, provinciae Galileae vico Bethsaida, frater Andreae apostoli et princeps apostolorum, post episcopatum Antiochensis ecclesiae et praedicationem dispersionis eorum qui de circumcisione crediderant in Ponto, Galatia, Cappadocia, Asia et Bithynia, secundo Claudii anno ad expugnandum Simonem magum Romam pergit ibique viginti quinque annis cathedram sacerdotalem tenuit usque ad ultimum annum Neronis, id

---

22 "요한의 아들" 베드로에 관해서는 요한 1,42; 21,15 참조.

23 요한 1,44 참조.

24 마태 4,18 참조.

25 에우세비우스, 『교회사』 2,14,6 참조.

26 에우세비우스, 『교회사』 3,36,2 참조.

27 "할례를 믿던 이들"(qui de circumcisione crediderant)이란 유대교에서 개종한 그리스도인, 곧 디아스포라에 살던 유대계 그리스도인을 가리킨다.

1

시몬 베드로

1. 요한의 아들[22] 시몬 베드로는 갈릴래아 지방 벳사이다 마을 출신[23]으로서 사도 안드레아의 형제[24]이자 사도들의 우두머리였다.[25] 안티오키아 교회의 주교직을 맡아[26] 폰투스, 갈라티아, 카파도키아, 아시아, 비티니아에 흩어져 살고 있던 할례를 믿던 이들[27]에게 [복음을] 선포한 뒤[28], 클라우디우스 재위 2년[29]에 마술사 시몬을 제압하기 위해 로마로 갔고[30], 거기서 네로의 마지막 해, 곧 재위 14년[31]까지 25년 동안 주교좌[32]를 지켰다.[33]

---

28 베드로가 유대인 디아스포라에서 선교 활동을 펼쳤다는 정보는 베드로 서간(1베드 1,1)과 정확하게 일치한다.

29 클라우디우스 황제 재위 2년은 42년이다.

30 에우세비우스, 『교회사』 2,14,1-6 참조.

31 네로 황제 재위 14년은 68년이다.

32 라틴어 원문은 cathedra sacerdotalis(사제좌)이지만, '주교좌'(cathedra episcopalis)라는 뜻이다. J. Dresken-Weiland, "cattedra", NDPAC II, 965-969 참조.

est quartum decimum. **2.** A quo et affixus cruci martyrio coronatus est, capite ad terram verso et in sublime pedibus elevatis, asserens se indignum qui sic crucifigeretur ut Dominus suus. **3.** Scripsit duas *Epistulas* quae catholicae nominantur, quarum secunda a plerisque eius negatur propter stili cum priore dissonantiam. **4.** Sed et evangelium iuxta Marcum, qui auditor eius et interpres fuit, huius dicitur. **5.** Libri autem, e quibus unus *Actorum* eius inscribitur, alius *Evangelii*, tertius *Praedicationis*, quartus Ἀποκαλύψεως, quintus *Iudicii* inter apocryphas scripturas repudiantur. **6.** Sepultus Romae in Vaticano iuxta viam Triumphalem totius orbis veneratione celebratur.

---

33 히에로니무스의 증언에 따르면 베드로는 바오로와 함께 네로 황제 재위 14년인 68년에 로마에서 순교했다. 『명인록』 5,8; 에우세비우스, 『교회사』 2,25,5.8; 3,31,1; 『연대기』*Chronicon*, R. Helm (ed.), *Eusebius Werke*, 7, *Die Chronik des Hieronymus*, 185 참조.

34 베드로가 머리를 땅으로 향한 채 거꾸로 십자가에 못 박혔다는 진술에 관해서는 에우세비우스, 『교회사』 3,1,2; 『베드로 행전』*Acta Petri* 8-9(『신약 외경. 하권: 행전 서간 묵시록』, 송혜경 옮김, 한님성서연구소 2011, 505-509) 참조.

35 신약성경 가운데 야고보 서간, 베드로의 두 서간, 요한의 세 서간, 유다 서간을 '가톨릭 서간'(epistulae catholicae)이라 부른다. 이 편지들에 '가톨릭'이라는 말을 붙인 이유는, 수신자가 특정 신자나 공동체가 아니라 보편적인 신자들이기 때문이다.

36 에우세비우스는 베드로 첫째 서간의 친저성에 관하여 여러 차례 증언하지만(『교회사』 3,3,1-4; 3,25,2; 3,39,17; 4,14,9; 5,8,7; 6,25,5와 8), 베드로 둘째 서간의 친저성은 의심한다(『교회사』 3,3,1; 3,15,3; 6,25,8). 베드로 1서와는 달리, 『무라토리 정경 목록』*Canon Muratori*(180년경)에도 포함되지 않았던 베드로 2서는 신약 정경으로 인정받는 데 매우 어려움이 많았던 책이다. 베드로 2서는 베드로 사도에게서 직접 유래하지 않고, 디아스포라에 살던 유대계 그리스도교 공동체에서 나왔으리라는 것이 현대 성서학계의 통설이다. 한국천주교주교회의, 『주석 성경』, 한국천주교중앙협의회 2010, 932 참조.

2. 네로에 의해 십자가에 못 박혀 순교로 화관을 썼다. 그는 자기 주님처럼 못 박힐 자격조차 없다고 말하면서 머리는 땅으로 뒤집히고 발은 위로 들어 올려졌다.[34] **3.** 가톨릭[35]이라 불리는 서간 두 통을 썼는데, 그 가운데 둘째 편지는 첫째 편지와 문체가 어울리지 않아 많은 사람이 [친저성을] 부정한다.[36] **4.** 그러나 그의 제자요 통역자였던 마르코 복음서는 그의 것이라고 한다.[37] **5.** 그러나 다음과 같은 책들은 외경으로 거부된다. 첫째, 그의 『[베드로] 행전』*Acti*, 둘째, 『[베드로] 복음』*Evangelium*, 셋째, 『[베드로의] 선포』*Praedicatio*, 넷째, 『[베드로] 묵시록』Ἀποκάλυψις, 다섯째, 『[베드로의] 심판』*Iudicium*이다.[38] **6.** 비아 트리온팔레 근처 로마의 바티칸[언덕]에 묻혔고[39] 온 세상의 존경을 받고 있다.

---

37 마르코 복음서가 로마 교회 공동체의 요청으로 저술되어 베드로의 권위로 출판되었다는 히에로니무스의 진술(『명인록』 8,1)은 히에라폴리스의 파피아스와 알렉산드리아의 클레멘스의 증언에 기댄 것이다(에우세비우스, 『교회사』 2,15,1-2; 3,39,15; 5,8,3; 6,14,6; 6,25,5). 파피아스에 따르면 마르코는 예수님의 가르침을 직접 듣지도 못했고 제자도 아니었으며, 베드로가 예수님의 가르침에 관하여 가르쳐 준 것을 순서 없이 기억나는 대로 기록했다(『교회사』 3,39,15). 마르코에 관해서는 『명인록』 8 참조.

38 에우세비우스는 베드로의 외경 문헌들로 『[베드로] 행전』, 『[베드로] 복음』, 『[베드로의] 선포』, 『[베드로] 묵시록』을 언급한다. 『교회사』 3,3,2 참조.

39 에우세비우스는 바티칸(Vaticano)과 비아 오스티엔세(Via Ostiense)에 가면 교회를 일군 이들, 곧 베드로와 바오로의 유적을 만날 수 있다고 하지만(『교회사』 2,25,7), 히에로니무스는 베드로가 묻힌 곳을 "비아 트리온팔레(Via Trionfale) 근처 로마의 바티칸"이라고 더 구체적으로 언급한다.

II
Iacobus frater Domini

1. Iacobus qui appellatur frater Domini, cognomento Iustus, ut nonnulli existimant, Ioseph ex alia uxore, ut autem mihi videtur Mariae, sororis matris Domini, cuius Iohannes in libro suo meminit, filius, post passionem Domini statim ab apostolis Hierosolymorum episcopus ordinatus, **2.** unam tantum scripsit *Epistulam*, quae de septem catholicis est, quae et ipsa ab alio quodam sub nomine eius edita asseritur, licet paulatim tempore procedente obtinuerit auctoritatem. **3.** Hegesippus vicinus apostolicorum temporum in quinto *Commentariorum* libro de Iacobo narrans ait:—Suscepit ecclesiam Hierosolymae post apostolos frater Domini Iacobus, cognomento Iustus: multi siquidem Iacobi vocabantur. **4.** Hic de utero matris sanctus fuit, vinum et siceram non

---

40 "주님의 형제 야고보"(갈라 1,19)는 바오로 사도의 표현이다. 사도 12,17; 15,13-21; 21,18-25; 갈라 2,9.12 참조.

41 예루살렘 교회에서 매우 중요한 인물이었던 이 야고보는 열두 사도 가운데 하나인 "알패오의 아들 야고보(마르 3,18; 마태 10,3; 루카 6,15)와는 다른 인물이며, 제베대오의 아들이며 요한의 형제인 야고보(마르 3,17; 마태 10,2; 루카 6,14)와도 혼동하지 말아야 한다. 한국천주교주교회의, 『주석 성경』, 890 참조.

42 에우세비우스의 진술에 따르면, 야고보는 구원자의 제자들 가운데 하나이면서 그분의 형제들 가운데 한 명이고(『교회사』 1,12,5), 주님의 형제라고 일컬어진 까닭은 요셉의 아들이라고도 불렸기 때문이다(『교회사』 2,1,2). 야고보의 별명 '유스투스'(Iustus)에 관해서는 에우세비우스, 『교회사』 2,23,15 참조.

43 직역은 "다른 아내에게서 얻은 요셉의 아들"이다.

44 야고보가 요셉의 이전 결혼에서 태어난 아들이라고 해석하는 외경 문헌은 『목수 요셉의 역사』Historia Iosephi fabri lignarii 2,1-2 참조. 늙은 홀아비 요셉과 마리아의 약혼 이야기를 전하는 대표적인 외경은 『야고보 원복음』Protoevangelium Iacobi(『신약 외경. 상권: 복음

2
주님의 형제 야고보

1. 주님의 형제[40]라고 불리는 야고보[41]는 유스투스라는 별명을 지녔다.[42] 몇몇 사람들이 평가하듯이 그는 요셉이 다른 아내에게서 얻은 아들[43]이라고 하지만[44], 내가 보기에는 요한이 자기 책에서 기억하는 주님 어머니의 자매인 마리아의 아들인 것 같다.[45] 그는 주님의 수난 직후 사도들에 의해 예루살렘의 주교로 서품되었다.[46] **2.** 일곱 가톨릭 서간 가운데 『[야고보] 서간』 *Epistula* 한 통만 썼다.[47] 어떤 사람은 이 작품이 야고보의 이름을 빌려 출간되었다가, 조금씩 시간이 지나면서 권위를 지니게 되었다고도 한다.[48] **3.** 사도 시대에 가까운 헤게시푸스[49]는 자신의 『주해』 *Commentarii* 제5권에서 야고보에 관해서 이렇게 말한다. "주님의 형제 야고보는 사도들 다음에 예루살렘 교회를 이어받았는데, 유스투스라는 별명을 지니고 있었지만, 많은 이는 야고보라고 불렀다. **4.** 그는 어머니의 태중에서부터 거룩했고, 포

서』, 송혜경 옮김, 한님성서연구소 2009, 176-180; 359-403) 참조.

45 "예수님의 십자가 곁에는 그분의 어머니와 이모인 클로파스의 아내 마리아와 마리아 막달레나가 서 있었다."(요한 19,25)라는 요한의 진술을 바탕으로 히에로니무스는 야고보를 예수님의 외사촌이라고 해석한다.

46 이 정보는 에우세비우스의 『교회사』 2,23,1; 3,5,2; 7,19에서 가져온 것이다.

47 에우세비우스, 『교회사』 2,23,24-25; 3,25,3 참조.

48 주님의 형제 야고보와의 관련성을 배제할 수는 없지만, 야고보서는 그리스어에 능통한 유대계 그리스도인이 집필했으리라 추정한다. 한국천주교주교회의, 『주석 성경』 890; 진 토마스, 『200주년 신약성서 주해』, 분도출판사 2001, 1217-1218 참조.

49 『명인록』 22 참조. 그리스도교로 개종한 유대인 헤게시푸스가 180년경에 저술한 『주해』 Ὑπομνήματα 단편이 에우세비우스의 『교회사』에 보존되어 있다(2,23,4-6). 히에로니무스가 여기 소개하는 본문은 에우세비우스의 『교회사』에서 얼기설기 번역한 것이다.

bibit, carnem nullam comedit, numquam attonsus est nec unctus unguento nec usus balneo. **5.** Huic soli licitum erat ingredi sancta sanctorum, siquidem vestibus laneis non utebatur, sed lineis solusque ingrediebatur templum et fixis genibus pro populo deprecabatur, in tantum ut camelorum duritiem traxisse eius genua crederentur—. Dicit et multa alia quae enumerare longum est.

6. Sed et Iosephus in vicesimo libro *Antiquitatum* refert et Clemens in septimo Ὑποτυπώσεων, mortuo Festo, qui Iudaeam regebat, missum esse a Nerone successorem eius Albinum. **7.** Qui cum necdum ad provinciam pervenisset, Ananus, inquit, pontifex, adulescens Anani filius, de genere sacerdotali, accepta occasione ἀναρχίας, concilium congregavit et compellens publice Iacobum ut Christum Dei filium denegaret, contradicentem lapidari iussit. **8.** Qui praecipitatus de pinna templi, confractis cruribus, cum adhuc semianimis tollens ad caelum manus diceret:—Domine, ignosce eis: quod enim faciunt nesciunt—, fullonis fuste, quo vestimenta extorqueri solent, in cerebro percussus interiit. **9.** Tradit idem Iosephus tantae eum sanctitatis fuisse et celebritatis in populo, ut propter eius necem creditum sit subversam Hierosolymam.

---

50 요세푸스, 『유대 고대사』 20,9,1; 에우세비우스, 『교회사』 2,23,20-22 참조.

51 알렉산드리아의 클레멘스가 저술한 『개요』Ὑποτυπώσεις(창세기, 탈출기, 시편, 신약성경 서간들에 대한 선별 주해)는 소실되었고, 에우세비우스의 『교회사』를 통해 간접적으로 확인할 수 있다(2,23,21; 2,1,4).

52 페스투스(Porcius Festus)는 59년부터 62년까지 유다 총독이었고, 후임자 알비누스(Lucceius Albinus)는 62년부터 64년까지 그 자리를 지켰다.

도주와 독주를 마시지 않았으며, 어떠한 고기도 먹지 않았고, 머리카락을 자르지도 향유를 바르지도 않았으며 목욕탕을 이용하지도 않았다. **5.** 지성소에 들어가는 일은 오직 그에게만 허용되었는데, 양털 옷을 입지 않았고 아마포를 걸친 채 홀로 성전에 들어가 무릎을 꿇고 백성을 위해 기도했다. 그래서 사람들은 그의 무릎이 낙타 굳은살처럼 딱딱해졌으리라고 생각했다." 헤아리자면 긴 다른 많은 이야기도 있다.

6. 그러나 요세푸스도 『유대 고대사』*Antiquitates* 제20권에서[50], 클레멘스도 『개요』Ὑποτυπώσεις[51]에서 밝히듯, 유다를 다스렸던 페스투스가 죽자 네로는 그의 후임자로 알비누스를 파견했다고 한다.[52] **7.** 알비누스가 아직 [유다] 지방에 도착하지 않았을 때, 사제 지파의 아나누스의 젊은 아들인 대사제 아나누스가 무정부(ἀναρχία) 기회를 잡아 의회를 소집했고, 야고보가 공개적으로 하느님의 아들 그리스도를 부인하도록 강요하면서, 반론을 펼치는 그[야고보]에게 돌을 던지도록 명령했다고 한다.[53] **8.** 성전 첨탑에서 떨어져 다리가 부러진 그는 아직 반쯤 살아 있는 상태로 손을 하늘로 들어 이렇게 말했다. "주님, 저들을 용서해 주십시오. 저들은 자기들이 무슨 일을 하는지 모릅니다."[54] 그러고는 세탁 옷을 짜는 빨랫방망이에 머리를 맞고 선종했다. **9.** [앞에서 언급한] 바로 그 요세푸스가 그의 죽음 때문에 예루살렘이 파괴되었다고 여길 정도로 백성들 가운데 크나큰 성덕과 명성이 있었다고 한다.[55]

---

53 에우세비우스, 『교회사』 2,23,12-18 참조.
54 루카 23,34; 사도 7,59-60; 에우세비우스, 『교회사』 2,23,16 참조.
55 이 이야기의 원천은 여전히 에우세비우스가 인용한 헤게시푸스의 증언이다. 『교회사』 2,23,12-18 참조.

10. Hic est de quo et apostolus Paulus scribit *Ad Galatas*: —Alium autem apostolorum vidi neminem nisi Iacobum fratrem Domini—, et *Apostolorum* super hoc crebrius *acta* testantur. **11.** Evangelium quoque quod appellatur secundum Hebraeos et a me nuper in Graecum sermonem Latinumque trans-latum est, quo et Origenes saepe utitur, post resurrectionem Salvatoris refert: **12.**—Dominus autem cum dedisset sindonem servo sacerdotis, ivit ad Iaco-bum et apparuit ei; —iuraverat enim Iacobus se non comesurum panem ab illa hora qua biberat calicem Domini, donec videret eum resurgentem a dor-mientibus; —**13.** rursusque post paululum: —Afferte, ait Dominus, mensam et panem—, statimque additur: —Tulit panem et benedixit et fregit et dedit Iacobo Iusto et dixit ei: —Frater mi, comede panem tuum, quia resurrexit filius hominis a dormientibus.

14. Triginta itaque annis Hierosolymae rexit ecclesiam, id est usque ad septi-mum Neronis annum et iuxta templum, ubi et praecipitatus fuerat, sepultus, titulum usque ad obsidionem Titi et ultimam Hadriani notissimum habuit.

---

56 갈라 1,19.

57 『사도 1,13; 12,17; 15,13 참조.

58 『히브리 복음서』Εὐαγγήλιον καθ᾽Εβραίους는 나자렛파와 에비온파를 비롯한 영지주의에 물든 유대계 그리스도교가 따로 사용하던 복음서이며, 히브리어로 기록되었다(히에로니무스, 『이사야서 주해』11,2). 이 작품을 마태오 복음의 히브리어 원전이라고 여긴 히에로니무스는 자신이 그리스어와 라틴어로 번역했다고 밝힌다(『마태오 복음 주해』*Commentarii in evangelium Matthaei* 12,13). 에우세비우스는 유대계 그리스도인 헤게시푸스의 기록을 토대로 외경 『히브리 복음서』에 관하여 언급하지만(『교회사』3,25,5; 3,39,17; 4,22,8), 본문을 인용하지는 않았다. 히에로니무스(『에페소서 주해』, 『이사야서 주해』, 『에제키엘서 주해』)를 비롯하여, 알렉산드리아의 클레멘스(『양탄자』), 오리게네스(『요한 복음 주해』, 『예레미야서 강해』), 시각 장애인 디디무스(『시편 주해』)가 남긴 단편이 조금 있을 따름이다. 『신약 외경. 상권: 복음서』, 송혜경 옮김, 130-133; 299-303; 『명인록』3,2; 16,3 참조.

10. 사도 바오로도 『갈라티아 신자들에게 보낸 서간』*Ad Galatas*에서 그에 관해서 이렇게 쓴다. "나는 다른 사도는 아무도 만나 보지 않았고, 주님의 형제 야고보만 보았을 뿐입니다."[56] 그리고 『사도행전』*Acta Apostolorum*도 이 사람에 관하여 매우 자주 증언한다.[57] **11.** 내가 최근에 그리스어와 라틴어로 번역했고, 오리게네스도 자주 이용한 히브리 복음서[58]라고 불리는 책도 구원자의 부활[에 관한 증언] 뒤에 이렇게 말한다. **12.** "주님께서는 수의를 사제의 종에게 주시고는 야고보에게 가서서 그에게 나타나셨다. 사실 야고보는 주님의 잔을 마신 뒤로는 잠든 이들로부터 부활하시는 그분을 뵐 때까지는 더는 빵을 먹지 않겠노라 다짐한 터였다." **13.** 다시 조금 뒤에, "'식탁과 빵을 차려라.' 하고 주님께서 말씀하셨다." 그리고 곧바로 이런 말씀이 덧붙는다. "빵을 들어 감사를 드리시고[59] 쪼개어 야고보 유스투스[60]에게 주신 다음 그에게 이렇게 말씀하셨다. '내 형제여, 그대의 빵을 먹어라. 사람의 아들이 잠든 이들로부터 부활했기 때문이다.'"[61]

14. 그는 예루살렘 교회를 30년 동안, 곧 네로 재위 7년까지 다스렸고[62], 자신이 추락했던 성전 근처에 묻혔다. 티투스의 포위 공격[63]과 하드리아누스의 최후의 포위 공격[64] 때까지 매우 유명한 묘비명이 있었다.[65] 우리 가운

---

59 라틴어 원문 benedicere는 일차적으로 '축복하다'는 뜻이지만, 넓은 의미로는 '감사하다', '찬미하다'는 뜻도 있으며, 『명인록』의 그리스어 번역본에서도 '감사하다'(εὐχαριστεω)라고 옮겼다. 『신약 외경. 상권: 복음서』, 300-301 참조.

60 '야고보 유스투스'(Iacobus Iustus)라는 호칭에 관해서는 『히브리 복음서』 3; 『토마 복음서』 12; 『야고보 묵시록』 32,2-3; 44,14; 59,22; 60,12; 61,14; 에우세비우스, 『교회사』 2,23,7 참조.

61 마태 26,26; 마르 14,12; 루카 22,19 참조.

62 야고보는 티베리우스 황제 재위 18년(기원후 32년)에 예루살렘의 주교로 선출되어 네로 황제 재위 7년(기원후 61-62년)까지 공동체를 돌보았다. 『연대기』(Helm 174) 참조.

63 기원후 70년의 일이다. 『연대기』(Helm 187) 참조.

64 기원후 134년의 일이다. 『연대기』(Helm 201) 참조.

Quidam e nostris in monte Oliveti eum conditum putant, sed falsa eorum opinio est.

III
Matthaeus qui et Levi

1. Matthaeus qui et Levi, ex publicano apostolus, primus in Iudaea propter eos qui ex circumcisione crediderant *Evangelium* Christi Hebraeis litteris verbisque composuit; quod quis postea in Graecum transtulerit non satis certum est. **2.** Porro ipsum Hebraicum habetur usque hodie in Caesariensi bibliotheca, quam Pamphilus martyr studiosissime confecit. Mihi quoque a Nazaraeis qui in Beroea, urbe Syriae, hoc volumine utuntur, describendi facultas fuit. **3.** In quo animadvertendum quod ubicumque evangelista sive ex persona sua sive ex Domini Salvatoris veteris scripturae testimoniis abutitur, non

---

65 에우세비우스, 『교회사』 2,23,18 참조.

66 히에로니무스만 전해주는 정보이다.

67 루카 5,27 참조.

68 마태 9,9; 마르 2,14; 루카 5,27-28 참조.

69 유대인이었다가 그리스도교로 개종한 유대계 그리스도인을 가리킨다.

70 마태오가 복음서를 히브리어로 썼다는 최초의 기록은 히에라폴리스의 주교 파피아스(†130
    년경)의 단편에 나오는데, 에우세비우스가 『교회사』에 수록한 파피아스의 글은 이러하다.
    "마태오가 히브리 방언으로('Εβραΐδι διαλέκτῳ) 복음서를 썼고, 번역할 능력이 있는 사람
    은 모두 그 작품을 번역했다"(3,39,16). 파피아스의 이 설을 이어받은 이레네우스(†200년
    경)는 "베드로와 바오로가 로마에서 복음을 전하며 교회를 세우고 있을 때, 마태오는 히브
    리인들 가운데 살면서 그들의 고유한 언어로 복음서를 펴냈다."(『이단 반박』 3,1,1)라고 한
    다. 파피아스와 이레네우스의 증언으로 말미암아 마태오가 히브리어 또는 아람어로 복음서
    를 집필했고 후대에 누군가 그것을 그리스어로 번역했다는 설이 전통처럼 굳어졌다. 히에로

데 어떤 이들은 그가 몬테 올리베토에 묻혔다고 생각하지만, 그들의 견해
는 틀렸다.[66]

3

레위라고도 하는 마태오

1. 레위라고도 하는 마태오[67]는 세리였다가 사도가 되었다.[68] 할례를 받았
다가 신자가 된 사람들[69]을 위하여 유다에서 처음으로 히브리 문자와 말로
그리스도의 『복음서』*Evangelium*를 저술했다.[70] 나중에 누가 그리스어로
번역했는지는 그리 확실치 않다. **2.** 더 나아가, 히브리어 본문 자체도 오늘
날까지 카이사리아 도서관에 보존되어 있다. 이 도서관은 순교자 팜필루
스가 아주 열심히 만든 것이다.[71] 시리아 도시 베로이아에서 사용하는 이
책을 나자렛파에게서 베낄 기회가 나에게도 있었다.[72] **3.** 복음사가가 개인
적으로나 구원자이신 주님을 통해 구약성경의 증언을 활용할 때마다 칠십

니무스도 철학자 판타이누스가 알렉산드리아로 돌아가면서 히브리어로 저술된 마태오 복
음서를 가지고 갔다는 정보를 전한다(『명인록』 36,2). 그러나 현대 성서학계에서는 마태오
복음서는 그리스어로 쓰인 예수 어록(Q)과 마르코 복음서를 참조하여 직접 그리스어로 저
술되었으리라 추정한다. 정양모, 『200주년 신약성경 주해』, 17 참조.

71 에우세비우스의 스승인 순교자 팜필루스(✝309년)는 카이사리아 도서관에 큰 정성을 기울
였고, 오리게네스의 작품도 열심히 필사했다. 『명인록』 75 참조.

72 히에로니무스는 '나자렛파 복음서' 또는 '에비온파 복음서'라고도 불리는 외경 『히브리 복음
서』를 『마태오 복음서』의 히브리어 원전이라고 여긴 것 같다(『명인록』 2,11; 16,3). 에비온파
와 나자렛파는 자신들이 짜깁기한 외경 히브리 복음서를 '마태오 복음서'라고도 불렀고(에
피파니우스, 『약상자』*Panarion* 30,13,2), 히에로니무스는 "최근에 우리가 히브리어에서 그
리스어로 번역한 나자렛파와 에비온파 사람들이 사용하는 복음서를 사람들 대부분이 진짜
마태오 복음서라 부른다."(『마태오 복음 주해』 12,13)라고 한다. 『신약 외경. 상권: 복음서』,
279-297 참조.

sequatur septuaginta translatorum auctoritatem, sed Hebraicam. **4.** E quibus illa duo sunt:— *Ex Aegypto vocavi filium meum*—, et:— *Quoniam Nazaraeus vocabitur.*

IV

Iudas frater Iacobi

1. Iudas, frater Iacobi, parvam quae de septem catholicis est *Epistulam* reliquit et quia de libro *Enoch*, qui apocryphus est, in ea assumit testimonium, a plerisque reicitur; **2.** tamen auctoritatem vetustate iam et usu meruit et inter sanctas scripturas computatur.

---

73 구약성경은 그리스어 번역본보다 히브리어 원본을 앞세워야 한다는 '히브리어 진리'(Veritas Hebraica)에 관한 히에로니무스의 소신이 드러난다.

74 호세 11,1; 마태 2,15 참조.

75 이사 11,1; 마태 2,23 참조. '나자렛 사람'이라고 번역하는 그리스어 '나조라이오스'(Ναζω ραῖος)는 새싹을 뜻하는 히브리어 '네체르'(נצר) 또는 거룩한 이를 뜻하는 히브리어 '나지르' (נזיר)와 관련지을 수 있다는 것이다. 히에로니무스는 이러한 해석 가능성에 대해 다음과 같이 설명한다(『마태오 복음 주해』 1,2,23). "'나자렛 사람'(Nazarenus)은 '거룩한 이'라고 풀이됩니다. 성경의 모든 책은 주님께서 거룩한 분이심을 증언합니다. … 가령 히브리어 성경 이사야서의 말씀으로도 표현할 수 있습니다. '이사이의 그루터기에서 햇순이 돋아나고 그 뿌리에서 새싹이 움트리라'(이사 11,1)." 만리오 시모네티 엮음, 『교부들의 성경 주해. 신약성경 I. 마태오 복음서 1-13장』, 노성기 옮김, 분도출판사 2010, 100 참조.

인 번역자들의 권위가 아니라 히브리 [원문의] 권위[73]를 따른다는 데 주의를 기울여야 한다. **4.** 그 가운데 두 구절이 있으니, "이집트에서 내 아들을 불렀다."[74]와 "나자렛 사람이라 불릴 것이기 때문이다."[75]이다.

4
야고보의 형제 유다

1. 야고보[76]의 형제 유다[77]는 일곱 통의 가톨릭 서간들 가운데 짧은 『[유다] 서간』*Epistula*을 남겼다. 묵시록인 『에녹서』*Enoch*에서 증언을 모았기 때문에 많은 이에게 거부당했다.[78] **2.** 그럼에도 고대성과 유용성으로 이미 권위를 누려왔고, 성경으로 여겨지고 있다.[79]

---

76 "주님의 형제"로 불리는 야고보이다. 『명인록』 2 참조.

77 마르 6,3; 마태 13,55 참조. 에우세비우스는 야고보를 그리 불렀듯이 유다도 "주님의 형제" 라고 일컫는다. 『교회사』 3,19; 3,32 참조.

78 에우세비우스는 유다서의 친저성을 부정하고(『교회사』 2,23,25), 히에로니무스는 유다서의 정경성이 문제 된 까닭을 더 구체적으로 언급한다. 곧, 외경 묵시록인 『에녹서』 본문이 유다서(1,14-15)에 인용되었기 때문이라는 것이다. 현대 성서학계에서는 '예수님의 형제' 야고보와 유다를 공경하던 공동체에서 80-90년경 집필했으리라 추정한다. 한국천주교주교회의, 『주석 성경』, 970-971; 장 엘마로, 『200주년 신약성서 주해』, 1307-1308 참조.

79 유다서는 180년경 로마에서 작성된 『무라토리 정경 목록』*Canon Muratori*에 들어 있다.

V

Paulus qui ante Saulus

1. Paulus apostolus, qui ante Saulus, extra numerum duodecim apostolorum, de tribu Beniamin et oppido Iudaeae Giscalis fuit, quo a Romanis capto, cum parentibus suis Tarsum commigravit. **2.** A quibus ob studia legis missus Hierosolymam a Gamaliele viro doctissimo, cuius Lucas meminit, eruditus est. **3.** Cum autem interfuisset neci martyris Stephani et, acceptis a pontifice templi epistulis ad persequendos eos qui Christo crediderant, Damascum pergeret, revelatione compulsus ad fidem quae in *Actis apostolorum* scribitur, in vas electionis de persecutore translatus est. **4.** Cumque primum ad praedicationem eius Sergius Paulus, proconsul Cypri, credidisset, ab eo quod eum Christi fidei subegerat sortitus est nomen et, iuncto sibi Barnaba, multis urbibus peragratis revertensque Hierosolymam a Petro, Iacobo et Iohanne gentium apostolus ordinatur. **5.** Et quia in *Actis apostolorum* plenissime de eius

---

80 개신교에서는 바울이라고 표기한다.

81 사도 7,58; 8,1과 3; 9,1; 13,9 참조.

82 로마 1,1; 1코린 1,1; 2코린 1,1 참조.

83 1코린 15,5와 8 참조. 직역은 "사도들의 수 열둘을 벗어나 있었다."이다.

84 기스칼라(Giscala)는 유다 지방이 아니라 갈릴래아 지방이다. 히에로니무스의 이 정보는 "나는 유다 사람으로, 킬리키아의 저 유명한 도시 타르수스 시민이오."(사도 21,39. 참조: 22,3)라는 바오로의 진술에 어긋난다. 기스칼라는 기원후 67년에 티투스에게 점령당했다(요세푸스, 『유대 전쟁사』*De bello iudaico* 4,2,1).

85 로마 11,1 참조.

86 사도 5,34; 22,3 참조.

87 사도 7,54-60 참조.

88 사도 9,1 이하 참조.

5
전에 사울이었던 바오로[바울][80]

1. 전에 사울[81]이라고 불린 사도[82] 바오로는 열두 사도에 포함되지 않았다.[83] 그는 유다 기스칼라[84]의 베냐민 지파 출신[85]이었고, 로마인에게 점령당하자 자기 부모와 함께 타르수스로 이주했다. **2.** 그의 부모는 율법 공부를 시키기 위해 그를 예루살렘에 보냈고, 루카가 기억하는 매우 박학한 사람인 가말리엘에게 교육받았다.[86] **3.** 순교자 스테파노의 살해에 가담했고[87], 그리스도를 믿던 이들을 박해하라는 편지들을 성전 대사제에게서 받고서 다마스쿠스로 가던 도중에 『사도행전』에 기록된 계시를 통해 신앙으로 벅차올라 박해자에서 선택된 도구로 바뀌었다.[88] **4.** 키프로스의 총독 세르기우스 파울루스는 그의 설교를 믿은 첫 사람이었다. 그를 그리스도에 대한 신앙으로 데려온 까닭에 그에게서 [바오로Paulus라는] 이름을 땄다.[89] 바르나바가 그에게 합류하여 많은 도시를 여행했고[90] 예루살렘에 돌아오면서 베드로와 야고보와 요한에 의해 사도로 서품되었다.[91] **5.** 그의 회심에 관해서는 『사도행전』에 아주 넉넉히 기록되어 있으

---

89 사도행전의 기록에 따르면 세르기우스 파울루스 총독 이야기부터 사울이 바오로로 불리는 것은 사실이지만(사도 13,9), 바오로의 이중 이름을 세르기우스 파울루스(Sergius Paulus) 총독에게서 따왔다는 히에로니무스의 주장은 개연성이 없어 보인다. "사울로 불리던 사도가 바오로(Paulus)라는 이름을 택한 것은 사도들 가운데 가장 '작은 이'(paulus)로서 자신의 작음을 이름으로 표현한 것으로 보인다."(『영과 문자』 7,12)라는 아우구스티누스의 해석이 더 적절할 것 같다. 아무튼 자신이 사용하던 유대식 이름인 사울 대신 로마식 이름인 바오로를 사용함으로써 사도 바오로가 디아스포라를 비롯한 이교 세계 안에 공식적으로 들어온 것은 분명하다. 한국천주교주교회의, 『주석 성경』, 495; 프랜시스 마틴 엮음, 『교부들의 성경 주해. 신약 VII. 사도행전』, 이혜정 옮김, 분도출판사 2011, 258 참조.

90 사도 13,1-14,41 참조.

conversatione scriptum est, hoc tantum dicam quod post passionem Domini vicesimo quinto anno, id est secundo Neronis, eo tempore quo Festus procurator Iudaeae successit Felici, Romam vinctus mittitur et, biennium in libera manens custodia, adversum Iudaeos de adventu Christi cotidie disputavit. **6.** Sciendum autem in prima satisfactione, necdum Neronis imperio roborato nec in tanta erumpente scelera quanta de eo narrant historiae, Paulum a Nerone dimissum, ut evangelium Christi in occidentis quoque partibus praedicaretur, sicut ipse scribit in secunda *Ad Timotheum* eo tempore quo et passus est et de vinculis dictat epistulam: **7.** — In prima mea satisfactione nemo mihi affuit, sed omnes me dereliquerunt: non eis imputetur. Dominus autem mihi affuit et confortavit me ut per me praedicatio compleretur et audirent omnes gentes, et liberatus sum de ore leonis —, manifestissime leonem propter crudelitatem Neronem significans. Et in sequentibus: — Liberavit me ab ore leonis —, et statim: — Liberavit me Dominus ab omni opere malo et salvabit in regnum suum caeleste —, quod scilicet praesens sibi sentiret imminere martyrium. **8.** Nam in eadem epistula praemiserat: — Ego enim iam immolor et tempus resolutionis meae instat —. Et hic ergo quarto decimo Neronis anno eodem

---

91 사도 15,22 참조. 베드로와 야고보가 다른 민족에게 복음을 전하는 임무를 바오로, 바르나바, 유다 바르사빠스, 실라스에게 맡긴 예루살렘 사도 회의(49-50년)를 가리킨다. 히에로니무스는 사도행전의 진술과는 달리, 베드로와 야고보뿐 아니라 요한도 덧붙인다. "교회의 기둥으로 여겨지는 야고보와 케파와 요한"(갈라 2,9)을 떠올렸을 것이다.

92 『연대기』(Helm 174)에 따르면, 주님의 수난은 티베리우스 황제 재위 18년인 기원후 31년에 있었고, "수난 뒤 25년째"는 네로 황제 재위 2년인 기원후 56년이다.

93 사도 28,16-31; 에우세비우스, 『교회사』 2,22,1 참조.

94 에우세비우스, 『교회사』 2,22,2 참조.

므로, 주님의 수난 뒤 25년째[92], 곧 페스투스가 유다 총독 펠릭스를 계승한 시기인 네로 재위 2년에 로마로 묶인 채 압송되어, 두 해 동안 자유로운 감시 아래 지내면서 그리스도의 오심에 관하여 유대인들에 맞서 날마다 논쟁했다는 사실만 언급하겠다.[93] **6.** 네로의 통치권이 아직 강력하지 않았고, 역사가 그에 관하여 들려주는 그런 포악한 악행이 맹위를 떨치지 않던 시절의 첫 변론[94]에서 바오로는 네로에게서 풀려나 서쪽 지역에서도 그리스도의 복음을 선포했다는 사실을 알아야 한다.[95] 이는 바오로가 고난을 겪고 감옥에서 편지를 받아쓰게 했던 그 시기에 『티모테오에게 보낸 둘째 서간』*Epistula secunda ad Timotheum*에서 다음과 같이 기록하는 바와 같다. **7.** "나의 첫 변론 때에 아무도 나를 거들어주지 않고, 모두 나를 저버렸습니다. 그들에게 이것이 셈해지지 않기를 바랍니다. 그러나 주님께서는 내 곁에 계셨고 나를 굳세게 해주셨습니다. 나를 통하여 복음 선포가 완수되고 모든 민족들이 그것을 듣게 하시려는 것이었습니다. 그리고 나는 사자의 입에서 구출되었습니다."[96] 네로를 사자라고 매우 분명히 가리키는 까닭은 그의 잔인함 때문이다. "나를 사자의 입에서 구출하셨습니다."라고 한 다음, 곧바로 이렇게 말한다. "주님께서는 나를 모든 악행에서 구출하시고, 하늘에 있는 당신 나라로 구원해 주실 것입니다."[97] 틀림없이 자신에게 순교가 임박했음을 느꼈다는 뜻이다. **8.** 같은 편지에서 먼저 이렇게 썼기 때문이다. "나는 이미 제물로 바쳐지고 있습니다. 내가 떠날 때가 다가

---

95 에우세비우스, 『교회사』 2,22,2-5 참조. 히에로니무스는 에우세비우스의 진술을 옮기면서 "서쪽 지역에서도" 복음을 선포했다고 덧붙였다. 히스파니아 지방을 가리키는 표현일 수도 있다. 로마 14,24와 28 참조.

96 2티모 4,16-17 참조.

97 2티모 4,18.

die quo Petrus Romae pro Christo capite truncatur sepultusque est in via Osti-
ensi post passionem Domini tricesimo septimo.

9. Scripsit autem novem ad septem ecclesias epistulas: *Ad Romanos* unam,
Ad Corinthios duas, *Ad Galatas* unam, *Ad Ephesios* unam, *Ad Philippen-
ses* unam, *Ad Colossenses* unam, *Ad Thessalonicenses* duas; praeterea ad
discipulos suos, Timotheo duas, *Tito* unam, *Philemoni* unam. **10.** Epistula
autem quae fertur *Ad Hebraeos* non eius creditur propter stili sermonisque
dissonantiam, sed vel Barnabae iuxta Tertullianum vel Lucae evangelistae
iuxta quosdam vel Clementis, Romanae postea ecclesiae episcopi, quem aiunt

---

98 2티모 4,6 참조.

99 『연대기』(Helm 185)에서도 베드로와 바오로는 네로 황제 재위 14년째인 68년에 순교했다
고 한다. 히에로니무스는 예수님께서 기원후 31년(티베리우스 재위 18년)에 돌아가셨고,
그로부터 37년 뒤인 68년(네로 재위 14년)에 베드로와 바오로가 순교했다고 본다.

100 히에로니무스는 베드로와 바오로가 68년 같은 날에 순교했지만, 바오로와 달리 베드로는
십자가에 거꾸로 매달려 죽었다고 한다(『명인록』 1,1). 바오로가 참수당한 장소가 로마의
비아 오스티엔세(Via Ostiense)라는 정보는 에우세비우스가 기록한 그리스도교 저술가 가
이우스의 증언이다(에우세비우스, 『교회사』 2,25,8; 히에로니무스, 『명인록』 1,1).

101 히에로니무스에 앞서 에우세비우스는 "바오로 서간은 열네 통이며, 모두 잘 알려져 있고
의심할 나위가 없다. 그러나 어떤 사람들은 히브리서가 바오로 서간에 속하지 않는다고
주장하면서 그 서간을 배제했다는 사실을 숨겨서는 안 된다."(『교회사』 3,3,5)라고 밝힌
바 있다. 히에로니무스의 『명인록』에서 바오로가 썼다고 하는 편지 열세 통 가운데 일곱
통(로마서, 코린토 1-2서, 갈라티아서, 테살로니카 1서, 필리피서, 필레몬서)은 친서라고
보지만, 나머지 여섯 통(에페소서, 콜로새서, 테살로니카 2서, 티모테오 1-2서, 티토서)은
바오로가 손수 쓴 편지들이 아니고 그의 제자들이나 그를 존경하는 후학들이 스승의 이름
으로 펴낸 작품들이라는 게 신약학계의 통설이다. 정양모, 『바오로 친서 이야기』, 성서와
함께 1997, 12 참조.

102 히브리서의 문체적 상이성을 가장 먼저 권위 있게 해설한 인물은 오리게네스(185-255년
경)이지만, 히에로니무스는 언급하지 않는다. 오리게네스는 히브리서가 문장 구성에서 히
브리 어법과는 다른 그리스 문체를 사용하고 있다고 분명히 밝힌 다음, 그 사상은 사도의
것일지라도 문체와 문장은 스승의 가르침을 받아 쓴 사람의 것이라고 본다. 그러나 오랜

온 것입니다."[98] 그리하여 그는 네로 재위 14년[99] 베드로가 순교한 같은 날에 그리스도를 위해 로마에서 참수당하여, 주님 수난 37년 뒤에 비아 오스티엔세에 묻혔다.[100]

9. 일곱 교회에 아홉 편지를 썼다. 『로마 신자들에게 보낸 서간』*Ad Romanos* 한 통, 『코린토 신자들에게 보낸 서간』*Ad Corinthios* 두 통, 『갈라티아 신자들에게 보낸 서간』*Ad Galatas* 한 통, 『에페소 신자들에게 보낸 서간』*Ad Ephesios* 한 통, 『필리피 신자들에게 보낸 서간』*Ad Philippenses* 한 통, 『콜로새 신자들에게 보낸 서간』*Ad Colossenses* 한 통, 『테살로니카 신자들에게 보낸 서간』*Ad Thessalonicenses* 두 통이다. 그 밖에 자기 제자들에게도 썼으니, 『티모테오에게 보낸 서간』*Ad Timotheum* 두 통, 『티토에게 보낸 서간』*Ad Titum* 한 통, 『필레몬에게 보낸 서간』*Ad Philemonem* 한 통이다.[101] **10.** 그러나 『히브리인들에게 보낸 서간』*Ad Hebraeos*은 문체와 말투의 부조화로 그의 작품이라 여겨지지 않는다.[102] 이 서간[히브리 서간]은 테르툴리아누스의 견해에 따라 바르나바의 것이라고도 하고[103], 어떤 사람들은 루카 복음사가의 것이라고도 하며[104], 나중에 로마 교회의 주교가 된 클레멘스의 것인데 클레멘스가 바오로의 문장들을 자기 말투로 정리하

전통대로 히브리서를 바오로 서간으로 존중하자는 지혜로운 제안도 빠뜨리지 않는다(『교회사』 6,25,11). 한편, 히에로니무스가 『명인록』 59에 소개하는 가이우스는 히브리서를 바오로 서간이 아니라고 단정한다. "결국 히브리서의 필자는 앞으로도 계속 탐구해야 할 미지의 인물이다"(이홍기, 『200주년 신약성서 주해』, 1160).

103 테르툴리아누스, 『정덕』*De pudicitia* 20,2 참조.

104 알렉산드리아의 클레멘스(†215년경)는 바오로가 히브리인들에게 보낸 편지를 루카가 그리스어로 번역했기 때문에 히브리서에서는 사도행전에 사용된 똑같은 문체와 어법이 발견된다고 한다(『교회사』 6,14,2). 히브리서의 저자가 루카라는 주장에 관해서는 『교회사』 3,38,2; 6,25,14 참조.

sentencias Pauli proprio ordinasse et ornasse sermone, vel certe quia Paulus scribebat ad Hebraeos et propter invidiam sui apud eos nominis titulum in principio salutationis amputaverat—scripserat autem ut Hebraeus Hebraice, id est suo eloquio disertissime—, **11.** ea quae eloquenter scripta fuerant in Hebraeo eloquentius vertisse in Graecum et hanc esse causam quod a ceteris Pauli epistulis discrepare videatur. Legunt quidam et *Ad Laodicenses*, sed ab omnibus exploditur.

VI
Barnabas qui et Ioseph

1. Barnabas Cyprius, qui et Ioseph levites, cum Paulo gentium apostolus ordinatus, unam ad aedificationem ecclesiae pertinentem *Epistulam* composuit, quae inter apocryphas scripturas legitur. **2.** Hic postea propter Iohannem discipulum, qui et Marcus vocabatur, separatus a Paulo, nihilo minus evangelicae praedicationis iniunctum sibi opus exercuit.

---

105 에우세비우스, 『교회사』 3,38,2-3; 『명인록』 15,2 참조.

106 알렉산드리아의 클레멘스가 소실된 작품 『개요』에서 펼치는 주장이다. 에우세비우스, 『교회사』 6,14,1-3 참조.

107 180년경 로마에서 작성된 『무라토리 정경 목록』에서는 "바오로의 이름을 사칭하여 『라오디케아 신자들에게 보낸 서간』, 『알렉산드리아 신자들에게 보낸 서간』이라는 것들이 돌아다니고 있지만, 그것은 마르키온의 오류를 선전하는 것들이다."라고 한다.

108 바르나바의 이중 이름에 관해서는 사도 4,35 참조: "키프로스 태생의 레위인으로, 사도들에게서 '위로의 아들'이라는 뜻의 바르나바라는 별명을 얻은 요셉."

고 손질한 것이라고도 한다.[105] 또 어떤 이들은 바오로가 분명히 히브리인 들에게 썼지만, 자신에 대한 그들의 반감 때문에 첫인사에서 발신인 이름을 삭제했으며, 히브리인으로서 히브리어로, 곧 자기 말솜씨로 매우 유창하게 썼다고도 한다.[106] **11.** 히브리어로 우아하게 쓰인 이 편지는 그리스어로 더 우아하게 번역되었는데, 이것이 바오로의 다른 서간들과 다르게 보이는 까닭이라는 것이다. 어떤 이들은 『라오디케아 신자들에게 보낸 서간』 *Ad Laodicenses*도 읽고 있지만, [바오로 서간이라는 주장은] 모든 이에게 배척받는다.[107]

6
요셉이라고도 하는 바르나바

1. 레위인 요셉이라고도 하는 키프로스의 바르나바[108]는 바오로와 함께 이방인들의 사도로 서품되었고[109], 교회 설립과 관련된 『서간』*Epistula* 한 통을 썼는데 외경 가운데 읽힌다.[110] **2.** 마르코라고도 불린 제자 요한 때문에 바오로와 갈라진 뒤에도 자신에게 이어진 복음 선포의 임무를 수행했다.[111]

---

109 사도 15,22 참조.
110 『바르나바 서간』*Epistula Barnabae*은 130년과 132년 사이에 저술되었다. 갈라티아서, 코린토 1서, 사도행전에 나오는 바르나바가 저자일 수 없는 작가 미상의 작품이다. 에우세비우스는 이미 이 작품을 외경으로 분류한다(『교회사』3,25,4). 드롭너, 『교부학』, 하성수 옮김, 분도출판사 2002, 103 참조.
111 사도 15,36-40 참조.

VII

Lucas evangelista

1. Lucas, medicus Antiochensis, ut eius scripta indicant, Graeci sermonis non ignarus fuit, sector apostoli Pauli et omnis eius peregrinationis comes, scripsit *Evangelium* de quo idem Paulus: ― Misimus, inquit, cum illo fratrem cuius laus est in evangelio per omnes ecclesias ―, et *Ad Colossenses*: ― Salutat vos Lucas medicus carissimus ―, et *Ad Timotheum*: ― Lucas est mecum solus.
2. Aliud quoque edidit volumen egregium quod titulo *Apostolorum* πράξεων praenotatur, cuius historia usque ad biennium Romae commorantis Pauli pervenit, id est usque ad quartum Neronis annum. Ex quo intelligimus in eadem urbe librum esse compositum.
3. Igitur Περιόδους *Pauli et Theclae* et totam baptizati leonis fabulam inter scripturas apocryphas computemus. Quale enim est ut individuus comes apostoli inter ceteras eius res hoc solum ignoraverit? Sed et Tertullianus, vicinus illorum temporum, refert presbyterum quendam in Asia, σπουδαστὴν

---

112 '의사 루카'에 관해서는 에우세비우스, 『교회사』 3,4,6; 3,24,15; 4,8,3 참조.
113 히에로니무스, 『편지』 20,4 참조.
114 2코린 8,18 참조.
115 콜로 4,14 참조.
116 2티모 4,11.
117 사도 28,30-31 참조. 네로 황제 재위 4년은 기원후 58년이다. 『연대기』(Helm 182) 참조.
118 2세기 말에 저술된 이 작품은 절제와 행복에 관한 바오로의 설교를 들은 테클라가 여러 남자의 청혼을 거부하여 사형 선고를 받았으나, 맹수들과 싸우는 동안 스스로 세례를 받은 뒤 트리파이나 여왕에게 가서 설교했으며, 셀레우키아에서 죽었다는 이야기를 담고 있다. 테클라가 누구인지는 역사적으로 밝혀지지 않았으며, 『바오로와 테클라 행전』은 겔라

7
복음사가 루카

1. 안티오키아의 의사 루카[112]는 자신의 저술이 드러내 주듯이 그리스 말을 모르지 않았다.[113] 바오로 사도의 제자였고, 그의 모든 여정의 동료였으며, 『복음서*Evangelium*』를 썼다. 이에 관해서는 바오로가 직접 이렇게 말한다. "우리는 형제 한 사람[루카]을 그[티토]와 함께 보냈습니다. 이 형제는 복음서로 모든 교회에서 칭송을 받는 사람입니다."[114] 『콜로새 신자들에게 보낸 서간』에서도 "사랑하는 의사 루카가 여러분에게 인사합니다."[115]라고 했고, 『티모테오에게 보낸 서간』에서도 "루카만 나와 함께 있습니다."[116]라고 썼다. **2.** 『사도행전*Apostolorum* πράξεις』이라는 제목이 붙은 또 다른 탁월한 책도 출간했다. 그 이야기는 바오로가 로마에 두 해 가까이 머물던 때, 곧 네로 재위 4년까지 아우른다.[117] 이런 사실로 미루어 우리는 그 책이 바로 그 도시[로마]에서 저술되었다고 생각한다.

3. 그러므로 우리는 『바오로와 테클라 행전*Περίοδοι Pauli et Theclae*[118]』과 세례받은 사자 이야기[119] 모두를 외경 문헌으로 여긴다. 사도의 떼어놓을 수 없는 동료가 그의 다른 일들 가운데 어찌 이 사실만 몰랐겠는가? 그들의 시대와 가까웠던 테르툴리아누스도 이런 말을 전한다. 바오로 사도를 존경하던 아시아의 어떤 사제가 이 책의 저자라고 내세워 요한에게 고

시우스 교령으로 거부되었다. F. Corsaro, *Elementi romanzeschi e aretologia negli Atti apocrifi di Paolo e Tecla: La narrativa cristiana antica*, Roma 1995, 77-99 참조.

119　'세례받은 사자 이야기'는 히에로니무스 이전에도 이후에도 찾아볼 수 없다. 아마도 테클라가 세례를 받을 수 있도록 암사자가 맹수들에게서 보호해 주었다는 『바오로와 테클라 행전』 이야기를 가리키는 것 같다.

apostoli Pauli, convictum apud Iohannem quod auctor esset libri et confessum se hoc Pauli amore fecisse, loco excidisse. **4.** Quidam suspicantur quotienscumque Paulus in epistulis suis dicat: — Iuxta evangelium meum—, de Lucae significare volumine et Lucam non solum ab apostolo Paulo didicisse evangelium, qui cum Domino in carne non fuerat, sed et a ceteris apostolis. **5.** Quod ipse quoque in principio voluminis sui declarat dicens: — Sicut tradiderunt nobis qui a principio ipsi viderunt et ministri fuerunt sermonis —. Igitur *Evangelium* sicut audierat scripsit, *Acta* vero *apostolorum* sicut viderat ipse composuit.

6. Sepultus est Constantinopoli, ad quam urbem vicesimo Constantii anno ossa eius cum reliquiis Andreae apostoli translata sunt.

VIII
Marcus evangelista

1. Marcus, discipulus et interpres Petri, iuxta quod Petrum referentem audierat rogatus Romae a fratribus breve scripsit *Evangelium*. Quod cum Petrus audisset, probavit et ecclesiis legendum sua auctoritate edidit, sicut scribunt

---

120 가르치고 세례를 집전하는 여성의 권리를 밝히는 데 종종 활용되는 이 작품의 저자는 루카가 아니라 아시아의 한 사제였고, 차명으로 저술한 사실이 드러나 사제직에서 물러났다는 테르툴리아누스의 진술은 『세례론』*De baptismo* 17,7 참조.

121 로마 2,16; 16,25; 2티모 2,8 참조.

122 에우세비우스, 『교회사』 3,4,7 참조.

123 에우세비우스, 『교회사』 3,4,6; 3,24,15 참조.

124 루카 1,2 참조.

발당했고, 그는 바오로에 대한 사랑으로 이런 일을 했노라 고백한 뒤 그 자리에서 물러났다는 것이다.[120] **4.** 어떤 이들은 바오로가 자신의 서간에서 "내 복음서에 따르면"[121]이라고 할 때마다 루카의 작품을 가리키고[122], 루카는 주님과 몸소 함께 지내지 못한 사도 바오로뿐 아니라 다른 사도들에게서도 배웠음을 뜻한다고 한다.[123] **5.** 이에 관해서는 루카 자신도 자기 책의 첫머리에서 이런 말로 밝힌다. "처음부터 목격자로서 말씀의 종이 된 이들이 우리에게 전해준 그대로입니다."[124] 그러므로 『[루카] 복음서』 *Evangelium*는 들은 대로 적었지만, 『사도행전』*Acta Apostolorum*은 자신이 본 대로 작성한 것이다.[125]

6. 콘스탄티노플에 묻혔는데, 콘스탄티우스 재위 20년에 안드레아 사도의 유해와 함께 그의 뼈가 이 도시에 이장된 것이다.[126]

8
복음사가 마르코

1. 베드로의 제자이자 통역자[127]인 마르코는, 로마에 있는 형제들에게 요청을 받았다는 베드로의 이야기를 듣고서 짧은 『복음서』*Evangelium*를 썼다.[128] 베드로는 이 소식을 듣고 승인했으며 교회에서 읽히도록 자기 권위

---

125 에우세비우스, 『교회사』 3,4,6 참조. 히에로니무스는 복음서와 사도행전의 원천에 관한 에우세비우스의 구분을 그대로 따른다. 곧, 복음서는 루카가 전해 들은 증언이고, 사도행전은 루카가 목격한 증언이라는 것이다.

126 콘스탄티우스 황제 재위 20년은 357년이다. 『연대기』(Helm 240-241) 참조.

127 "베드로의 제자이자 통역자"라는 표현은 이레네우스, 『이단 반박』 3,1,1; 에우세비우스, 『교회사』 5,8,3 참조.

128 이레네우스, 『이단 반박』 3,1,1; 에우세비우스, 『교회사』 5,8,3; 2,15; 『명인록』 1,4 참조.

Clemens in sexto Ὑποτυπώσεων libro et Papias Hierapolitanus episcopus.

2. Meminit huius Marci et Petrus in prima *Epistula*, sub nomine Babylonis figuraliter Romam significans:—Salutat vos quae est in Babylone coëlecta et Marcus filius meus.

3. Assumpto itaque *evangelio* quod ipse confecerat, perrexit Aegyptum et primus Alexandriae Christum annuntians constituit ecclesiam tanta doctrinae et vitae continentia ut omnes sectatores Christi ad exemplum sui cogeret. **4.** Denique Philon, disertissimus Iudaeorum, videns Alexandriae primam ecclesiam adhuc iudaizantem, quasi in laudem gentis suae librum super eorum conversatione scripsit et quomodo Lucas narrat Hierosolymae credentes omnia habuisse communia, sic ille quod Alexandriae sub Marco fieri doctore cernebat memoriae tradidit.

5. Mortuus est autem octavo Neronis anno et sepultus Alexandriae, succedente sibi Anniano.

---

129 에우세비우스, 『교회사』 2,15,1-2; 3,39,15 참조.

130 1베드 5,13.

131 에우세비우스, 『교회사』 2,16,1-2 참조.

132 여기서 라틴어 conversatio는 '생활 방식'(modus vivendi)을 뜻한다. 히에로니무스, 『성 힐라리온의 생애』 14; 암브로시우스, 『성직자의 의무』 1,22,100 참조.

로 출판했는데, 클레멘스가 『개요』 제6권에서, 또 히에라폴리스의 주교 파피아스가 기록하는 바와 같다.[129] **2.** 베드로도 이 마르코를 첫째 『서간』에서 기억하는데, 로마를 바빌론이라는 이름을 통해 비유적으로 암시하면서 이렇게 말한다. "함께 선택된 바빌론에 있는 교회와 나의 아들 마르코가 여러분에게 인사합니다."[130]

3. 그는 자신이 저술한 『[마르코] 복음서』를 가지고 이집트로 가서 알렉산드리아에 처음으로 그리스도를 전하면서 교회를 세웠고, 수많은 가르침과 절제된 삶으로 그리스도의 모든 제자가 자신의 본보기를 따르게 했다.[131] **4.** 유대인들 가운데 최고 웅변가인 필론도 여전히 유대 관습을 따르던 알렉산드리아의 첫 교회를 보고는 마치 자기 민족을 칭송하듯 그들의 생활 방식[132]에 관한 책을 썼다.[133] 이는 루카가 예루살렘 신자들은 모든 것을 공동의 몫으로 지녔다고 이야기하는 바와 같다.[134] 이처럼 필론은 알렉산드리아에서 마르코의 가르침 아래 벌어지던 일에 관한 기록을 전하고자 했다.

5. 네로 재위 8년에 죽어, 안니아누스가 자신을 계승한 알렉산드리아에 묻혔다.[135]

---

133 필론의 『관상 생활』*De vita contemplativa*을 일컫는다. 에우세비우스, 『교회사』 2,17,1-6 참조.

134 사도 4,32-35; 에우세비우스, 『교회사』 2,17,6 참조.

135 에우세비우스는 마르코가 네로 재위 8년(기원후 62년)에 안니아누스에게 알렉산드리아 주교좌를 물려주었다고 했지만(『교회사』 2,24), 히에로니무스는 마르코가 "네로 재위 8년(기원후 62년)에 죽어 안니아누스가 자신을 계승한 알렉산드리아에 묻혔다."라고 옮겼다.

IX

Iohannes apostolus et evangelista

1. Iohannes apostolus quem Iesus amavit plurimum, filius Zebedaei et frater Iacobi apostoli quem Herodes post passionem Domini decollaverat, novissimus omnium scripsit *Evangelium*, rogatus ab Asiae episcopis, adversus Cerinthum aliosque haereticos et maxime tunc Ebionitarum dogma consurgens, qui asserunt Christum ante Mariam non fuisse. Unde etiam compulsus est divinam eius nativitatem edicere. **2.** Sed et aliam causam huius scripturae ferunt quod, cum legisset Matthaei, Marci et Lucae volumina, probaverit quidem textum historiae et vera eos dicisse firmaverit, sed unius tantum anni in quo et passus est post carcerem Iohannis historiam texuisse. **3.** Praetermisso itaque anno cuius acta a tribus exposita fuerant, superioris temporis, antequam Iohannes clauderetur in carcere, gesta narravit, sicut manifestum esse poterit his qui diligenter quattuor evangeliorum volumina legerint. Quae res et διαφωνίαν quae videtur Iohannis esse cum ceteris tollit.

---

136 요한의 형 야고보는 헤로데 임금의 명령으로 44년경 칼에 맞아 순교했다. 사도 12,2; 에우세비우스, 『교회사』 2,1,5; 3,5,2 참조.

137 히에로니무스는 제베대오의 아들이며 사도 야고보의 형제인 요한과 '예수님께서 사랑하신 제자'가 동일 인물이라고 여겼다. 마태 4,21; 요한 13,23; 19,26; 20,2; 21,7과 20 참조.

138 케린투스는 예수님께서 탄생하실 때는 인간이었고, 세례를 통해 천상 그리스도와 하나가 되셨으나 수난 직전 분리되었다고 주장했으며(1요한 2,22; 5,6), 에비온파는 예수님의 동정 탄생을 부정하며, 자기들만의 외경 복음서를 사용했다. 이레네우스, 『이단 반박』 1,26,1; 3,11,1; 에피파니우스, 『약상자』 28,5,1; 30,3,7; 30,14,2; R. Hanig, "케린투스(복음서)", 『교부학 사전』 925 참조.

9

사도이며 복음사가 요한

1. 예수님께서 매우 사랑하신 사도 요한은 제베대오의 아들이고, 주님의 수난 뒤 헤로데가 참수한 사도 야고보[136]의 형제다.[137] 그는 아시아 주교들의 요청으로 모든 이들 가운데 맨 마지막으로 『복음서』*Evangelium*를 썼는데, 케린투스와 다른 이단들, 특히 그 당시 퍼지고 있던 에비온파 교설을 반박하려는 것이었다.[138] 이들은 그리스도가 마리아 전에는 존재하지 않았다고 주장한다. 이런 이유로도 요한은 그분의 신적 탄생을 선포할 책무를 느꼈다.[139] **2.** 이 저술의 또 다른 동기는 이러하다. 요한은 마태오와 마르코와 루카의 책을 읽으면서 그 이야기의 본문을 검증했고 그들이 말한 것이 참되다고 확인했지만, 그 책들은 [세례자] 요한이 감옥에 갇힌 뒤 [주님께서] 고난을 겪으신 일 년의 역사만을 엮었을 뿐이었다. **3.** 그래서 요한은 세 복음서에서 이미 소개한 사건들이 일어난 해를 뛰어넘어, [세례자] 요한이 감옥에 갇히기 이전 시기의 일을 이야기했다. 네 복음서를 부지런히 읽는 이들은 이 점을 명확히 알 수 있을 것이다. 이러한 사실은 요한 복음이 다른 복음서들과 빚어내는 듯이 보이는 부조화(διαφωνία)도 제거한다.[140]

---

139 에우세비우스는 알렉산드리아의 클레멘스의 『개요』에 기대어, 요한이 "동료들의 권고와 성령의 영감으로" 마지막 복음서를 저술했다고 하지만(『교회사』 6,14,7), 히에로니무스는 아시아 주교들의 요청으로 케린투스와 에비온파 교설을 반박하기 위해 요한 복음서를 썼다고 구체적 저술 동기를 밝힌다. 영지주의 경향을 지닌 케린투스 이단의 확실한 문헌은 거의 없고, 그들이 사용했다는 복음서도 실상은 마태오 복음을 짜깁기한 『에비온파 복음서』일 것이다.

140 복음서들의 부조화(evangeliorum διαφωνία)에 관해서는 에우세비우스, 『교회사』 3,24,7-13; 『명인록』 63,3; 81,2 참조. 얼마 뒤 아우구스티누스는 서로 다른 네 복음서의 조화 문제를 『복음사가들의 일치』*De consensu evagelistarum*에서 본격적으로 다루었다.

4. Scripsit autem et unam *Epistulam* cuius exordium est: — Quod fuit ab initio, quod audivimus et vidimus oculis nostris, quod perspeximus et manus nostrae temptaverunt de verbo vitae —, quae ab universis ecclesiasticis et eruditis viris probatur. **5.** Reliquae autem duae quarum principium est: — Senior electae dominae et natis eius —, et sequentis: — Senior Gaio carissimo, quem ego diligo in veritate —, Iohannis presbyteri asseruntur, cuius et hodie alterum sepulchrum apud Ephesum ostenditur; et nonnulli putant duas memorias eiusdem Iohannis evangelistae esse, super qua re, cum per ordinem ad Papiam auditorem eius ventum fuerit, disseremus.

6. Quarto decimo igitur anno, secundam post Neronem persecutionem movente Domitiano, in Patmum insulam relegatus, scripsit *Apocalypsin*, quam interpretantur Iustinus martyr et Irenaeus. **7.** Interfecto autem Domitiano et actis eius ob nimiam crudelitatem a senatu rescissis, sub Nerva principe redit

---

141 에우세비우스, 『교회사』 3,24,17 참조.

142 2요한 1,1; 에우세비우스, 『교회사』 3,25,3 참조.

143 3요한 1,1.

144 에우세비우스는 요한 1서는 예로부터 정경으로 인정받았지만, 요한 2서와 3서는 요한 복음사가의 작품인지, 같은 이름을 지닌 다른 사람의 저술인지 논란이 있다고 한다(『교회사』 3,25,3). 히에로니무스도 두 서간의 저자를 사도가 아닌 '원로 요한'(Ioannes presbyter)으로 여기는 이들도 있다고 전해준다. 『명인록』 18,3. 히에라폴리스의 주교 파피아스(†130년경)가 쓴 『주님의 설교 해설』*Explanatio sermonum Domini*에서는 사도 요한과 주님의 제자이며 원로인 요한을 구분한다(에우세비우스, 『교회사』 3,39,4). 열두 제자단에 소속된 사도 요한과는 다른 "주님의 제자이며 원로인 요한"(파피아스)이 "애제자"(요한 복음서) 및 "원로"(요한 2-3서)와 같은 사람이라는 것이 현대 성서학계의 통설이다. 정양모, 『요한 복음 이야기』, 성서와함께 2002, 13 참조.

145 에페소에 서로 다른 요한의 무덤 두 개가 있다는 정보는 에우세비우스가 『교회사』에서 전해준다. 에우세비우스의 정보는 히에라폴리스의 파피아스(『교회사』 3,39,6)와 알렉산드리아의 디오니시우스(『교회사』 7,25,16)에게 기댄 것이다.

4. 이렇게 시작하는 『서간』*Epistula* 한 통도 썼다. "처음부터 있어온 것, 우리가 들은 것, 우리 눈으로 본 것, 우리가 살펴보고 우리 손으로 만져본 생명의 말씀에 관하여." 이 편지는 교회의 모든 사람과 지식인들에게 [요한의 친서로] 인정받는다.[141] **5.** 그러나 나머지 두 서간의 처음은 이러하다. [둘째 서간은] "원로인 내가 선택받은 부인과 그 자녀들에게 인사합니다."[142] 그리고 [셋째 서간은] "원로인 내가 사랑하는 가이오스에게 인사합니다. 나는 그대를 진리 안에서 사랑합니다."[143]라고 이어지는데, 이 작품들은 원로 요한의 것이라고들 한다.[144] 그의 또 다른 무덤은 오늘날에도 에페소에서 볼 수 있다.[145] 어떤 이들은 두 무덤 모두 똑같은 요한 복음사가의 것이라고 여기기도 한다. 이 사실에 관해서는 그의 제자였던 파피아스 순서에서 다룰 것이다.[146]

6. 네로 이후 도미티아누스가 재위 14년에 일으킨 두 번째 박해 때[147] 요한은 파트모스섬으로 귀양살이 가서 『묵시록』*Apocalypsis*을 썼는데[148], 이 작품에 관해서는 순교자 유스티누스와 이레네우스가 해설한다.[149] **7.** 그러나 도미티아누스가 살해되고 그의 칙령이 극도의 잔인성 때문에 원로원

---

146 『명인록』 18,3 참조.

147 『연대기』(Helm 192)에 따르면 도미티아누스 황제 재위 14년은 기원후 94년이다.

148 에우세비우스는 "사도이며 복음사가인 요한이 거룩한 말씀을 증언했다는 이유로 파트모스섬에 유배되었다"(『교회사』 3,18,1)라고 한다. 이어서 에우세비우스는 이레네우스의 『이단 반박』 제5권을 인용하면서 요한이 계시를 받은 시기가 도미티아누스 통치(91-96년) 말기라고 밝힌다(『교회사』 3,18,2-3).

149 에우세비우스, 『교회사』 3,18,2-3; 5,8,5-6 참조. 이레네우스의 요한 묵시록 해설은 『이단 반박』 5,30,1 이하 참조. 그러나 유스티누스의 묵시록 해설은 없다. 요한 묵시록이 분명 사도의 작품이라는 사실을 유스티누스가 『유대인 트리폰과의 대화』*Dialogus cum Triphonem iudaeum*에서 주장했다고 에우세비우스가 전할 따름이다(『교회사』 4,18,8).

Ephesum ibique usque ad Traianum principem perseverans totas Asiae funda-
vit rexitque ecclesias et confectus senio, sexagesimo octavo post passionem
Domini mortuus iuxta eandem urbem sepultus est.

X

Hermas

1. Herman, cuius apostolus Paulus *Ad Romanos* scribens meminit: —Saluta-
te Phlegontam, Hermen, Patrobam, Herman et qui sunt cum eis fratres —,
asserunt auctorem esse libri qui appellatur *Pastor* et apud quasdam Graeciae
ecclesias etiam publice legitur, re vera utilis liber multique de eo scriptorum
veterum usurpavere testimonia, sed apud Latinos paene ignotus est.

---

150 도미티아누스 황제는 96년에 살해되었고, 요한은 그 이듬해 에페소로 돌아왔다. 『연대기』
     (Helm 192-193) 참조.
151 에우세비우스는 에페소의 주교 폴리크라테스(195년경 재위)가 로마의 주교 빅토르에게
     보낸 편지 한 대목을 인용하여 "주님의 가슴에 기댔던 인물로서 제의를 입은 사제이며 순
     교자요 교사였던 요한도 에페소에서 안식을 누리고 있다."라고 전한다(『교회사』 3,31,4;
     5,24,3).
152 로마 16,14 참조. 히에로니무스는 오리게네스의 『로마서 주해』 10,31과 에우세비우스의
     『교회사』 3,3,6을 따라서 『목자』의 저자를 로마서 16,14에서 바오로가 언급하는 헤르마스
     와 같은 인물로 본다. 그러나 180년경에 쓰인 『무라토리 정경 목록』은 "헤르마스의 형제인

에서 폐기되자, 네르바 황제 통치 아래 에페소에 되돌아왔다.[150] 거기서 트라야누스 황제 때까지 머물면서 아시아의 모든 교회를 세우고 다스렸다. 노쇠해진 그는 주님 수난 68년 뒤에 선종하여 같은 도시[에페소]에 묻혔다.[151]

10
헤르마스

1. 헤르마스에 관해서는 사도 바오로가 『로마 신자들에게 보낸 서간』을 쓰면서 이렇게 기억한다. "플레곤, 헤르메스, 파트로바스, 헤르마스, 그리고 그들과 함께 있는 형제들에게 안부를 전해주십시오."[152] 헤르마스는 『목자』 *Pastor*라고 불리는 책의 저자이며, 이 작품은 그리스의 어떤 교회들에서는 공적으로도 읽히고 있다고 한다. 참으로 유익한 책이며[153], 수많은 고대 저술가들이 이 책에서 증언을 활용했다고 하지만, 라틴인들에게는 거의 알려지지 않았다.[154]

피우스가 로마의 주교였을 때, 헤르마스는 최근에 로마에서 『목자』를 저술했다."라고 한다. 현대 교부학계에서는 헤르마스를 노예 신분에서 해방된 인물로서 엄격주의 교회론과 참회제도에 맞서 교회 쇄신과 개혁에 헌신한 사람으로 본다. 헤르마스, 『목자』, 하성수 옮김, 분도출판사 2002, 14-17 참조.

153 오리게네스, 『로마서 주해』*Commentarii in Romanos* 10,31 참조.

154 헤르마스의 『목자』는 서방에서는 테르툴리아누스의 『기도』*De oratione* 16,1과 『정숙』*De pudicitia* 10,12; 20,2; 필라스트리우스의 『이단』*De haereticis*에서만 인용된다.

XI

Philon Iudaeus

1. Philon Iudaeus, natione Alexandrinus, de genere sacerdotum idcirco a nobis inter scriptores ecclesiasticos ponitur quia librum de prima Marci evangelistae apud Alexandriam scribens ecclesia in nostrorum laude versatus est, non solum eos ibi sed in multis quoque provinciis esse memorans et habitacula eorum dicens monasteria. **2.** Ex quo apparet talem primum Christo credentium fuisse ecclesiam quales nunc monachi esse imitantur et cupiunt, ut nihil cuiusquam proprium sit, nullus inter eos dives, nullus pauper, patrimonia egentibus dividantur, orationi vacetur et psalmis, doctrinae quoque et continentiae, quales et Lucas refert primum Hierosolymae fuisse credentes. **3.** Aiunt hunc sub Gaio Caligula Romae periclitatum, quo legatus gentis suae missus erat; cum secunda vice venisset ad Claudium, in eadem urbe locutum esse cum apostolo Petro eiusque habuisse amicitias et ob hanc causam etiam Marci, discipuli Petri, apud Alexandriam sectatores ornasse laudibus suis.

---

155 알렉산드리아의 필론(Philon Alexandrianus, 기원전 20-기원후 50년경)은 예수님과 바오로와 동시대를 살았던 디아스포라 유대인이었고, 유대교 성경을 철학적으로 해석했다. 그리스도인은 아니었지만, 그의 작품과 방법론은 신약성경과 교부 문헌에 다양한 영향을 주었다. 송혜경, "필론의 작품에 나타난 신비주의: 그 특징과 배경 연구", 『신학 전망』 174 (2011), 78-79; 『알렉산드리아의 필론 작품집 I』, 문우일 옮김, 아카넷 2022 참조.

156 히에로니무스는 에우세비우스가 『교회사』 2,4,2와 2,17,1-2,18,9에서 전해주는 필론에 관한 방대한 정보를 활용한다.

157 필론은 『관상 생활』*De vita contemplativa*이라는 작품을 지어 그리스도인의 수행적 삶의 본보기와 아름다운 실천을 칭송한다. 이 내용은 에우세비우스 『교회사』 제2권 17장의 핵심 주제이다.

11

유대인 필론

1. 알렉산드리아 출신인 사제 가문의 유대인 필론[155]을 우리는 교회 저술가들 가운데 자리매김한다.[156] 왜냐하면 알렉산드리아에서 마르코 복음사가의 첫 교회에 관해서 책을 쓰면서 우리[그리스도인]에 관한 찬사를 쏟아냈고, 거기 있던 사람들뿐 아니라 많은 지방에 있던 이들을 기억하면서 그들의 주거지를 수도원(monasterium)이라 일컬었기 때문이다.[157] **2.** 첫 그리스도 신자들의 교회가 어떠했는지 이 사실에서 드러난다. 그 교회는 지금 수도승들이 본받고 싶어 하는 그런 공동체이며, 아무것도 저마다 제 것이라 내세우지 않고, 자신들 가운데 아무도 부유하지도 가난하지도 않도록 재산을 궁핍한 이들에게 나누어주며, 기도와 시편 찬송, 교육과 절제에 투신했는데, 이는 첫 예루살렘 신자들이 어떠했는지 루카가 전하는 바와 같다.[158] **3.** 그는 가이우스 칼리굴라 통치 아래 자기 민족의 대사로 파견된 로마에서 큰 위험을 겪었고[159], 클라우디우스에게 두 번째로 갔을 때 같은 도시[로마]에서 사도 베드로와 대화하고 그와 우정을 나누었다고 한다.[160] 이러한 이유로 베드로의 제자인 마르코의 추종자들[161]도 알렉산드리아에서 그를 칭송했다고 한다.

---

158 사도 2,45; 에우세비우스, 『교회사』 2,17,6-13 참조.

159 에우세비우스, 『교회사』 2,5,6 참조.

160 에우세비우스, 『교회사』 2,17,1 참조. 에우세비우스는 필론이 베드로와 "대화를 하였다."(εἰς ὁμιλίαν ἐλθεῖν)라고만 하는데, 히에로니무스는 "우정을 나누었다."(habuisse amicitias)라는 말도 근거 없이 덧붙인다.

161 마르코가 돌보던 알렉산드리아 교회를 가리킨다.

4. Extant huius praeclara et innumerabilia opera in quinque libros Moysi: *De confusione linguarum* liber unus, *De natura et inventione* liber unus, *De his quae sensu praecamur et detestamur* liber unus, *De eruditione* liber unus, *De herede divinarum rerum* liber unus, *De divisione aequalium et contrariorum* liber unus, *De tribus virtutibus* liber unus, *Quare quorundam in scripturis mutata sint nomina* liber unus, **5.** *De pactis* libri duo, *De vita sapientis* liber unus, *De gigantibus* liber unus, *Quod somnia mittantur a deo* libri quinque, *Quaestionum et solutionum in Exodum* libri quinque, *De tabernaculo et decalogo* libri quattuor necnon *De victimis et repromissionibus sive male-dictis*, *De providentia*, *De Iudaeis*, *De conversatione vitae*, *De Alexandro* et *Quod propriam rationem muta habeant* et *Quod omnis insipiens servus sit*

---

162 히에로니무스는 에우세비우스가 전해주는 필론의 긴 저술 목록(『교회사』 2,18,1-8)을 자유롭게 활용한다. 필론 작품 해설은 케네스 솅크, 『필론 입문』, 송혜경 옮김, 바오로딸 2008에 기댔다.

163 바벨탑 이야기(창세 11,1-9)에 관한 우의적 주석이다.

164 에우세비우스는 필론의 『도주와 발견』*De fuga et inventione*을 제대로 소개했지만(『교회사』 2,18,2), 히에로니무스는 '도주'(περὶ φυγῆς)를 '본성'(περὶ φύσεως)으로 잘못 읽어 『본성과 발견』*De natura et inventione*이라고 옮겼다. 『도주와 발견』은 창세 16,6-14에 관한 우의적 주석인데, 하가르가 사라에게서 도망치고 주님의 천사가 하가르를 발견한 사건을 해설한다. A. Ceresa-Gastaldo, *Gerolamo*, 258 참조.

165 필론은 이 책에서 스토아 철학을 비롯한 그리스 일반 교육은 하느님의 지혜로 나아가는 예비 학습이라고 주장한다.

166 아브람의 아들을 상속자로 삼으시기로 한 하느님의 계약(창세 15,2-18)에 관한 우의적 주석이며, 감각적인 것을 추구하는 사람은 결코 신적인 것을 상속할 수 없다고 주장한다.

167 『거룩한 것의 상속자』*De herede divinarum rerum*와 『같은 것과 반대 것의 나눔』*De divisione aequalium et contrariorum*은 '또는'(ἤ)으로 연결된 한 작품이지만(에우세비우스, 『교회사』 2,18,2), 히에로니무스는 두 저술로 잘못 소개한다.

168 십계명을 지키는 데 유익한 덕들인 용기, 인간에 대한 사랑, 회개 등에 관하여 설명하는 작품이다.

4. 모세 오경에 관한 수많은 탁월한 작품이 남아 있다.[162] 『언어의 혼란』*De confusione linguarum*[163] 한 권, 『본성과 발견』*De natura et inventione*[164] 한 권, 『감각적으로 열망하고 혐오하는 것들』*De his quae sensu praecamur et detestamur* 한 권, 『교육』*De eruditione*[165] 한 권, 『신적인 것의 상속자』*De herede divinarum rerum*[166] 한 권, 『같은 것과 반대 것의 나눔』*De divisione aequalium et contrariorum* 한 권[167], 『세 가지 덕』*De tribus virtutibus*[168] 한 권, 『성경에서 이름들이 바뀌는 이유』*Quare quorundam in scripturis mutata sint nomina*[169] 한 권, **5.** 『계약』*De pactis* 두 권, 『현자의 삶』*De vita sapientis* 한 권, 『거인들』*De gigantibus*[170] 한 권, 『왜 꿈은 하느님에게서 오는가』*Quod somnia mittantur a deo* 다섯 권, 『탈출기 문답』*Quaestionum et solutionum in Exodum* 다섯 권, 『성막과 십계명』*De tabernaculuo et decalogo* 네 권, 아울러 『희생제물과 상급 또는 저주』*De victimis et repromissionibus sive maledictis*[171], 『섭리』*De providentia*[172], 『유대인』*De Iudaeis*, 『삶의 방식』*De conversatione vitae*, 『알렉산드로스』 *De Alexandro*, 『말 못하는 이들도 고유한 이성을 지님』*Quod propriam rationem muta habeant*, 『모든 어리석은 자는 노예』*Quod omnis insipiens*

---

169 아브람의 이름이 아브라함으로 바뀐 것처럼(창세 17,1-22) 성경에서 이름이 변경되는 의미를 우의적으로 해석한다.

170 창세기 6장의 거인 이야기를 세 가지 인간 유형으로 설명하는 우의적 주석서이다.

171 이 작품은 에우세비우스의 목록에는 『희생 제사에 바칠 동물』과 『율법에서 선한 이들에게 약속된 상급과 악인들에게 예정된 벌과 저주』 두 가지의 독립된 작품으로 기록되어 있지만(『교회사』 2,18,5), 히에로니무스는 『희생 제물과 상급 또는 저주』*De victimis et repromissionibus sive maledictis*라고 한 작품으로 뭉뚱그렸다. 『상급과 벌』*De praemiis et poenis*이라는 필론의 작품은 상선벌악에 대한 종말론적 희망을 담고 있다.

172 필론이 자기 조카 알렉산드로스와 함께 하느님의 섭리에 관하여 대화하는 작품이다. 악인들이 번영을 누리고 선인들이 고통을 겪는 부조리한 현실에 관한 근본 물음 앞에서 하느님의 처벌은 즉각적이지 않고 역경 속에도 미처 깨닫지 못하는 유익함이 있다고 설명한다.

6. et de vita nostrorum liber de quo supra diximus, id est de apostolicis viris quem et inscripsit Περὶ βίου θεωρητικοῦ ἱκετῶν, quod videlicet caelestia contemplentur et semper orent Deum, et sub aliis indicibus *De agricultura* duo, *De ebrietate* duo. **7.** Sunt et alia monumenta ingenii eius quae in nostras manus non pervenerunt. De hoc vulgo apud Graecos dicitur: Ἡ Πλάτων φιλωνίζει ἢ Φίλων πλατωνίζει, id est:—Aut Plato Philonem sequitur aut Platonem Philon—, tanta est similitudo sensuum et eloquii.

XII
Lucius Annaeus Seneca

1. Lucius Annaeus Seneca Cordubensis, Sotionis stoici discipulus et patruus Lucani poetae, continentissimae vitae fuit, quem non ponerem in catalogo sanctorum nisi me illae *Epistulae* provocarent quae leguntur a plurimis Pauli

---

173 소실된 작품이다. 이 저술에 이어지는 『모든 선한 사람은 자유롭다*Quod omnis probus liber sit*』는 격정의 지배에서 벗어난 마음의 자유를 강조하는 스토아 사상에 바탕을 둔 철학 작품이다.

174 『명인록』 11,1-2 참조.

175 히에로니무스는 이 작품을 에우세비우스의 『교회사』에서 번역하면서 접속사 '또는'(ἤ)을 빠뜨렸다. 본디 에우세비우스가 전하는 제목은 『관상 생활 또는 기도하는 사람들』Περὶ Βίου θεωρητικοῦ ἤ ἱκετῶν이다. 에우세비우스, 『교회사』 2,18,7; Philon d'Alexandrie, *De vita contemplativa*, F. Daumas (ed.), Paris 1976 참조.

176 포도밭을 가꾸는 첫 농부로 불린 노아(창세 9,20-21)에 관한 우의적 주석이며, 덕으로 나아가는 과정에 관한 필론의 예형론이 펼쳐지는 작품이다.

177 포도주에 취하여 벌거벗은 채 자기 천막 안에 누워 있던 노아 이야기(창세기 9,20-21)에

servus sit[173]가 있다. **6.** 우리가 앞에서 언급한[174] 우리[그리스도인]의 삶, 곧 사도적 인물들에 관한 책에는 『기도하는 이들의 관상 생활』Περὶ Βίου θεω-ρητικοῦ ἱκετῶν[175]이라는 제목도 붙어 있는데, 그들은 분명 천상 것들을 관상하고 하느님께 늘 기도하기 때문이다. 그리고 다른 목록에는 『농사』*De agricultura*[176] 두 권과 『술 취함』*De ebrietate*[177] 두 권이 있다. **7.** 그의 천재성이 빚어낸 다른 문헌들도 있지만, 우리 손에는 전해지지 않았다. 그에 관해서 그리스인들 사이에서 대중적으로 일컬어지기로는 "플라톤이 필론을 따르거나 필론이 플라톤을 따른다."(Ἡ Πλάτων φιλωνίζει ἢ Φίλων πλατων-ίζει.)라고 한다. 생각과 말투가 매우 비슷하기 때문이다.[178]

12
루키우스 안나이우스 세네카

1. 루키우스 안나이우스 세네카[179]는 코르도바 출신이며, 스토아 학파 소티온의 제자[180]였고 시인 루카누스의 숙부였다. 그는 매우 절제된 삶을 살았다. 세네카에게 보낸 바오로의 편지와 바오로에게 보낸 세네카의 편지로

관한 우의적 주석 작품이다. 필론은 모세가 설명하는 독한 술의 특성(어리석은 말과 행동, 무분별함, 탐욕, 쾌감, 벌거벗음) 가운데 첫 세 가지를 이 책에서 다룬다.

178 히에로니무스가 그리스어로 전하는 이 문구는 구전에 기댄 것 같다. 에우세비우스는 필론이 플라톤과 피타고라스에 관한 깊은 식견을 지니고 있었다고 한다. 『교회사』 2,4,3 참조.

179 세네카(Lucius Annaeus Seneca, 기원전 4년-기원후 65년)는 대표적인 스토아 철학자였다. 49년에 네로의 스승으로 지냈고, 54년 네로가 황제 자리에 오른 뒤 황제를 보좌했으며, 네로의 폭정이 극심해진 59년에 관직에서 물러나 집필 활동을 펼쳤다. 65년 황제 암살 음모에 연루되어 네로가 내린 자결 명령에 따라 스스로 삶을 마감했다.

180 『연대기』(Helm 171)에서 소티온은 아우구스투스 황제 재위 56년(기원후 13년)에 세네카의 스승이었다고 한다.

ad Senecam et Senecae ad Paulum. **2.** In quibus cum esset Neronis magister et illius temporis potentissimus, optare se dicit eius esse loci apud suos, cuius sit Paulus inter christianos. **3.** Hic ante biennium quam Petrus et Paulus martyrio coronarentur a Nerone interfectus est.

XIII
Iosephus Matthiae filius

1. Iosephus Matthiae filius, ex Hierosolymis sacerdos a Vespasiano captus, cum Tito filio eius relictus est. Hic Romam veniens, septem *Libros Iudaicae captivitatis* imperatoribus patri filioque obtulit qui et bibliothecae publicae traditi sunt et ob ingenii gloriam statuam quoque Romae meruit. **2.** Scripsit autem et alios viginti *Antiquitatum* libros ab exordio mundi usque ad quar-

---

181 '거룩한 이들'(sancti)은 그리스도인이라는 의미이다.

182 세네카를 그리스도인으로 여긴 전통은 초기 교부까지 거슬러 올라간다. 테르툴리아누스, 『영혼론』*De anima* 20,1; 락탄티우스, 『거룩한 가르침』*Divinae Institutiones* 1,5 참조. 세네카가 바오로 덕분에 회심하여 그리스도인이 되었다는 이야기로 유명해진 바오로와 세네카의 편지 열네 통은 15세기까지 진짜로 여겨졌다. 아우구스티누스, 『편지』 153,14; A. Grappone, "Girolamo e l'epistolario tra Seneca e san Paolo", in *Augustinianum* 50 (2010), 119-145; A. Fürst, "Pseudepigraphie und Apostolizität im apokryphen Briefwechsel zwischen Seneca und Paulus", in *Zeitschrift für Antike und Christentum* 41 (1998), 77-117; L. Bocciolini Palagi, *L'epistolario apocrifo di Seneca e San Paolo*, Firenze 1985 참조.

183 바오로와 세네카의 『서간집』 12 참조.

184 『연대기』(Helm 184)에는 세네카가 네로 재위 12년인 66년에 죽었다고 기록되어 있다.

엮인 『서간집』*Epistulae*은 많은 이에게 읽히고 있다. 이 『서간집』이 내게 감동을 주지 않았더라면 나는 그를 거룩한 이들[181] 명단에 넣지 않았을 것이다.[182] **2.** 이 서간집에서, 네로의 스승이자 당대의 최고 유력 인사인 세네카는 바오로가 그리스도인들 사이에서 누리던 지위가 시민들에 대한 자신의 지위가 되기를 바란다고 말한다.[183] **3.** 그는 베드로와 바오로가 순교로 화관을 쓰기 두 해 전에 네로에 의해 살해되었다.[184]

13
마티아의 아들 요세푸스

1. 마티아의 아들이자 예루살렘의 사제[185]인 요세푸스는 베스파시아누스에 의해 감금되었다가 그[베스파시아누스]의 아들 티투스와 더불어 풀려났다.[186] 그는 로마로 돌아와 『유대인의 노예살이』*Libri Iudaicae captivitatis* 일곱 권을 황제 부자(父子)에게 바쳤다. 이 책은 공공 도서관에도 소장되었고, 그 재능에 대한 명성으로 로마에 석상까지 세워지는 영예를 누렸다. **2.** 『[유대] 고대사』*Antiquitates*[187]라는 또 다른 책 스무 권을 썼는데, 세상의

---

185   에우세비우스, 『교회사』 3,9,1; 요세푸스, 『유대 전쟁』*De bello iudaico* 1,3 참조.

186   요세푸스(Flavius Iosephus, 37년경-100년경)는 네로 황제가 통치하던 67년 로마에 맞선 유대 반란 때 저항군의 지휘관이 되었으나, 베스파시아누스가 이끄는 로마군에 포위되자 극적으로 투항하여 감금되었다. 베스파시아누스와 그의 아들 티투스가 황제가 되리라고 예언한 덕분에 69년에 풀려났다. 티투스의 신임을 받은 그는 70년 티투스가 예루살렘을 진압하는 과정을 곁에서 목격했으며, 이때의 경험과 자료를 바탕으로 『유대 전쟁』을 집필했다. 71년에 티투스와 함께 예루살렘에서 돌아와서는 로마 시민권을 얻었고 평생 로마에서 살았다. 천지창조 때부터 유대인의 역사를 기록한 『유대 고대사』를 95년경에 출간했다. 에우세비우스, 『교회사』 3,5,1; 3,13,1; 요세푸스, 『유대 전쟁』 4,653-654 참조.

187   『유대 고대사』*Antiquitates Iudaicae*를 가리킨다.

tum decimum annum Domitiani Caesaris et duos ἀρχαιότητος *Adversum Appionem* grammaticum Alexandrinum, qui sub Caligula legatus missus ex parte gentilium contra Philonem etiam librum vituperationem gentis Iudaicae continentem scripserat. **3.** Alius quoque liber eius qui inscribitur Περὶ αὐτοκράτορος λογισμοῦ valde elegans habetur, in quo et Macchabeorum sunt digesta martyria.

4. Hic in octavo decimo *Antiquitatum* libro manifestissime confitetur propter magnitudinem signorum Christum a Pharisaeis interfectum et Iohannem Baptistam vere prohetam fuisse et propter interfectionem Iacobi apostoli Hierosolymam dirutam. **5.** Scripsit autem de Domino in hunc modum:—Eodem tempore fuit Iesus, sapiens vir, si tamen virum eum oportet dicere. Erat enim mirabilium patrator operum et doctor eorum qui libenter vera suscipiunt, plurimos quoque tam de Iudaeis quam de gentibus sui habuit sectatores et credebatur esse Christus. **6.** Cumque invidia nostrorum principum cruci eum Pilatus addixisset, nihilo minus qui primum dilexerant perseveraverunt. Apparuit enim eis tertia die vivens, multa et haec et alia mirabilia carminibus prophetarum de eo vaticinantibus, et usque hodie christianorum gens ab eo sortita vocabulum non defecit.

---

188 이 작품은 에우세비우스가 생각하는 것처럼(『교회사』 3,10,6) 요세푸스의 것이 아니라, 기
원후 1세기경 한 유대인 저술가가 쓴 구약 외경인 『마카베오기』 제4권이다. 이성으로 정념
을 다스리려는 스토아 사상에 기운 작품이며, 엘레아자르와 일곱 형제들을 영웅적 순교자
로 내세운다.

기원부터 도미티아누스 황제 14년까지를 다룬다. 알렉산드리아의 문법학자『아피온 반박』*Adversus Appionem*이라는 고대사ἀρχαιότης 두 권도 저술했다. 아피온은 칼리굴라 통치 아래 다른 민족들 편에서 대사로 파견된 인물이며, 필론을 거슬러 유대 민족을 비난하는 내용을 담은 책 한 권도 썼다. **3.**『이성의 탁월함』Περὶ αὐτοκράτορος λογισμοῦ이라는 제목이 붙은 그의 또 다른 책도 매우 품격 있는데, 거기에는 마카베오 사람들의 순교가 묘사되어 있다.[188]

4. 그는『[유대] 고대사』제18권에서 그리스도가 위대한 기적들 때문에 바리사이들에게 살해당했고, 세례자 요한은 참으로 예언자였으며, 사도 야고보의 살해로 예루살렘이 파괴되었다고 매우 분명하게 밝힌다.[189] **5.** 주님에 관해서는 이런 방식으로 썼다. "같은 시기에 지혜로운 사람 예수가 있었다. 만일 그를 사람이라고 일컬어야 한다면 말이다. 그는 놀라운 일들의 주인공이었고, 기꺼이 진리를 받아들인 이들의 스승이었다. 그는 유대인들이나 이방인들 가운데도 자기 제자를 많이 데리고 있었으며, 사람들은 그를 그리스도라고 믿었다. **6.** 우리 지도자들의 시기심 때문에 빌라도는 그에게 십자가형을 선고했지만, 처음부터 그를 사랑했던 이들은 끝까지 사랑했다. 그는 사흗날에 살아나서 그들에게 나타났다. 예언자들은 그에 관한 이런 기적과 다른 많은 기적을 예고했고, 오늘날까지 그에게서 이름을 딴 그리스도인 종족이 없지 않다."[190]

---

189 에우세비우스,『교회사』1,11,1; 1,11,7; 2,23,19-20 참조.
190 요세푸스,『유대 고대사』17,63-64; 에우세비우스,『교회사』1,11,7-8 참조.

XIV

Iustus Tiberiensis

1. Iustus Tiberiensis de provincia Galilea conatus est et ipse *Iudaicarum rerum historiam* texere et quosdam commentariolos de scripturis, **2.** sed hunc Iosephus arguit mendacii. Constat autem illum eodem tempore scripsisse quo et Iosephum.

XV

Clemens episcopus

1. Clemens de quo apostolus Paulus *Ad Philippenses* scribens ait:─Cum Clemente et ceteris cooperatoribus meis, quorum nomina scripta sunt in libro vitae─, quartus post Petrum Romae episcopus, siquidem secundus Linus, fuit, tertius Anencletus, tametsi plerique Latinorum secundum post apostolum putent fuisse Clementem.

---

191 이 작품은 소실되었다.

192 에우세비우스가 전하는 정보에 따르면,『유대 고대사』를 저술한 요세푸스(『명인록』 13)는 그 시대의 역사를 기록하려 했던 티베리아의 유스투스가 진실을 기록하지 않았다고 비판하고 그의 오류를 꾸짖었다(『교회사』 3,10,8-11).

193 클레멘스(Clemens Romanus)는 베드로 사도와 바오로 사도를 알고 있었고(이레네우스,『이단 반박』 3,3,3), 1세기 말경(90/92-101년) 로마 교회의 주교였다.

194 필리 4,3 참조. 에우세비우스(『교회사』 3,15,1)와 히에로니무스는 오리게네스의 증언(『요한 복음 주해』 6,36)대로 클레멘스를 바오로의 협력자(필리 4,3)로 여긴다.

195 히에로니무스는 로마 주교의 계승에 관해서는 에우세비우스를 따른다. 에우세비우스는 베드로 이후 로마의 첫 주교는 리누스였고(『교회사』 3,2와 4,8), 리누스의 후계자 아나클레

14

티베리아의 유스투스

1. 갈릴래아 지방 티베리아의 유스투스는 자신도 『유대 사건 역사』*Iudaica-rum rerum historia*[191]와 어떤 짧은 성경 주해서를 저술하려 했다. **2.** 그러나 요세푸스는 이 사람이 거짓말쟁이라고 비난했다.[192] 그는 요세푸스가 저술한 바로 그 시기에 집필했다고 알려져 있다.

15

클레멘스 주교

1. 클레멘스[193]에 관해서는 사도 바오로가 『필리피 신자들에게 보낸 서간』 *Ad Philippenses*을 쓰면서 이렇게 말한다. "클레멘스를 비롯하여 나의 다른 협력자들과 더불어, 그들의 이름이 생명의 책에 적혀 있습니다."[194] 그는 베드로 이후 로마의 네 번째 주교였다.[195] 많은 라틴인들이 클레멘스를 사도[베드로] 이후 두 번째였다고 생각하지만, 두 번째는 리누스, 세 번째는 아나클레투스[196]였다.

투스는 제3대 주교였으며, 그를 계승한 클레멘스는 제4대 주교였다(『교회사』 3,13; 3,15와 21)고 한다. 이레네우스가 제시한 순서와도 일치한다(『이단 반박』 3,3). 그러나 테르툴리아누스는 클레멘스가 베드로에게 서품되었고, 두 번째 주교로 베드로를 계승했다는 다른 정보를 전한다(『이단자들에 대한 항고』*De praescriptione haereticorum* 32,2).

196 라틴어 원문은 아나클레투스(Anacletus)가 아니라 아넨클레투스(Anencletus)이다. 히에로니무스가 에우세비우스의 『교회사』에 나오는 그리스어 Ἀνέγκλητος에 기댄 까닭이다. 그리스어로는 '흠잡을 데 없는 사람'이라는 뜻이다. J.N.D. Kelly, 『옥스퍼드 교황 사전』, 변우찬 옮김, 분도출판사 2014, 41-42 참조.

2. Scripsit ex persona Romanae ecclesiae *Ad ecclesiam Corinthiorum* valde utilem *epistulam* et quae in nonnullis locis etiam publice legitur, quae mihi videtur characteri epistulae quae sub Pauli nomine *Ad Hebraeos* fertur convenire; sed et multis de eadem epistula non solum sensibus sed iuxta verborum quoque ordinem abutitur et omnino grandis in utraque similitudo est. **3.** Fertur et *secunda* ex eius nomine *epistula*, quae a veteribus reprobatur, et *Disputatio Petri et Appionis* longo sermone conscripta, quam Eusebius in tertio *Ecclesiasticae historiae* volumine coarguit. **4.** Obiit tertio Traiani anno et nominis eius memoriam usque hodie Romae exstructa ecclesia custodit.

XVI
Ignatius episcopus

1. Ignatius, Antiochenae ecclesiae tertius post Petrum apostolum episcopus, persecutionem commovente Traiano, damnatus ad bestias Romam vinctus mittitur. **2.** Cumque navigans Smyrnam venisset, ubi Polycarpus auditor

---

197 직역은 "인격으로"(ex persona)이다. 로마 공동체의 명의만 빌린 것이 아니라, 로마 신자 공동체 전체가 인격적으로 권고한다는 뜻이다.
198 현존하는 최초의 교부 문헌이며, 96년경 저술되었다. 이 작품은 고대 교회에서 성경에 버금가는 권위를 누렸다.
199 『명인록』 5,10 참조.
200 에우세비우스, 『교회사』 3,38,5 참조. 초기 교회가 이 작품을 언급하지도 않고 사도적 정통성이 없다는 이유로 에우세비우스는 이 작품을 거부한다.

2. 클레멘스는 로마 교회의 이름으로[197] 매우 유익한 『코린토 교회에 보낸 서간』*Ad ecclesiam Corinthiorum epistulam*을 썼는데, 어떤 곳에서는 공적으로도 읽힌다.[198] 내가 보기에 바오로의 이름으로 전해오는 『히브리인들에게 보낸 서간』*Ad Hebraeos*의 특성에 맞아떨어지는 것 같다. 개념뿐 아니라 어순도 이 서간에서 많은 것을 활용하고 있으며, 둘 사이의 유사성은 매우 크다.[199] **3.** 그의 이름을 단 『[코린토 교회에 보낸] 둘째 서간』*Secunda epistula*도 전해지지만, 옛사람들에게 인정받지 못했다. 에우세비우스가 『교회사』 제3권에서 반박하는 긴 설교 형식으로 쓰인 『바오로와 아피온의 논쟁』*Disputatio Petri et Appionis*도 있다.[200] **4.** 트라야누스 재위 3년에 선종했고[201], 로마에 세워진 교회는 오늘날까지 그의 이름을 기억하여 보존하고 있다.[202]

16
이그나티우스 주교

1. 이그나티우스는 사도 베드로를 뒤이은 안티오키아의 세 번째 주교였다.[203] 트라야누스의 박해가 일어났을 때 맹수형을 선고받고 쇠사슬에 묶인 채 로마에 압송되었다.[204] **2.** 배를 타고 가다가 요한의 제자 폴리카르푸스[205]

---

201 이 정보는 에우세비우스에게서 비롯한다(『교회사』 3,4). 『연대기』(Helm 193년)에 따르면, 트라야누스 황제 재위 3년은 기원후 100년이다.

202 현재 로마에 있는 성 클레멘스 대성당(Basilca di San Clemente)을 가리킨다.

203 에우세비우스는 이그나티우스(Ignatius Antiochenus, †110년경)가 안티오키아의 첫 주교였던 에보디우스를 이어 두 번째 주교로 임명되었다고 하지만(『교회사』 3,22), 히에로니무스는 에보디우스에 관해서는 침묵한 채, 이그나티우스를 "사도 베드로를 뒤이은" 안티오키아의 제3대 주교라고 한다. 베드로를 보편 교회의 상징으로 내세우려는 의도였을 것이다.

Iohannis episcopus erat, scripsit unam epistulam *Ad Ephesios*, alteram *Ad Magnesianos*, tertiam *Ad Trallenses*, quartam *Ad Romanos*, et inde egrediens scripsit *Ad Philadelphenos* et *Ad Smyrnaeos* et proprie *Ad Polycarpum* commendans illi Antiochenam ecclesiam, **3.** in qua et de Evangelio, quod nuper a me translatum est, super persona Christi ponit testimonium dicens: **4.**—Ego vero et post resurrectionem in carne eum vidi et credo quia sit, et quando venit ad Petrum et ad eos qui cum Petro erant dixit eis:—Ecce palpate me et videte quia non sum daemonium incorporale. Et statim tetigerunt eum et crediderunt.

5. Dignum autem videtur, quia tanti viri fecimus mentionem, et de epistula eius quam *Ad Romanos* scripsit pauca ponere: **6.**—De Syria usque Romam pugno ad bestias in mari et in terra, nocte et die, ligatus cum decem leopardis, hoc est militibus, qui me custodiunt, quibus et cum benefeceris peiores fiunt.

7. Iniquitas autem eorum mea doctrina est, sed *non idcirco iustificatus sum*. Utinam fruar bestiis quae mihi sunt praeparatae, quas et oro veloces mihi

---

204 이그나티우스는 트라야누스(98-117년) 박해 때 로마에서 110년경 순교한 것으로 추정된다. 『연대기』(Helm 186과 194-195)에 따르면, 이그나티우스는 68년에 안티오키아의 주교가 되었고, 트라야누스의 세 번째 박해 때 체포되어 로마에서 순교했다. 에우세비우스, 『교회사』3,36,2 참조.

205 히에로니무스, 『명인록』17 참조.

206 이냐시오스, 『일곱 편지』, 박미경 옮김, 교부 문헌 총서 13, 분도출판사 2000; 에우세비우스, 『교회사』3,36,5-6 참조. 이 편지들은 맹수형이 예상되는 로마로 끌려가면서 감시자의 눈을 피해 받아쓰게 한 것이기에 잘 정돈된 신학 논문이라기보다 순교에 대한 열망으로 가득한 사목 서한이다.

207 그리스도의 인성을 증언하는 이 편지는 『폴리카르푸스께』가 아니라, 『스미르나 신자들에게 보낸 서간』3,1-2이다. 히에로니무스의 오류이다.

가 주교로 있던 스미르나에 이르렀을 때, 『에페소 신자들에게』*Ad Ephesios* 편지 한 통을 썼고, 『마그네시아 신자들에게』*Ad Magnesianos* 둘째 편지를, 『트랄레스 신자들에게』*Ad Trallenses* 셋째 편지를, 『로마 신자들에게』*Ad Romanos* 넷째 편지를 썼다. 거기서 떠나면서 『필라델피아 신자들에게』*Ad Philadelphenos* 그리고 『스미르나 신자들에게』*Ad Smyrnaeos* 편지를 썼으며, 특히 안티오키아 교회를 당부하면서 『폴리카르푸스께』*Ad Polycarpum* 편지를 썼다.[206] **3.** 이 편지[207]에는 내가 최근에 번역한 복음서[208]에 나오는 그리스도의 인성에 관한 이런 증언이 있다. **4.** "나는 그분께서 부활하신 후에도 육신을 지니고 계신 것을 보았고 또 그렇게 계신다고 믿습니다. 그분께서는 베드로, 그리고 베드로와 함께 있었던 이들에게 오시어 이렇게 말씀하셨습니다. '자, 나를 만지고 살펴보아라. 나는 육체가 없는 유령이 아니다.'[209] 그러자 그들은 곧장 그분을 만져 보고 믿었습니다."[210]

5. 우리가 이처럼 위대한 인물에 관해서 언급했으니, 『로마 신자들에게』 써 보낸 그의 편지에 관하여 조금 인용하는 것이 마땅할 것 같다. **6.** "나는 시리아에서 로마까지 가면서 열 마리의 표범, 곧 군인들에게 묶인 채 바다에서나 육지에서나 밤이나 낮이나 그 맹수들과 싸우고 있습니다. 대접해 주면 더욱 악해지는 그자들이 나를 지키고 있습니다. **7.** 그들의 악행이 나에게 가르침이 되기는 하나, 그렇다고 내가 의로워진 것은 아닙니

---

208 히에로니무스가 그리스어와 라틴어로 번역한 외경인 『히브리 복음서』*Εὐαγγήλιον καθ'-Ἐβραίους*를 일컫는다. 히에로니무스는 히브리 복음서가 마태오 복음서의 히브리어 원전이라고 여겼지만, 사실은 나자렛파와 에비온파를 비롯한 영지주의에 물든 유대계 그리스도교가 따로 사용하던 외경이다. 『명인록』 2,11; 3,2 참조.

209 루카 24,39 참조.

210 이그나티우스, 『스미르나 신자들에게 보낸 서간』 3,1-2; 에우세비우스, 『교회사』 3,36,11 참조.

esse ad interitum et alliciam ad comedendum me, ne sicut aliorum marty-
rum non audeant corpus attingere. Quodsi venire noluerint, ego vim faciam
ut devorer. Ignoscite mihi, filioli: quod mihi prosit ego scio. **8.** Nunc inci-
pio esse discipulus nihil de his quae videntur desiderans, ut Iesum Christum
inveniam. Ignis, crux, bestiae, confractio ossium membrorumque divisio et
totius corporis contritio et tormenta diaboli in me veniant, tantum ut Christo
fruar—. **9.** Cumque iam damnatus esset ad bestias et ardore patiendi rugien-
tes audiret leones, ait:—Frumentum Christi sum: dentibus bestiarum molar ut
panis mundus inveniar.

10. Passus est anno undecimo Traiani; reliquiae corporis eius Antiochiae ia-
cent extra portam Daphniticam in cimiterio.

---

211 1코린 4,4 참조.
212 이그나티우스, 『로마 신자들에게 보낸 서간』 5,1-3; 에우세비우스, 『교회사』 3,36,7-9 참조.

다.[211] 나를 위해 준비된 맹수들을 내가 즐길 수 있기를 바랍니다. 나는 맹수들이 나를 재빨리 죽이도록 기도하고, 나를 잡아먹도록 유인하렵니다. 맹수들이 어떤 순교자들의 육체는 감히 건드리지 못했다고 하는데, 그런 일이 일어나지 않기를 바랍니다. 맹수들이 다가오기를 꺼리면 삼켜버리도록 내가 힘쓰겠습니다. 자녀 여러분, 나를 용서해 주십시오. 나에게 무엇이 유익한지 나는 알고 있습니다. **8.** 이제 나는 제자가 되기 시작합니다. 나는 예수 그리스도께 다다르기 위해 눈에 보이는 것들 가운데 아무것도 바라지 않습니다. 불과 십자가와 맹수들, 뼈를 으스러뜨리고 사지를 찢으며 온몸을 바수는 악마의 고문이 나에게 닥치게 하십시오. 그때 비로소 나는 그리스도를 누리게 될 것입니다."[212] **9.** 이미 맹수형을 선고받은 다음, 수난을 열망하며 사자들의 포효를 들은 그는 이렇게 말했다. "나는 그리스도의 밀알입니다. 나는 깨끗한 빵이 될 수 있도록 맹수의 이빨에 갈릴 것입니다."[213]

10. 트라야누스 재위 11년[214]에 순교했고, 그의 유해는 안티오키아 다프니카 성문 밖 공동묘지에 안장되어 있다.

---

213 이그나티우스, 『로마 신자들에게 보낸 서간』 4,1; 이레네우스, 『이단 반박』 4,1; 5,28,4 참조.
214 트라야누스 황제는 98년부터 117년까지 다스렸다. 『연대기』(Helm 194)에 따르면 트라야누스 재위 11년은 108년이다.

XVII

Polycarpus episcopus

1. Polycarpus, Iohannis apostoli discipulus et ab eo Smyrnae episcopus ordinatus, totius Asiae princeps fuit, quippe qui nonnullos apostolorum et eorum qui Dominum viderant magistros habuerit et viderit. **2.** Hic propter quasdam super die paschae quaestiones sub imperatore Antonino Pio, ecclesiam in urbe regente Aniceto, Romam venit, ubi plurimos credentium Marcionis et Valentini persuasione deceptos reduxit ad fidem. **3.** Cumque ei fortuito obvius fuisset Marcion et diceret: —Cognosce nos—, respondit: —Cognosco primogenitum diaboli—. **4.** Postea vero regnante Marco Antonino et Lucio Aurelio Commodo, quarta post Neronem persecutione, Smyrnae sedente proconsule et universo populo in amphitheatro adversus eum personante, igni traditus est. **5.** Scripsit

---

215 에우세비우스, 『교회사』 3,36,1 참조.

216 테르툴리아누스, 『이단자들에 대한 항고』; 에우세비우스, 『교회사』 4,14,1-2 참조.

217 이레네우스, 『이단 반박』 3,3,4; 에우세비우스, 『교회사』 3,36,1; 4,14,3 참조.

218 당시 소아시아는 요한의 전통에 따라 평일이라도 상관없이 히브리인의 음력인 니산 달 14일에 부활절을 거행했지만, 로마에서는 니산 달 14일이 지난 주일에 부활절을 지냈다. 스미르나의 주교 폴리카르푸스(Polycarpus Smyrnensis, †155/160년경)는 동방과 서방 교회의 서로 다른 부활절 날짜를 비롯한 교회 문제를 논의하기 위해 로마에 가서 아니케투스 주교(154-165년)를 만났다. 그들은 의견의 일치를 이루지는 못했지만, 서로의 전통을 존중하고 교회의 친교와 평화를 유지했으며 성찬의 친교를 이루었다. 그러나 나중에 로마의 주교 빅토르(188-199년경)는 모든 교회가 부활절을 춘분 이후 첫 만월이 지난 주일에 지내도록 강요했다. 소아시아는 당연히 반발했고 요한 전통을 유지했다. 소아시아 출신 그리스도인들은 여행 중에 로마에서 더 이상 환대받지 못했고, 성찬에 참석하지도 못했으며 서신을 주고받지도 못했다. '평화를 이루는 사람'εἰρηνοποιός(에우세비우스, 『교회사』 5,24,18)이라 불린 이레네우스는 폴리카르푸스와 아니케투스의 '합의 정신'(sinodalitas)

17

폴리카르푸스 주교

1. 사도 요한의 제자[215]이며 그에 의해 스미르나의 주교로 서품된 폴리카르푸스는 아시아 전역의 수장이었다.[216] 왜냐하면 사도들과 주님을 뵈었던 이들을 스승으로 모셨고 만나 보았기 때문이다.[217] **2.** 폴리카르푸스는 부활절 날짜에 관한 몇 가지 문제[218] 때문에 안토니누스 피우스 황제 통치 아래 아니케투스가 다스리던 도시 로마 교회에 갔다.[219] 로마에서 그는 마르키온과 발렌티누스의 설득에 속아 넘어간 많은 신자들을 신앙으로 이끌었다. **3.** 우연히 그와 마주친 마르키온이 "우리를 인정하십시오." 하고 말하자, "사탄의 맏이라고 인정합니다."라고 대답했다.[220] **4.** 훗날 마르쿠스 안토니누스[221]와 루키우스 아우렐리우스 콤모두스[222] 통치 아래, 네로[223] 이후 벌어진 네 번째 박해 때, 총독이 참석하고 그를 거슬러온 백성이 아우성치는 스미르나의 원형 극장에서 화형당했다.[224] **5.** 『필리피 신자들에게』*Ad*

을 상기시키면서 교회 일치와 평화를 지켜나가도록 당부하며 중재했다. 리옹의 주교 이레네우스가 로마의 주교 빅토르에게 보낸 서간 일부를 에우세비우스가 전해준다(『교회사』 5,24,14-18). 에른스트 다스만, 『교회사 I』, 하성수 옮김, 분도출판사 2007, 226-227; 바티스타 몬딘, 『신학사 1』, 조규만·박규홈·유승록·이건 옮김, 가톨릭출판사 2012, 130 참조.

219 안토니누스 피우스 황제는 138년부터 161년까지 다스렸고, 아니케투스는 154년부터 165년까지 로마의 주교였다.

220 이레네우스, 『이단 반박』 3,3,4(= 에우세비우스, 『교회사』 4,14)에 이 일화가 나온다.

221 마르쿠스 아우렐리우스 안토니누스 베루스 황제는 161년부터 180년까지 다스렸다.

222 콤모두스 황제는 철학자 황제인 마르쿠스 아우렐리우스 안토니누스 베루스의 아들이며, 로마 제국 황제사에서 가장 뛰어난 안토니누스 왕조의 마지막 황제였으나 폭군이었고, 180년부터 192년까지 다스렸다.

223 네로 황제는 54년부터 68년까지 다스렸다.

Ad Philippenses valde utilem epistulam quae usque hodie in Asiae conventu legitur.

XVIII
Papias episcopus

1. Papias, Iohannis auditor, Hierapolitanus in Asia episcopus, quin-que tantum scripsit volumina quae praenotavit: *Explanatio sermonum Domini*. In quibus cum se in praefatione asserat non varias opiniones sequi, sed apostolos habere auctores, ait: **2.**─Considerabam quid Andreas, quid Petrus dixissent, quid Philippus, quid Thomas, quid Iacobus, quid Iohannes, quid Matthaeus vel alius quilibet disci-pulorum Domini, quid etiam Aristion et senior Iohannes discipuli Domini loquantur. Non enim tantum mihi libri ad legendum prosunt, quantum viva vox et usque hodie in suis auctoribus personans─. **3.** Ex quo apparet ex ipso catalogo nominum alium esse Iohannem qui inter apostolos

---

224 『폴리카르푸스 순교록』*Martyrium Polycarpi* 21장의 연대기 정보에 따라 155-160년경에 순교했다고 본다. 『폴리카르푸스 순교록』, 하성수 옮김, 교부 문헌 총서 12, 분도출판사 2000, 15-16 참조. 폴리카르푸스의 순교에 관한 에우세비우스의 긴 증언은 『교회사』 4,15,1-45 참조.

225 폴리카르푸스, 『필리피 신자들에게 보낸 서간』, 하성수 옮김, 교부 문헌 총서 12, 분도출판사 2000, 3-97 참조.

226 에우세비우스, 『교회사』 3,36 참조. 초기 교회에서는 이 작품이 성경에 버금가는 권위를 누렸다는 증언이다.

227 이레네우스는 파피아스를 요한의 '제자'(ἀκουστής)라고 한다(『이단 반박』 5,33,4). 히에로니무스는 이레네우스의 견해를 따라 파피아스를 사도 요한의 제자라고 보는 반면, 에우세

Philippenses 매우 유익한 편지를 썼는데[225], 이 편지는 오늘날까지 아시아에서 집회 때 봉독된다.[226]

18
파피아스 주교

1. 요한의 제자[227]이며 아시아 히에라폴리스의 주교인 파피아스[228]는 『주님의 설교 해설』*Explanatio sermonum Domini*이라는 제목이 달린 다섯 권의 책만 썼다.[229] 이 책 머리말에서 자신은 다양한 의견을 따르지 않고 사도들만 권위자로 삼았다고 밝힌다.[230] **2.** "나는 안드레아와 베드로, 필립보, 토마스, 야고보, 요한, 마태오께서 말씀하신 것과, 주님의 제자들이 하신 다른 모든 말씀과, 주님의 제자들인 아리스티온과 원로 요한께서 말씀하신 것들도 숙고했습니다. 이 책들이 나에게 읽을거리로 유익한 만큼, 그 저술가들 안에서 오늘날까지 울려 퍼지는 살아 있는 목소리도 도움이 됩니다."[231] **3.** 이 명단에서 사도들 가운데 배치된 요한은 아리스티온 다음에 거명된 원로 요한과 서로 다른 인물인 것 같다. 우리가 이런 말을 하는 까

비우스는 에페소의 '원로 요한'(Ioannes presbyter)의 제자라고 가정한다(『교회사』 3,39,2-7). 파피아스가 사도 요한의 제자였는지 아니면 원로 요한의 제자였는지는 아직도 논쟁거리이다. 최원오, "파피아스, 히에라폴리스의", 『한국가톨릭대사전』, 11, 한국교회사연구소 2005, 8835-8836; 『명인록』 9,5의 각주 참조.

228 히에라폴리스의 주교 파피아스(Papias Hierapolitanus, †130년경)에 관해서는 에우세비우스, 『교회사』 2,15,2; 3,36,2 참조.

229 단편만 남아 있다. 이레네우스, 『이단 반박』 5,33,4; 에우세비우스, 『교회사』 3,39,1 참조.

230 에우세비우스, 『교회사』 3,39,3 참조.

231 파피아스, 『주님의 설교 해설』(에우세비우스, 『교회사』 3,39,4) 참조.

ponitur et alium seniorem Iohannem quem post Aristionem enumerat. Hoc autem dicimus propter superiorem opinionem qua a plerisque retulimus traditum duas posteriores epistulas Iohannis non apostoli esse, sed presbyteri.

4. Hic dicitur mille annorum Iudaicam edidisse δευτέρωσιν, quem secuti sunt Irenaeus et Apollinaris et ceteri qui post resurrectionem aiunt in carne cum sanctis Dominum regnaturum. Tertullianus quoque in libro *De spe fidelium* et Victorinus Petabionensis et Lactantius hac opinione ducuntur.

XIX
Quadratus episcopus

1. Quadratus, apostolorum discipulus, Publio Athenarum episcopo ob Christum martyrio coronato, in locum eius substituitur et ecclesiam grandi terrore dispersam fide et industria sua congregat. **2.** Cumque Hadrianus Athenis exegisset hiemem invisens Eleusina et omnibus paene Graeciae sacris initiatus dedisset occasionem his qui christianos oderant absque praecepto imperatoris

---

232 요한 1서만 사도 요한의 작품이고, 요한 2서와 3서는 ‘원로 요한’의 작품이라는 히에로니무스의 견해는 『명인록』 9,5 참조.

233 성경의 구전 전통을 일컫는 그리스어 ‘데우테로시스’(δευτέρωσις)는 히브리어로 ‘미쉬나’ (מִשְׁנָה)이다.

234 에우세비우스, 『교회사』 3,39,11 참조.

235 『명인록』 35; 『이단 반박』 5,33,4 참조.

236 『명인록』 26 참조.

237 『명인록』 53 참조.

238 이 책은 소실되었다.

닭은, 앞서 밝힌 견해대로 요한의 마지막 두 서간이 사도의 작품이 아니라 원로[요한]의 작품이라고 많은 이들이 전해주었기 때문이다.[232]

4. 그는 천년 왕국설에 관한 유대인의 '구전 전통'(δευτέρωσις)[233]을 퍼뜨렸다고 한다.[234] 이레네우스[235]와 아폴리나리스[236], 그리고 주님께서는 부활하신 뒤 성도들과 함께 몸소 다스리시리라고 주장하는 이들이 그의 견해를 따랐다. 테르툴리아누스[237]도 『신자들의 희망』*De spe fidelium*[238]이라는 책에서 이 견해를 받아들였고, 페타우의 빅토리누스[239]와 락탄티우스[240]도 그러하다.

19
콰드라투스 주교

1. 콰드라투스[241]는 사도들의 제자이다. 아테네의 주교인 푸블리우스가 그리스도 때문에 순교로 화관을 쓴 뒤 그의 자리를 이어받았다.[242] 큰 두려움으로 흩어졌던 교회를 자신의 신앙과 성실로 모아들였다. **2.** 하드리아누스[243]가 엘레우시스를 방문하기 위해 아테네에서 겨울을 보내면서 그리스의 거의 모든 밀교 의식을 주도했을 때[244], 그리스도인들을 미워하던 이들

---

239 『명인록』74 참조. 빅토리누스의 작품은 단편만 남아 있다(PL 5,309A).

240 『명인록』80; 락탄티우스, 『거룩한 가르침』*Divinae institutiones* 7,24 참조.

241 콰드라투스(Quadratus)는 그리스도교의 가장 오래된 호교가(apologista)이다.

242 히에로니무스의 이 진술은 에우세비우스의 증언을 활용하면서 저지른 오류이다. "푸블리우스가 순교한 뒤 주교가 된 콰드라투스"(에우세비우스, 『교회사』 4,23,3)는 마르쿠스 아우렐리우스 황제(161-180년) 시절에 활동한 아테네의 동명이인 주교이며, 이 항목에서 소개하는 콰드라투스는 사도들의 제자로서 "소아시아의 예언자 콰드라투스"(『교회사』 3,37,1; 5,17,2)이다.

243 트라야누스 황제를 계승한 하드리아누스 황제는 117년부터 138년까지 다스렸다.

vexare credentes, porrexit ei librum pro nostra religione compositum valde utilem plenumque rationis et fidei et apostolica doctrina dignum. **3.** In quo et antiquitatem suae aetatis ostendens ait plurimos a se visos qui sub Domino variis in Iudaea oppressi calamitatibus sanati fuerant et qui a mortuis resurrexerant.

XX
Aristides philosophus

1. Aristides Atheniensis, philosophus eloquentissimus et sub pristino habitu discipulus Christi, volumen nostri dogmatis rationem continens eodem tempore quo et Quadratus Hadriano principi dedit, id est *Apologeticum pro christianis*, quod usque hodie perseverans apud philologos ingenii eius indicium est.

---

244 고대 그리스의 마을 엘레우시스에서는 불신의 죄를 씻는 정화의식인 '엘레우시스 밀교' (Ελευσίνια Μυστήρια)가 꽃피었다. 김헌, 『신화와 축제의 땅 그리스 문명 기행』, 아카넷 2021, 102-114 참조.

245 에우세비우스, 『교회사』 4,8,6 참조.

246 하드리아누스 황제(117-138년)에게 바친 『호교론』*Apologia*을 일컫는다. 125년경에 저술된 이 작품은 에우세비우스의 『교회사』 4,3,2에 단편으로만 보존되어 있다.

247 에우세비우스, 『교회사』 4,3,2 참조.

248 "아테네의 철학자"인 아리스티데스(Aristides)에 관해서는 에우세비우스, 『교회사』 4,3,3 참조.

에게 황제의 명령 없이도 신자들을 괴롭힐 수 있는 기회를 주었다.[245] 콰드라투스는 우리 종교를 대변하는 책을 지어 황제에게 보냈는데, 매우 유익하고 이성과 신앙으로 가득하며 사도적 가르침에 합당한 책이다.[246] **3.** 그는 이 책에서 자신이 고령(高齡)임을 밝히면서, 주님께서 계시던 무렵 유다 지방에서 온갖 질병에 짓눌려 있다가 치유받은 이들과 죽은 이들 가운데 되살아난 많은 이들을 목격했다고 말한다.[247]

20
철학자 아리스티데스

1. 아리스티데스는 아테네에서 가장 달변인 철학자[248]이며 예전의 옷[249]을 그대로 걸친 그리스도의 제자였다. 콰드라투스[250]가 하드리아누스 황제에게 책을 바친 같은 시기에 그도 우리 가르침의 원리를 담은 작품을 황제에게 헌정했으니, 이것이 바로 『그리스도인을 위한 호교론』*Apologeticum pro christianis* 이다.[251] 이 책은 오늘날까지 전해지며, 문헌학자들 사이에서는 그의 천재성의 표지가 된다.[252]

---

249 그리스 철학자들이 걸치고 다니던 옷을 가리킨다. 대표적인 호교 교부 유스티누스도 그리스도교에 입문한 뒤에도 철학자의 옷을 걸친 채 한평생 그리스도교 철학자로 살다가 순교했다. 『명인록』 23 참조.

250 『명인록』 19 참조.

251 에우세비우스, 『교회사』 4,3,3 참조.

252 아리스티데스의 이 작품은 온전하게 전해지는 가장 오래된 그리스도교 호교서이다. 138년 하드리아누스 황제(117-138년) 또는 안토니누스 피우스 황제(138-161년)에게 바친 것이다. Aristide di Atene, *Apologia*, C. Alpigiano (ed.), Firenze 1988 참조.

XXI

Agrippa Castoris

1. Agrippa cognomento Castoris, vir valde doctus, *Adversum viginti quattuor Basilidis haeretici volumina* quae in evangelium confecerat fortissime disseruit, **2.** prodens eius universa mysteria et prophetas enumerans Barcaban et Barcob et ad terrorem audientium alia quaedam barbara nomina et deum maximum eius Abraxas, qui quasi annum continens iuxta Graecorum numerum supputetur. **3.** Moratus est autem Basilides, a quo gnostici, in Alexandria temporibus Hadriani, qua tempestate et Cochebas, dux Iudaicae factionis, christianos variis suppliciis enecavit.

---

253 아그리파(Agrippa Castor)에 관해서는 에우세비우스, 『교회사』 4,7,6 참조.

254 영지주의자 바실리데스는 일종의 주해서인 '복음서에 관한 책 24권'을 지었다고 한다(에우세비우스, 『교회사』 4,7,7).

255 에우세비우스, 『교회사』 4,7,7; 히에로니무스, 『편지』 75,3 참조.

256 아브라삭스(ABPAΣAΞ)의 그리스어 알파벳 숫자 모음은 365일 한 해를 가리킨다. A(1) + B(2) + P(100) + A(1) + Σ(200) + A(1) + Ξ(60) = 365. 이레네우스, 『이단 반박』 1,24,7:

21
아그리파 카스토르

1. 카스토르라는 별명을 지닌 아그리파는 매우 박학한 사람이었다.[253] 복음을 바탕으로 『이단자 바실리데스의 책 24권 반박』*Adversus viginti quattuor Basilidis haeretici volumina*을 저술하여 아주 강력하게 논박했다.[254] **2.** 바실리데스의 모든 비밀을 밝혀내고, 바르카바스와 바르코브 예언자들[255], 듣기만 해도 끔찍한 다른 야만적인 이름들, 그리고 그리스인들의 계산에 따라 거의 한 해를 품고 있다는 최고신 아브라삭스[256]를 거명한 책이다. **3.** 바실리데스는 하드리아누스 시대에 알렉산드리아에서 살았고[257], 그에게서 영지주의가 시작되었다.[258] 이 격동기에 유대교 분파의 우두머리 코케바스[259]도 온갖 고문으로 그리스도인들을 못살게 굴었다.

"그들이 하늘의 통치자라고 주장하는 자가 아브라삭스인데, 365라는 숫자를 그 안에 품고 있다는 것이다." 히폴리투스, 『모든 이단 반박』*Refutatio omnium haeresium* 5,3; 에피파니우스, 『약상자』*Panarion* 24,7,2-4 참조.

257 바실리데스는 132/133년부터 알렉산드리아에서 활동했다(이레네우스, 『이단 반박』 1,24,1).

258 영지주의에 관해서는 마들렌 스코펠로, 『영지주의자들』, 이수민 편역, 분도출판사 2005; 송혜경, 『영지주의자들의 성서』, 한님성서연구소 2022 참조.

259 에우세비우스, 『교회사』 2,6,2; 4,8,4 참조.

XXII

Hegesippus historicus

1. Hegesippus, vicinus apostolicorum temporum et omnes a passione Domini usque ad suam aetatem *Ecclesiasticorum actuum* texens *historias* multaque ad utilitatem legentium pertinentia hinc inde congregans, quinque libros composuit sermone simplici ut quorum vitam sectabatur dicendi quoque exprimeret charactera. **2.** Asserit se venisse sub Aniceto Romam, qui decimus post Petrum episcopus fuit, et perseverasse usque ad Eleutherum eiusdem urbis episcopum, qui Aniceti quondam diaconus fuerat. **3.** Praeterea adversum idola disputans, quo primum errore crevissent subtexit historiam, ex qua ostendit qua floruerit aetate. **4.** Ait enim:—Tumulos mortuis templaque fecerunt, sicut usque hodie videmus, e quibus est et Antinous, servus Hadriani Caesaris, cuius et gymnicus ἀγών exercetur Antinoius civitatemque ex eius nomine condidit et prophetas statuit in templo—. **5.** Antinoum autem in deliciis habuisse Hadrianus Caesar scribitur.

---

260 헤게시푸스(Hegesippus)는 그리스어를 모국어로 쓰는 유대계 그리스도인이었으리라 추정한다. 160년경 코린토와 로마에서 사도 전승을 수집했고, 180년경 다섯 권으로 된 방대한 작품을 썼는데, 단편으로만 남아 있다(에우세비우스, 『교회사』 2,23,3; 4,8,1-2; 4,8,22). M. Dust, "헤게시푸스", 『교부학 사전』, 1147-1148 참조.

261 에우세비우스, 『교회사』 4,8,2 참조.

262 아니케투스는 154년부터 166년까지 로마의 주교였다.

263 에우세비우스, 『교회사』 4,11,7; 4,22,3 참조.

264 엘레우테루스는 174년부터 189년까지 로마의 주교였다.

265 에우세비우스, 『교회사』 4,22,3 참조.

22

역사가 헤게시푸스

1. 사도 시대에 가까운 헤게시푸스는 주님의 수난에서 자기 시대에 이르기까지 모든 『교회 사건 역사』*Ecclesiasticorum actuum historias*를 엮었다.[260] 독자들에게 유익한 많은 것들을 수집하여 단순한 문체로 다섯 권의 책을 지었고, 교회 생활을 추구하던 사람들이 말하는 방식까지도 고스란히 표현하려 했던.[261] **2.** 그는 베드로 이후 열 번째 주교였던 아니케투스[262] 시대에 로마에 갔으며[263], 한때 아니케투스의 부제였던 엘레우테루스[264]가 그 도시의 주교가 된 시절까지 머물렀다고 밝힌다.[265] **3.** 더 나아가 우상들을 반박하는데, 처음에 어떤 오류에서 우상들이 탄생하는지 설명하기 위해 역사서를 지었다.[266] 이 작품은 그가 어느 시절에 전성기를 누렸는지 보여준다. **4.** 그는 이렇게 말한다. "우리가 오늘날까지 보는 것처럼, 그들은 죽은 이들을 위해 무덤과 신전을 세웠다. 그 가운데 하드리아누스 황제의 종 안티노우스[267]에게 바친 것이 있다. 그를 기려 안티노우스 경기(ἀγών)가 열리는데, 황제는 그의 이름을 따서 도시를 건설했고[268] 신전에는 예언자들을 두었다."[269] **5.** 하드리아누스 황제가 안티노우스를 총애했다고 기록되어 있다.

---

266 에우세비우스, 『교회사』 3,32 참조.

267 안티노우스는 하드리아누스 황제의 총애를 받았으나, 129년 스무 살 젊은 나이에 익사했다. 『연대기』(Helm 200) 참조.

268 안티노에(Antinoe) 또는 안티노우 폴리스(Ἀντινόου πόλις)라고 불린 이 도시는 이집트의 나일강 동쪽에 건설되었다.

269 에우세비우스, 『교회사』 4,8,2 참조.

XXIII

Iustinus philosophus

1. Iustinus philosophus, habitu quoque philosophorum incedens, de Neapoli
urbe Palaestinae, patre Prisco Bacchio, pro religione Christi plurimum labo-
ravit in tantum ut Antonino quoque Pio et filiis eius et senatui librum *Contra
gentes* scriptum daret ignominiamque crucis non erubesceret et alium librum
successoribus eiusdem Antonini, Marco Antonino Vero et Lucio Aurelio Com-
modo. **2.** Extat eius et aliud volumen *Contra gentes*, ubi de daemonium quoque
natura disputat, et quartum *Adversum gentes*, cui titulum praenotavit Ἔλεγχος,
sed et aliud *De monarchia Dei* et alius liber quem praenotavit Ψάλτην et alius *De
anima et* dialogus *Contra Iudaeos* quem habuit adversus Thryphonem principem

---

270 '철학자들의 옷'(habitus philosophorum)은 그리스 철학자들이 걸치고 다니던 옷을 가리
킨다(『명인록』 20 각주 참조). 회심한 뒤에도 철학자들의 옷을 계속 입고 다녔다는 것은 그
리스도교를 '참된 철학'(vera philosophia)으로 받아들였다는 뜻이다.

271 유스티누스(Iustinus, †165년)는 한평생 참된 철학을 추구한 위대한 평신도 교부이며 대
표적 호교 교부이다. 젊은 시절에는 철학책에서 지혜를 찾아 헤맸으나, 마침내 성경을 통
해 참된 지혜이신 예수 그리스도를 만나 세례를 받고 그리스도인이 되었다. 우연히 만난
한 노인이 진정한 지혜는 철학책이 아니라 성경에서 찾을 수 있다고 일러준 덕분이었다.
그리스도교야말로 확실하고 유익한 단 하나의 철학이라 확신한 유스티누스는 끝까지 철
학자로 살다가 165년 로마에서 제자들과 함께 순교했다.

272 오늘날 팔레스타인의 나블루스(Nablus)이다.

273 유스티누스, 『첫째 호교론』 1,2; 에우세비우스, 『교회사』 4,11,8; 4,8,3 참조.

274 안토니누스 피우스 황제는 138년부터 161년까지 다스렸다.

275 150년경 로마에서 저술된 유스티누스의 대표작 『첫째 호교론』*Apologia prima* [안소근 옮
김, 분도출판사 2022]을 일컫는다. 이 작품에는 초기 그리스도인의 교회 생활과 사회생활
에 관한 중요한 정보들이 가득하다. 특히 로마 교회의 성찬에 관한 증언은 네 복음서가 전
해주는 최후의 만찬에 관한 기록과 사도 바오로의 코린토 1서 한 대목을 제외하면 성찬에
관한 가장 오래된 문헌이다. 에우세비우스, 『교회사』 4,17,1 참조.

23

철학자 유스티누스

1. 철학자들의 옷[270]도 계속 입고 다닌 철학자 유스티누스[271]는 팔레스티나 지방 도시 네아폴리스[272]에서 태어났다. 아버지는 바키우스의 아들 프리스쿠스였다.[273] 그리스도교를 위해 많은 일을 했으니, 안토니누스 피우스[274]를 비롯하여 그 아들들과 원로원에 헌정하기 위해 『이교인 반박』*Contra gentes*[275]을 저술했고, 십자가의 치욕을 부끄러워하지 않았다.[276] 그리고 안토니누스의 후계자들인 마르쿠스 안토니누스 베루스[277]와 루키우스 아우렐리우스 콤모두스[278]에게도 다른 책[279]을 헌정했다. **2.** 그의 또 다른 책 『이교인 반박』 *Contra gentes*도 있는데 거기서는 악마의 본성에 대해서도 반박한다. 네 번째 책으로는 『반박서』Ἔλεγχος라는 이름이 붙은 『이교인 반박』*Adversus gentes*이 있지만, 『하느님의 주권』*De monarchia Dei*[280]이라는 다른 책과, 『시편 찬미가』Ψάλτην[281]라는 이름이 붙은 다른 책, 그리고 『영혼론』*De anima*[282]도 있다. 『유대인 반박』*Contra Iudaeos*[283]은 유대인들의 우두머

---

276 에우세비우스, 『교회사』 4,16,3 참조.

277 베루스(=마르쿠스 아우렐리우스) 황제는 161년부터 180년까지 다스렸다.

278 콤모두스 황제는 180년부터 192년까지 다스렸다.

279 유스티누스의 『둘째 호교론』*Apologia secunda* [안소근 옮김, 분도출판사 2022]을 일컫는다. 『첫째 호교론』의 부록과 같은 성격을 지닌 이 작품은 '그리스도인이라는 이름'(nomen Christianum)을 지녔다는 이유만으로 세 명의 그리스도인을 처형한 로마 총독 우르비쿠스의 불공정하고 잔혹한 행위에 항의하여 황제가 정의와 지혜에 대한 사랑으로 그리스도인을 판결해 주기를 호소한다.

280 이 책은 에우세비우스의 『교회사』 4,18,3-4에서도 언급되지만, 유스티누스의 이름을 단 차명(借名) 작품이다.

281 소실된 작품이다.

282 소실된 작품이다.

Iudaeorum, sed et *Contra Marcionem* insignia volumina, quorum Irenaeus quoque in quinto *Adversus haereses* libro meminit, et alius liber *Contra omnes haereses*, cuius facit mentionem in apologetico quem dedit Antonino Pio.

3. Hic cum in urbe Roma haberet διατριβάς et Crescentem cynicum, qui multa adversum christianos blasphemabat, redargueret gulosum et mortis timidum luxuriaeque et libidinum sectatorem, ad extremum studio eius et in-sidiis accusatus quod christianus esset pro Christo sanguinem fudit.

XXIV
Melito episcopus

1. Melito Asianus, Sardensis episcopus, librum imperatori Marco Antonino

---

283 오늘날 『유대인 트리폰과의 대화』*Dialogus cum Tryphone Iuadeo* [안소근 옮김, 분도출판사, 2022]로 불리는 작품이며, 가장 오래된 반유대교 호교서이다. 유스티누스와 트리폰이라는 교양 있는 유대인과 이틀에 걸쳐 나눈 대화를 기록한 책으로서, 문학 전형은 플라톤의 대화편이다. H. 드롭너, 『교부학』, 155-156 참조.

284 소실된 작품이다. 이레네우스가 활용했고(『이단 반박』 4,6,2; 5,26,2), 에우세비우스도 언급한다(『교회사』 4,18,9).

285 소실된 작품이다. 에우세비우스, 『교회사』 4,11,10 참조.

286 『첫째 호교론』을 가리킨다. 유스티누스, 『첫째 호교론』 26; 히에로니무스, 『명인록』 23,1 참조.

287 유스티누스, 『둘째 호교론』 3 참조. '혹평 논법'(diatriba)은 가상의 적수를 등장시키거나, 다른 질문으로 현재의 질문에 대답하는 수사학적 기교이다. 사도 바오로가 구사한 그리스식 혹평 논법에 관해서는 갈라 5-6장; 로마 2장과 12-15장 참조.

리인 트리폰에 맞서 펼친 대화이다. 『마르키온 반박』Contra Marcionem[284]
도 매우 중요한 작품인데 이 책에 관해서는 이레네우스도 『이단 반박』Ad-
versus haereses 제5권에서 기억했다. 또 다른 책은 『모든 이단 반박』Con-
tra omnes haereses[285]인데 안토니누스 피우스에게 바친 호교론[286]에서 언
급한다.

3. 그는 로마시에서 '혹평 논법'(διατριβάς)[287]으로 논쟁을 벌였는데, 그리
스도인들을 거슬러 엄청난 모독을 퍼붓던, 탐욕스러우면서도 죽음을 겁내
며 사치와 쾌락을 떠받든 견유학파 크레스켄스를 제압했다.[288] 그러나 끝
내 그[크레스켄스]의 집요한 계략으로 그리스도인이라는 이유로 고발당하
여 그리스도를 위해 피를 흘렸다.[289]

24
멜리톤 주교

1. 사르데스의 주교 아시아인 멜리톤[290]은 연설가 프론톤[291]의 제자였던 마
르쿠스 안토니누스 베루스[292] 황제에게 그리스도교 가르침을 옹호하는 책

---

288 유스티누스, 『둘째 호교론』 3; 타티아누스, 『그리스인을 향한 연설』Oratio ad Graecos
     19,4; 에우세비우스, 『교회사』 4,16,1-9 참조.
289 유스티누스는 마르쿠스 아우렐리우스 황제가 다스리던 165년경 로마에서 제자 6명과 함
     께 순교했다. 『성 유스티누스와 동료들의 행전』Acta sanctorum Iustini et sociorum 참조.
290 사르데스의 주교 멜리톤(Melito Sardensis, 2세기 중엽)에 관해서는 에우세비우스, 『교회
     사』 4,26; 5,24,2-8 참조.
291 코르넬리우스 프론톤은 143년에 집정관을 지냈고, 마르쿠스 아우렐리우스 황제의 수사
     학 교사였다. 그는 그리스도인의 생활 방식을 비판했다. 미누키우스 펠릭스, 『옥타비우스』
     Octavius 9,6; 31,2 참조.
292 베루스(=마르쿠스 아우렐리우스) 황제(161-180년)를 일컫는다.

Vero, qui Frontonis oratoris discipulus fuit, pro christiano dogmate dedit. **2.** Scripsit quoque et alia de quibus ista sunt quae subiecimus: *De pascha* libros duos, *De vita prophetarum* librum unum, *De ecclesia* librum unum, *De die dominica* librum unum, *De fide* librum unum, *De plasi* librum unum, *De sensibus* librum unum, *De anima et corpore* librum unum, *De baptismate* librum unum, *De veritate* librum unum, *De generatione Christi* librum unum, *De prophetia sua* librum unum, *de* φιλοξενίᾳ librum unum et alium librum qui *Clavis* inscribitur, *De diabolo* librum unum, *De Apocalypsi Iohannis* librum unum καὶ τὸν περὶ ἐνσωμάτου θεοῦ librum unum et *Eclogarum* libros sex. **3.** Huius elegans et declamatorium ingenium Tertullianus in septem libris quos scripsit adversus ecclesiam pro Montano cavillatur, dicens eum a plerisque nostrorum prophetam putari.

XXV
Theophilus episcopus

1. Theophilus sextus Antiochenae ecclesiae episcopus, sub imperatore Marco Antonino Vero librum *Contra Marcionem* composuit, qui usque hodie

---

293 170년경에 저술된 호교론이다.

294 멜리톤의 방대한 작품들은 거의 다 소실되고 단편들만 남아 있다. 에우세비우스, 『교회사』 4,26,2 참조.

295 니산 달 14일에 부활절을 지내던 아시아 전통을 옹호하기 위해 166-167년경에 저술한 작품이다. 에우세비우스, 『교회사』 6,13,9 참조.

296 에우세비우스는 이 책의 머리말을 『교회사』 4,26,13-14에 옮겨놓았는데, 여기에는 정경으

을 바쳤다.[293] **2.** 다른 책들[294]도 썼는데, 그 가운데 소개하자면 이런 것들이 있다. 두 권으로 된 『부활절』*De pascha*[295], 『예언자들의 생애』*De vita prophetarum* 한 권, 『교회』*De ecclesia* 한 권, 『주님의 날』*De die dominica* 한 권, 『신앙론』*De fide* 한 권, 『창조』*De plasi* 한 권, 『감각들』*De sensibus* 한 권, 『영혼과 육체』*De anima et corpore* 한 권, 『세례』*De baptismate* 한 권, 『진리』*De veritate* 한 권, 『그리스도의 출생』*De generatione Christi* 한 권, 『자신의 예언』*De prophetia sua* 한 권, 『환대』Φιλοξενία 한 권과 『열쇠』*Clavis*라는 이름이 붙은 다른 책, 『악마』*De diabolo* 한 권, 『요한 묵시록』*De Apocalypsi Iohannis* 한 권, 『하느님의 육화』Περὶ ἐνσωμάτου Θεοῦ 한 권과 『발췌집』*Eclogae*[296] 여섯 권이다. **3.** 테르툴리아누스[297]는 몬타누스를 옹호하며 교회를 거슬러 쓴 책 일곱 권[298]에서, 많은 우리 그리스도인들이 멜리톤을 예언자로 여긴다면서 그의 고상하고 웅변가다운 재능을 비웃는다.

25
테오필루스 주교

1. 안티오키아 교회의 여섯 번째 주교[299] 테오필루스는 마르쿠스 안토니누스 베루스 통치 아래 『마르키온 반박』*Contra Marcionem*[300]이라는 책을 지

로 인정된 구약성경 목록이 기록되어 있다. 멜리톤은 이 성경들을 발췌하여 여섯 권의 책으로 엮었다.

297 『명인록』 8 참조.

298 소실된 작품인 『황홀경』*De exstasi*을 일컫는다. 『명인록』 40,4; 53,5 참조.

299 히에로니무스, 『편지』 121,6 참조.

extat. **2.** Feruntur eius et *Ad Autolycum* tria volumina et *Contra haeresim Hermogenis* liber unus et alii breves elegantesque tractatus ad aedificationem ecclesiae pertinentes. **3.** Legi sub nomine eius *In Evangelium et Proverbia Salomonis commentarios*, qui mihi cum superiorum voluminum elegantia et φϱάσει non videntur congruere.

XXVI
Apollinaris episcopus

1. Apollinaris, Asiae Hierapolitanus episcopus, sub imperatore Marco Antonino Vero floruit, cui et insigne volumen *Pro fide* christianorum dedit. **2.** Extant eius et alii quinque *Adversum gentes* libri et *De veritate* duo et *Adversum Cataphrygas*, tunc primum cum Prisca et Maximilla insanis vatibus incipiente Montano.

---

300 소실된 작품이다.

301 안티오키아의 주교 테오필루스(Theophilus Antiochenus, 169-185년 재위)가 남긴 작품
가운데 유일하게 온전히 남아 있다. 『아우톨리쿠스에게』, 장재명 옮김, 분도출판사 2020
참조.

302 에우세비우스, 『교회사』 4,24 참조.

303 안티오키아의 테오필루스, 『주해서 단편』*Fragmenta e Commentariis*(CSEL 56,25-26)
참조.

었는데 오늘날까지 남아 있다. **2.** 『아우톨리쿠스에게』*Ad Autolycum*[301] 세 권, 『헤르모게네스 이단 반박』*Contra haeresim Hermogenis* 한 권과 교회 건설에 관한 짧고 품격 있는 다른 작품들도 그의 것이라고 한다.[302] **3.** 나는 그의 이름을 달고 있는 『복음서 주해』*In Evangelium commentarius*와 『솔로몬의 잠언 주해』*Proverbia Salomonis commentarius*[303]를 읽었는데, 내가 보기에 이전 작품들의 품격과 문장(φράσις)에 어울리지 않는 것 같다.

26
아폴리나리스 주교

1. 아시아 히에라폴리스의 주교 아폴리나리스[304]는 마르쿠스 안토니누스 베루스 통치 아래 전성기를 누렸는데, 그리스도인의 『신앙을 위하여』*Pro fide*[305]라는 빼어난 작품을 황제에게 헌정했다. **2.** 그의 또 다른 작품들로는 『이교인 반박』*Adversus gentes*[306] 다섯 권, 『진리』*De veritate* 두 권, 『프리기아 사람들 반박』*Adversus Cataphrygas*[307]도 있다. 그 당시 이미 몬타누스 이단이 정신 나간 예언자 프리스카와 막시밀라와 함께 갓 시작되었기 때문이다.[308]

---

304 히에라폴리스의 주교 아폴리나리스(Apollinaris Hierapolitanus, 2세기)에 관해서는 에우세비우스, 『교회사』 4,21; 4,26,1.27 참조.

305 아폴리나리스가 176-177년경에 저술한 이 작품에 관해서는 에우세비우스, 『교회사』 4,26,1; 4,27,1; 5,5,4 참조.

306 『그리스인에게』*Ad Graecos*라고도 한다.

307 몬타누스 이단이 프리기아(Phrygia) 지방에서 생겨나 그 언저리를 거점으로 삼은 까닭에 '카타 프리기아', 곧 '프리기아 사람들'이라는 별명이 붙었다. 『명인록』 40,3; 에우세비우스, 『교회사』 4,27,1 참조.

308 에우세비우스, 『교회사』 4,27,1 참조.

XXVII

Dionysius episcopus

1. Dionysius, Corinthiorum ecclesiae episcopus, tantae eloquentiae et industriae fuit ut non solum suae civitatis et provinciae populos, sed et aliarum provinciarum et urbium epistulis erudiret. **2.** E quibus una est *Ad Lacedaemonios*, alia *Ad Athenienses*, tertia *Ad Nicomedienses*, quarta *Ad Cretenses*, quinta *Ad ecclesiam Amastrinam et ad reliquas Ponti ecclesias*, sexta *Ad Cnosianos et ad Pinytum*, eiusdem urbis episcopum, septima *Ad Romanos* quam scripsit ad Soterem, episcopum eorum, octava *Ad Chrysophoram*, sanctam feminam. **3.** Claruit sub imperatore Marco Antonino Vero et Lucio Aurelio Commodo.

---

309 에우세비우스, 『교회사』 4,23 참조.

310 에우세비우스, 『교회사』 3,4,10 참조.

311 『명인록』 28 참조.

312 171년경 코린토의 주교 디오니시우스(Dionysius Corinthius)가 로마의 주교 소테르와 로마 신자들에게 보낸 이 편지에는 교구의 벽을 뛰어넘는 초기 교회 자선 전통에 관한 중요한 증언이 들어 있다. 로마 교회는 더 가난한 교회의 궁핍한 이들과 다른 도시의 고통받는

27

디오니시우스 주교

1. 코린토 교회의 주교 디오니시우스는 연설과 열성이 뛰어났고, 자기 도시와 지방의 백성뿐 아니라 다른 지방들과 도시들의 백성들도 편지로 가르칠 정도였다.[309] **2.** 그 가운데 한 통은 『라케다이몬 신자들에게 보낸 서간』*Ad Lacedaemonios*이고, 다른 한 통은 『아테네 신자들에게 보낸 서간』*Ad Athenienses*[310]이며, 셋째 편지는 『니코메디아 신자들에게 보낸 서간』*Ad Nicomedienses*이고, 넷째 편지는 『크레타 신자들에게 보낸 서간』*Ad Cretenses*이며, 다섯째 편지는 『아마스트리스 교회와 폰투스의 나머지 교회들에 보낸 서간』*Ad ecclesiam Amastrinam et ad reliquas Ponti ecclesias*이고, 여섯째 편지는 『크노소스 신자들과 [그 도시의 주교] 피니투스[311]에게 보낸 서간』*Ad Gnosianos et ad Pinytum*이며, 일곱째 편지는 『로마 신자들에게 보낸 서간』*Ad Romanos*인데, 이 편지를 그들의 주교 소테르에게 썼다.[312] 여덟째 편지는 거룩한 여인 『크리소포라[313]에게 보낸 서간』*Ad Chrysophoram*이다. **3.** 마르쿠스 안토니누스 베루스와 루키우스 아우렐리우스 콤모두스 황제 통치 아래 명성을 떨쳤다.

이들을 돌보기 위해 꾸준히 자선기금을 모아 보냈으며, 로마에 몰려드는 가난한 지역민들을 너그럽게 환대했다고 한다. 가난한 이웃 교구들과 온 세상 모든 이를 향해 열려 있는 보편적 사랑의 연대에 관한 소중한 기록이다. 에우세비우스, 『교회사』 4,23,7-8; 최원오, 『교부들의 사회교리』, 분도출판사 2020, 39-41 참조.

313 1코린 1,14 참조.

XXVIII

Pinytus episcopus

1. Pinytus Cretensis, Cnosiae urbis episcopus, scripsit *Ad Dionysium,* Corinthiorum episcopum, valde elegantem epistulam in qua docet non semper lacte populos nutriendos, ne quasi parvuli ab ultimo occupentur die, sed et solido vesci debere cibo, ut in spiritalem proficiant senectutem. **2.** Et hic sub Marco Antonino et Aurelio Commodo floruit.

XXIX

Tatianus haeresiarches

1. Tatianus, qui primum oratoriam docens non parvam sibi ex arte rhetorica gloriam comparaverat, Iustini martyris sectator fuit, florens in ecclesia quamdiu ab eius latere non discessit. **2.** Postea vero, inflatus eloquentiae tumore, novam condidit haeresim quae Encratitarum dicitur, quam postea Severus auxit, a quo eiusdem partis hae-retici Severiani usque hodie appellantur. **3.** Porro Tatianus

---

314 코노소스의 피니투스(Pinytus Cnossi)에 관해서는 에우세비우스, 『교회사』 4,21 참조. 크노소스는 크레타의 수도였다.

315 에우세비우스, 『교회사』 4,23 참조.

316 1코린 3,2; 히브 5,12-14; 에우세비우스, 『교회사』 4,23 참조.

317 메소포타미아 시리아에서 태어난 타티아누스(Tatianus Syrus)는 로마에서 그리스도인이 되었으나(『그리스인을 향한 연설』 42), 스승 유스티누스가 순교한 뒤 172년경 로마 교회 공동체에서 떨어져 나갔다. 고향으로 돌아가 극단적 금욕을 실천하면서 결혼과 음주와 육

28
피니투스 주교

1. 크노소스시의 주교인 크레타의 피니투스[314]는 코린토의 주교 『디오니시우스에게』*Ad Dionysium*[315] 매우 우아한 편지를 썼다. 이 편지에서 그는 백성을 마냥 젖으로만 키워서는 안 된다고 가르친다. 왜냐하면 마지막 날이 들이닥칠 때 어린아이 같아서는 안 되며, 영적 성숙으로 나아가기 위해 단단한 음식으로 양육되어야 한다는 것이다.[316] **2.** 이 인물도 마르쿠스 안토니누스와 아우렐리우스 콤모두스 통치 아래 전성기를 누렸다.

29
이단 창시자 타티아누스

1. 타티아누스[317]는 처음에는 웅변을 가르치면서 수사학적 솜씨로 적지 않은 영광을 얻었다. 순교자 유스티누스의 제자가 되었으며[318], 교회의 귀퉁이에서 떨어져 나가기까지 교회 안에서 전성기를 누렸다. **2.** 그러나 나중에 말솜씨에 대한 자만심에 부풀어 올라 새로운 이단을 만들어냈으니 '극단적 금욕파'(엔크라테이아파)[319]라 불린다. 훗날 세베루스가 이 이단을 키움으로써 그 이단 무리는 오늘날까지 세베루스파[320]라고 일컬어진다. **3.** 타티

식을 비난했다(이레네우스, 『이단 반박』 1,28). 심지어 미사에서 포도주를 물로 대체할 정도로 극단적인 금욕주의자였다(에피파니우스, 『약상자』 46,1). P. Bruns, "타티아누스", 『교부학 사전』, 984-985 참조.

318 에우세비우스, 『교회사』 4,16 참조.

319 과도한 '금욕'($\dot{\epsilon}\gamma\kappa\rho\dot{\alpha}\tau\epsilon\iota\alpha$)을 추구하던 '극단적 금욕파'(=엔크라테이아파)는 그리스도교 이전에 있었던 엄격주의에 뿌리를 둔 이단이다. H. 드롭너, 『교부학』, 159 참조.

infinita scripsit volumina, e quibus unus *Contra gentes* florentissimus extat liber qui inter omnia opera eius fertur insignis. **4.** Et hic sub imperatore Marco Antonino Vero et Lucio Aurelio Commodo floruit.

XXX
Philippus episcopus

1. Philippus, episcopus Cretensis, hoc est urbis Gortinae, cuius Dionysius in epistula sua meminit quam scripsit ad eiusdem civitatis ecclesiam, **2.** praeclarum *Adversus Marcionem* edidit librum temporibusque Marci Antonini Veri et Lucii Aurelii Commodi claruit.

XXXI
Musanus

1. Musanus, non ignobilis inter eos qui de ecclesiastico dogmate scripserunt, sub imperatore Marco Antonino Vero confecit librum ad quosdam fratres qui

---

320 에우세비우스, 『교회사』 4,29 참조.
321 오늘날 『그리스인들을 향한 연설』*Oratio ad Graecos*로 불린다.
322 디오니시우스, 『크레타 신자들에게 보낸 서간』*Ad Cretenses*(=에우세비우스, 『교회사』 4,23, 5) 참조.

아누스는 수많은 책을 저술했지만, 그 가운데 아주 유명한 『이교인 반박』 *Contra gentes*[321]만 남아 있다. 이 책은 그의 모든 작품 가운데 가장 뛰어나다. **4.** 그도 마르쿠스 안토니누스 베루스와 루키우스 아우렐리우스 콤모두스 황제 통치 아래 전성기를 누렸다.

30
필리푸스 주교

1. 필리푸스는 크레타, 곧 고르티나시의 주교였다. 디오니시우스는 바로 그 도시[크레타]의 교회에 쓴 자신의 편지에서 필리푸스를 기억했다.[322]
2. 그는 매우 유명한 책『마르키온 반박』*Adversus Marcionem*[323]을 펴냈으며, 마르쿠스 안토니누스 베루스와 루키우스 아우렐리우스 콤모두스 통치 아래 명성을 떨쳤다.

31
무사누스

1. 무사누스[324]는 교회의 가르침에 관하여 저술한 인물들 가운데 무시할 수 없다. 마르쿠스 안토니누스 베루스 황제 통치 아래 교회에서 극단적 금욕

---

323 에우세비우스, 『교회사』 4,25,1 참조.
324 무사누스(Musanus)는 180-210년경 극단적 금욕주의자들을 반박하는 책을 지었는데 현재 남아 있지 않다. 이 작품에서 타티아누스(『명인록』 29)를 극단적 금욕주의의 원조라고 소개한다. 에우세비우스, 『교회사』 4,21; 테오도레투스, 『이단자 이야기 개요』 1,21; R. Hanig, "무사누스", 『교부학 사전』, 291 참조.

de ecclesia ad Encratitarum haeresim declinaverant.

XXXII
Modestus

1. Modestus et ipse sub imperatore Marco Antonino et Lucio Aurelio Commodo *Adversus Marcionem* scripsit librum qui usque hodie perseverat. **2.** Feruntur sub nomine eius et alia συντάγματα, sed ab eruditis quasi ψευδεπίγραφα repudiantur.

XXXIII
Bardesanes haeresiarches

1. Bardesanes in Mesopotamia clarus habitus est, qui primum Valentini sectator, deinde confutator, novam ipse haeresim condidit. Ardens eius a Syris praedicatur ingenium et in disputatione vehemens. **2.** Scripsit infinita adversus omnes paene haereticos qui aetate eius pullulaverant, in quibus clarissimus ille et fortissimus liber est quem Marco Antonino *De fato* tradidit et multa

---

325 '극단적 금욕파'(=엔크라테이아파)에 관해서는 『명인록』 29,2의 각주 참조.
326 반(反)마르키온주의자 모데스투스(Modestus)에 관해서는 에우세비우스, 『교회사』 4,21; 4,25 참조.
327 에우세비우스, 『교회사』 4,25,1 참조.
328 그리스어식으로 '바르데사네스'(Bardesanes)라고도 한다. 알렉산드리아의 클레멘스와 같은 시대를 살았던 바르다이산(Bardaisan, 154-222년경)은 시리아와 그리스의 요소들을 아

파[325] 이단으로 빗나간 어떤 형제들에게 책을 지어 보냈다.

32
모데스투스

1. 모데스투스[326]도 마르쿠스 안토니누스 베루스와 루키우스 아우렐리우스 콤모두스 황제 통치 아래 『마르키온 반박』*Adversus Marcionem*[327]을 썼는데, 오늘날까지 보존되어 있다. **2.** 그의 이름을 빌린 다른 '작품 모음집'(σύν-ταγματα)도 돌아다니지만, 전문가들에게는 위작(僞作 ψευδεπίγραφα)으로 배척받는다.

33
이단 창시자 바르다이산

1. 메소포타미아의 바르다이산[328]은 처음에는 발렌티누스의 제자였다가 나중에 논박자가 되어 몸소 새로운 이단[329]을 창시한 유명한 인물이다.[330] 그의 열정적 성품과 신랄한 논쟁은 시리아인들에게 칭송받았다.[331] **2.** 그 시대에 싹튼 거의 모든 이단들을 반박하는 수많은 작품들을 저술했다. 그 가운데 가장 유명하고 가장 강력한 책은 마르쿠스 안토니누스[332]에게 헌정

우른 반금욕적(反禁慾的) 그리스도교를 대표했다. 에우세비우스, 『교회사』 4,30,1; 에피파니우스, 『약상자』 56 참조.

329 바르다이산파는 8세기까지 지속되었다.

330 에피파니우스, 『약상자』 56,1 참조.

331 에우세비우스, 『교회사』 4,30,5 참조.

alia *Super persecutione* volumina quae sectatores eius de Syra lingua verterunt in Graecam. **3.** Si autem tanta vis et fulgor est in interpretatione, quantam putamus esse in sermone proprio.

XXXIV
Victor episcopus

1. Victor, tertius decimus Romanae urbis episcopus, *Super quaestione paschae* et alia quaedam scribens opuscula, rexit ecclesiam sub Severo principe annis decem.

XXXV
Irenaeus episcopus

1. Irenaeus, Pothini episcopi qui Lugdunensem in Gallia regebat ecclesiam presbyter, a martyribus eiusdem loci ob quasdam ecclesiae quaestiones lega-

---

332 마르쿠스 안토니누스 황제가 아니라 엘라가발 황제(217-222년)에게 헌정했을 것이다. 포르피리오스, 『절제』*De abstinentia* 4,17 참조.

333 에우세비우스, 『교회사』 4,30,2 참조.

334 에우세비우스, 『교회사』 4,30,1-2 참조.

335 빅토르(Victor Romanus, 189-198년경 재위)는 베드로 이후 열세 번째 로마 주교였다. 에우세비우스, 『교회사』 5,22,1; 5,28,3-5; 『연대기』(Helm 210) 참조. 부활절 거행 날짜를 두고 로마 교회와 소아시아 교회 사이에 벌어진 논쟁에서 빅토르는 서방의 관행을 일방적으로 강요함으로써 보편 교회의 친교와 일치를 심각한 위기에 빠뜨렸다. 『명인록』 17,2; 35,6-7 참조.

한 『운명』*De fato*[333]이다. 『박해』*Super persecutione*에 관한 다른 많은 책들[334]을 그의 제자들이 시리아어에서 그리스어로 번역했다. **3.** 번역서에도 그토록 큰 힘과 번득임이 있다면, 원문에서는 얼마나 더했을지 상상할 수 있다.

34
빅토르 주교

1. 로마시의 열세 번째 주교 빅토르[335]는 『부활절 문제』*Super quaestione paschae*[336]에 관한 작품과 다른 작품들을 쓰면서 세베루스[337] 황제 통치 아래 10년 동안 교회를 다스렸다.

35
이레네우스 주교

1. 이레네우스[338]는 갈리아 지방 리옹 교회를 다스리던 포티누스 주교의 사제였다.[339] 그는 교회의 몇 가지 문제들에 관한 대리인으로 그 도시[리옹]의

---

336 에우세비우스, 『교회사』 5,23-24 참조.

337 셉티미우스 세베루스 황제는 193년부터 211년까지 다스렸다.

338 2세기 초반에 소아시아에서 태어난 이레네우스(Irenaenus Εἰρηναῖος, †200년경)는 리옹의 주교 포티누스에게 사제품을 받았고, 포티누스가 순교하자 리옹의 주교직을 계승했다. 정통 신앙을 지키기 위해 애썼으며, 동서방 지역 교회들의 평화와 일치를 위해 헌신함으로써 자기 이름처럼 '평화를 이루는 사람'(에이레노포이오스εἰρηνοποιός)이라 불렸고(『교회사』 5,24,18), 가톨릭교회는 그에게 '일치의 박사'(doctor unitatis)라는 공적 칭호를 주었다(프란치스코 교황 교령 2022. 1. 21).

339 에우세비우스, 『교회사』 5,1,1; 5,1,29 참조.

tus Romam missus, honorificas super nomine suo ad Eleutherum episcopum perfert litteras. **2.** Postea iam Pothino prope nonagenario ob Christi martyrium coronato, in locum eius substituitur. **3.** Constat autem Polycarpi, cuius supra fecimus mentionem, sacerdotis et martyris hunc fuisse discipulum.

4. Scripsit quinque *Adversus haereses* libros et *Contra gentes* volumen breve et *De disciplina* aliud et *Ad Marcianum fratrem de apostolica praedicatione* et *Librum variorum tractatuum* et *Ad Blastum de schismate* et *Ad Florinum de monarchia sive quod Deus non sit conditor malorum* et *De octava* egregium σύνταγμα, in cuius fine significans se apostolicorum temporum vicinum fuisse subscripsit: **5.**—Adiuro te qui transcribis librum istum per Dominum nostrum Iesum Christum et per gloriosum eius adventum quo iudicaturus est vivos et mortuos, ut conferas postquam transcripseris et emendes illum ad exemplar unde transcripsisti diligentissime; hanc quoque obtestationem similiter transferas ut invenisti in exemplari—. **6.** Feruntur eius et aliae *Ad Victorem*

---

340 엘레우테루스는 174년경-189년경 로마의 주교였다. 에우세비우스, 『교회사』 5,4,1-2 참조.

341 에우세비우스, 『교회사』 5,4,2 참조.

342 에우세비우스, 『교회사』 5,5,8 참조. 『연대기』(Helm 208)에 따르면 182년이다.

343 『명인록』 17 참조.

344 원제목은 『잘못 일컬어지는 영지에 대한 폭로와 반박』᾿Ελεγχος καὶ ἀνατροπὴ τῆς ψευδωνύμου γνώσεως이지만, 일반적으로 짧은 라틴어 제목 『이단 반박』*Adversus haereses*으로 불린다. 에우세비우스(『교회사』 2,13,5)를 따라 히에로니무스도 『이단 반박』이라고 부른다. 히에로니무스는 테오도라에게 보낸 『편지』 75에서도 이 작품을 언급한다.

345 에우세비우스, 『교회사』 5,26,1 참조.

346 에우세비우스, 『교회사』 5,26,1 참조.

347 『사도적 가르침의 논증』*Demonstratio praedicationis apostolicae*을 일컫는다.

348 에우세비우스, 『교회사』 5,15; 5,20,1 참조.

349 에우세비우스, 『교회사』 5,15; 5,20 참조. 플로리누스는 마르키온과 마찬가지로 선의 원리

순교자들에 의해 로마에 파견되었고, 자신의 이름을 영예롭게 하는 편지들을 엘레우테루스[340] 주교에게 가져갔다.[341] **2.** 이미 아흔에 가까웠던 포티누스가 그리스도를 위한 순교로 화관을 쓴 다음 그 자리를 이어받았다.[342] **3.** 그는 앞에서 말한 주교 순교자 폴리카르푸스의 제자였다고 알려져 있다.[343]

4. 다섯 권으로 된 『이단 반박』*Adversus haereses*[344]과 『이교인 반박』*Contra gentes*[345]이라는 짧은 책을 썼다. 또 다른 책으로는 『규율』*De disciplina*[346]과 『사도적 가르침에 관하여 마르키아누스 형제에게』*Ad Marcianum fratrem de apostolica praedicatione*[347], 『다양한 설교집』*Liber variorum tractatuum*과 『열교에 관하여 블라스투스에게』*Ad Blastum de schismate*[348]와 『[하느님의] 주권에 관하여 플로리누스에게 (또는) 악의 창조자가 아닌 하느님』*Ad Florinum de monarchia sive quod Deus non sit conditor malorum*[349]이 있다. 그리고 『여덟 층의 영원성』*De octava*[350]에 관한 빼어난 작품(σύνταγμα) 끝자락에 자신이 사도 시대에 가까웠다는 사실을 강조하면서 이렇게 기록했다. **5.** "이 책을 베껴 쓰는 그대에게 우리 주 예수 그리스도를 통하여, 그리고 산 이와 죽은 이를 심판하실 그분의 영광스러운 재림을 통하여 간청합니다. 부디 베껴 쓴 다음 대조하고, 옮겨 쓰면서 사용한 원문에 맞추어 매우 성실하게 필사본을 교정하십시오. 그리고 그대가 원문에서 발견한 그대로 이 청원도 똑같이 옮겨 적어주십시오."[351] **6.** 그의 것이라고 돌아다니

와 악의 원리를 대립시키는 이원론자였다.

350 『여덟 층의 영원성에 관하여 플로리누스 반박』*De Ogdoade contra Florinum*은 에우세비우스의 『교회사』 5,20에 단편으로 남아 있다. 오그도아데스(Ogdoades)는 하느님에게서 배출된 여덟 층의 영원성 전체를 일컫는다. 마들랜 스코펠로, 『영지주의자들』 135 참조.

351 에우세비우스, 『교회사』 5,20,2 참조.

episcopum Romanorum de quaestione paschae epistulae, in quibus commonet eum non facile debere unitatem collegii scindere. **7.** Siquidem Victor multos Asiae et Orientis episcopos, qui quarta decima luna cum Iudaeis pascha celebrabant, damnandos crediderat, in quam sententiam etiam hi qui discrepabant ab illis Victori non dederunt manus.

8. Floruit maxime sub Commodo principe qui Marco Antonino in imperium successerat.

XXXVI
Pantaenus philosophus

1. Pantaenus, stoicae sectae philosophus, iuxta quandam veterem in Alexandria consuetudinem ubi a Marco evangelista semper ecclesiastici fuere doctores, tantae prudentiae et eruditionis tam in scripturis quam in saeculari litteratura fuit ut in Indiam quoque rogatus ab illius gentis legatis a Demetrio, Alexandriae episcopo, mitteretur, **2.** ubi repperit Bartholomeum de duodecim

---

352 빅토르는 189년부터 198년경까지 로마의 주교였다. 『명인록』 34 참조.

353 에우세비우스, 『교회사』 5,23,3; 5,24,11-17 참조.

354 에우세비우스, 『교회사』 5,24,12-17 참조.

355 에우세비우스, 『교회사』 5,24,17 참조.

356 소아시아 교회에서는 유대인의 파스카 축제를 본받아 니산 달 14일, 곧 춘분 다음 만월이 되는 날에 부활절을 지냈고, 그 밖의 교회는 만월 직후 주일에 거행했다. '14일파'는 구약 의 파스카 축제를 통해 참된 어린양이신 그리스도를 기념했고, '주님의 날파'는 주간 첫날

는 다른 편지들 가운데『부활절 문제에 관해 로마의 주교 빅토르[352]에게 보낸 서간』*Ad Victorem episcopum Romanorum de quaestione paschae*이 있다.[353] 이 편지에서 이레네우스는 주교단의 일치가 하찮게 깨져서는 안 된다고 빅토르에게 권고한다.[354] **7.** 사실 빅토르는 니산 달 14일에 유대인들과 함께 부활절을 지내는 아시아와 동방의 많은 주교들을 단죄해야 한다고 믿었다.[355] 그러나 그 주교들과 어긋나 있던 이들조차 이 결정에서는 빅토르와 손을 잡지 않았다.[356]

8. 마르쿠스 안토니누스에게 통치권을 이어받은 콤모두스 황제 시절에 특별히 전성기를 누렸다.

36
철학자 판타이누스

1. 판타이누스는 스토아학파 철학자였다.[357] 오랜 전통에 따르면 알렉산드리아에는 복음사가 마르코를 비롯한 교회 학자들이 늘 있었다.[358] 판타이누스는 인도 백성의 요청을 받은 알렉산드리아의 주교 데메트리우스에 의해 인도에도 파견되었을 정도로 성경뿐 아니라 세속 문학에도 지혜와 학식이 깊었다.[359] **2.** 그는 그곳에서 열두 사도들 가운데 하나인 바르톨로메

에 있었던 예수님의 부활을 기억했다. 당시 대부분의 교회는 로마의 주교 빅토르의 '주님의 날' 견해에 동의했지만 분열에는 동조하지 않았다. 에른스트 다스만,『교회사 I』, 340;『명인록』17,2; 34,1 참조.

357 판타이누스(Pantaenus Alexandrinus)에 관해서는 에우세비우스,『교회사』5,10,2; 6,19,13 참조.

358 에우세비우스,『교회사』2,16; 5,10,1.3 참조.

359 에우세비우스,『교회사』5,10,2-3 참조.

apostolis adventum Domini Iesu iuxta Matthaei evangelium praedicasse, quod Hebraicis litteris scriptum revertens Alexandriam secum detulit. **3.** Huius multi quidem in sanctam scripturam extant commentarii, sed magis viva vox ecclesiis profuit **4.** docuitque sub Severo principe et Antonino cognomento Caracalla.

XXXVII
Rhodon Tatiani discipulus

1. Rhodon, genere Asianus, a Tatiano de quo supra diximus Romae in scripturis eruditus, edidit plurima praecipuumque *Adversus Marcionem* opus, in quo refert quomodo ipsi quoque inter se Marcionitae discrepent, **2.** et Apellen senem, alium haereticum, a se quondam fuisse conventum et risui habitum eo quod Deum quem coleret ignorare se dixerit. **3.** Meminit in eodem libro quem scripsit *Ad Callistionem* Tatiani se Romae fuisse auditorem. Sed et *In hexaemeron* elegantes tractatus composuit et *Adversus Phrygas* insigne opus

---

360 에우세비우스, 『교회사』 5,10,3; 『명인록』 2,11; 3,2; 16,3 각주 참조.
361 세베루스 황제는 193년부터 211년까지 다스렸다.
362 카라칼라 황제는 211년부터 217년까지 다스렸다.
363 소아시아 출신 로돈(Rhodon, 2세기)은 타티아누스(『명인록』 29)의 제자였고, 반(反)마르키온주의자였다. 에우세비우스, 『교회사』 5,13,1-8 참조.
364 『명인록』 29 참조.
365 180-190년경 저술한 이 작품 가운데 중요한 단편 세 개가 남아 있다. 에우세비우스 『교회사』 5,13,2-7 참조.
366 구약의 하느님과 신약의 하느님을 대립시킨 폰투스의 시노페 출신 마르키온(Marcion)에

오가 마태오 복음서에 따라 주 예수님의 재림을 선포했다는 사실을 알아
냈다. 판타이누스는 알렉산드리아로 돌아가면서 히브리어로 저술된 마태
오 복음서를 가지고 갔다.[360] **3.** 그의 성경 주해 작품들이 많기도 하지만,
살아 있는 목소리는 교회들에 큰 도움을 주었다. **4.** 세베루스[361] 황제와 카
라칼라[362]라는 별명이 붙은 안토니누스 황제 시절에 가르쳤다.

37
타티아누스의 제자 로돈

1. 아시아 출생 로돈[363]은 로마에서 앞서 말한 타티아누스[364]에게 성경을 배
웠고 많은 책을 펴냈다.[365] 그 가운데 유명한 작품은 『마르키온 반박』*Ad-
versus Marcionem*인데, 그 책에서는 마르키온파가 자기들끼리 어떻게 분
열되어 있는지도 전해준다.[366] **2.** 그는 또 다른 이단자인 늙은 아펠레스[367]
를 한 번 만난 적이 있는데, 자기가 경배하는 하느님을 알지 못한다고 말
하는 그를 비웃었다고 한다.[368] **3.** 『칼리스티오에게』*Ad Callistionem* 써 보
낸 같은 책에서는 자신이 로마에서 타티아누스의 제자였음을 기억했다.[369]
『육일 창조 주해』*In hexaemeron*[370]라는 고상한 작품과 『프리기아파 반박』
Adversus Phrygas[371]이라는 빼어난 작품도 지었고, 콤모두스[372]와 세베루

관해서는 에우세비우스, 『교회사』 4,11 참조.
367 아펠레스는 마르키온의 수제자였다. 에우세비우스, 『교회사』 5,13,2 참조.
368 에우세비우스, 『교회사』 5,13,6-7 참조.
369 에우세비우스, 『교회사』 5,13,8 참조.
370 에우세비우스, 『교회사』 5,13,8 참조.
371 에우세비우스, 『교회사』 5,16 참조.

temporibusque Commodi et Severi floruit.

XXXVIII
Clemens presbyter

1. Clemens, Alexandrinae ecclesiae presbyter, Pantaeni de quo supra rettulimus auditor, post eius mortem Alexandriae ecclesiasticam scholam tenuit et κατηχήσεων magister fuit. **2.** Feruntur eius insignia volumina plenaque eruditionis et eloquentiae tam de scripturis divinis quam de saecularis litteraturae instrumento. **3.** E quibus illa sunt: Στρωματεῖς libri octo, Ὑποτυπώσεων libri octo, *Adversus gentes* liber unus, *Paedagogi* libri tres, *De pascha* liber unus, *De ieiunio* disceptatio et alius liber qui inscribitur *Quisnam dives ille sit qui salvetur, De obtrectatione* liber unus, *De canonibus ecclesiasticis et adversum eos qui Iudaeorum sequuntur errorem* liber unus, quem proprie

---

372 콤모두스 황제는 180년부터 192년까지 다스렸다.

373 세베루스 황제는 193년부터 211년까지 다스렸다.

374 히에로니무스와는 달리, 에우세비우스는 클레멘스를 사제(presbyter)라고 부르지 않는다 (『교회사』 5,11,1; 『명인록』 38,6). 클레멘스가 성직자였는지 평신도였는지에 관해서는 학자들마다 견해가 엇갈린다.

375 그리스에서 태어난 티투스 플라비우스 클레멘스(Titus Flavius Clemens, 140/150년경-215년경)는 그리스도교에 귀의하기 전에 훌륭한 교육을 받았다. 스승을 찾아 나선 긴 여행 끝에 180년경 알렉산드리아에서 판타이누스의 교리교육 학교에 들어갔다. 스승을 이어 교리교육 학교의 책임자가 된 그는 고전 문화와 복음의 조화를 추구했으며, 202년에 (아마도 박해 또는 알렉산드리아의 주교 데메트리우스와의 불화로) 그곳을 떠나 예루살렘으로 가서 교회에 봉사하며 저술 활동을 펼치다가 215년경 세상을 떠났다. 아달베르 함만, 『교부와 만나다』, 112-113 참조.

376 에우세비우스, 『교회사』 5,11,1-2 참조. 판타이누스에 관해서는 『명인록』 36 참조.

377 에우세비우스, 『교회사』 6,6,1 참조.

스[373] 시절에 전성기를 누렸다.

38
클레멘스 사제

1. 알렉산드리아 교회의 사제[374] 클레멘스[375]는 앞에서 다룬 판타이누스의 제자였다.[376] 판타이누스가 죽자 알렉산드리아의 교회 학교를 맡았고[377], 교리교육(κατήχησις) 교사가 되었다. **2.** 성경에서든 세속 문학에서든 학식과 수사학적 역량으로 가득한 그의 탁월한 작품들이 돌아다니고 있다.[378] **3.** 그 가운데 이런 것들이 있다.[379] 여덟 권으로 된 『양탄자』Στρωματεῖς[380], 『개요』Ὑποτυπώσεις[381] 여덟 권, 『이교인 반박』*Adversus gentes*[382] 한 권, 『교육자』*Paedagogus* 세 권, 『부활절』*De pascha* 한 권, 논쟁서인 『단식』*De ieiunio*[383], 『어떤 부자가 구원받는가』*Quisnam dives ille sit qui salvetur*[384] 라는 이름이 붙은 또 다른 책, 『거짓말』*De obtrectatione*[385] 한 권, 예루살렘

---

378 에우세비우스, 『교회사』 6,13 참조.

379 히에로니무스가 나열하는 클레멘스의 저술 목록은 에우세비우스가 『교회사』 6,13에서 소개하는 내용과 동일하다.

380 에우세비우스가 『교회사』 13,1에서 소개하는 완전한 제목은 『참된 철학에 따른 영지주의적 설명에 관한 양탄자』이다. 양탄자(Stromata)는 '잡록'(雜錄)이라는 뜻이다. 히에로니무스는 오리게네스의 『양탄자』도 알고 있었다(『루피누스 저서 반박 변론』 1,18).

381 이 작품은 창세기, 탈출기, 시편, 신약성경 서간들에 대한 해설을 담고 있었으나 소실되었고, 단편만 에우세비우스의 『교회사』 6,13,2; 6,14에 남아 있다.

382 에우세비우스는 이 책을 『권고』Προτρέπτικος라고 부른다(『교회사』 6,13,3).

383 에우세비우스, 『교회사』 6,13,3 참조.

384 에우세비우스, 『교회사』 6,13,3; 알렉산드리아의 클레멘스, 『어떤 부자가 구원받는가』*Quis dives salvetur*, 하성수 옮김, 분도출판사 2018 참조.

385 에우세비우스, 『교회사』 6,13,3 참조.

Alexandro Hierosolymorum episcopo προσεφώνησεν. **4.** Meminit autem in *Stromatibus* suis voluminis Tatiani *Adversum gentes*, de quo supra diximus, et Cassiani cuiusdam Χρονογραφίας, quod opusculum invenire non potui. Necnon de Iudaeis Aristobulum quendam et Demetrium et Eupolemum, scriptores adversum gentes, refert, qui in similitudinem Iosephi ἀρχαιογονίαν Moysi et Iudaicae gentis asseruerint. **5.** Extat Alexandri, Hierosolymorum episcopi, qui cum Narcisso postea rexit ecclesiam, epistula super ordinatione Asclepiadis confessoris ad Antiochenses congratulantis eis, in qua ponit in fine: **6.**—Haec vobis, domini fratres, scripta transmisi per Clementem beatum presbyterum, virum illustrem et probatum, quem vos quoque scitis et nunc plenius cognoscetis, qui cum huc venisset iuxta providentiam et visitationem Dei confirmavit et auxit Domini ecclesiam—. **7.** Constat Origenem huius fuisse discipulum. Floruit autem Severi et Antonini filii eius temporibus.

---

386 에우세비우스, 『교회사』 6,13,3 참조.

387 히에로니무스는 『명인록』 29에서 이 작품을 *Adversus gentes*가 아니라 *Contra gentes*라고 달리 적고 있다. 에우세비우스, 『교회사』 6,13,7 참조.

388 알렉산드리아의 클레멘스, 『양탄자』 1,21,101,2 참조.

389 에우세비우스, 『교회사』 6,13,7 참조.

390 『명인록』 13,2; 에우세비우스, 『교회사』 6,13,7; 7,32,16-17 참조.

391 알렉산드리아의 클레멘스, 『양탄자』 1,15,72,4 참조. 그리스 철학자들이 모세의 영향을 받았다는 이런 주장은 그리스도교 호교론에서도 그대로 이어졌다. 곧 그리스도의 육화 이전에 이미 로고스가 활동했으므로 그리스도교의 진리가 더 오래되었다는 것이다.

392 에우세비우스, 『교회사』 6,11,1 참조. 알렉산데르는 212년부터 250년까지 예루살렘의 주교였고, 연로한 선임 주교 나르키수스와 함께 주교직을 수행했다. 『명인록』 62,3 참조.

의 주교 알렉산데르에게 헌정한(προσεφώνησεν)『교회 법규에 관하여 그리고 유대인의 오류를 따르는 자들 반박』*De canonibus ecclesiasticis et adversus eos qui Iudaeorum sequuntur errorem*[386] 한 권이다. **4.** 『양탄자』에서는 앞서 언급한 타티아누스의 『이교인 반박』*Adversus gentes*[387]을 기억하고, 카시아누스라는 어떤 인물의 『연대기』Χρονογραφία[388]를 되새기지만 나는 이 책을 구하지 못했다. 그는 유대인들 가운데 이교인들을 거슬러 저술한 아리스토불루스라는 사람과 데메트리우스, 에우폴레무스를 언급하는데[389], 요세푸스[390]와 마찬가지로 모세와 유대 민족이 [이교인들보다] '더 오래되었다'(ἀρχαιογονία)고 주장했다.[391] **5.** 예루살렘의 주교 알렉산데르는 나중에 나르키수스와 함께 교회를 다스렸는데[392], 고백자 아스클레피아데스[393]의 [주교] 서품을 축하하기 위해 안티오키아 신자들에게 보낸 편지 끝에 이렇게 적고 있다. **6.** "주님의 형제 여러분, 나는 이 편지를 클레멘스 편에 여러분에게 보냈습니다. 그는 복된 사제이며, 탁월하고 훌륭한 사람입니다. 여러분도 그를 알고 있으며 이제 더 온전히 알게 될 것입니다. 그는 하느님의 섭리와 돌보심으로 이곳에 와서 주님의 교회를 튼튼하게 하고 성장시켰습니다."[394] **7.** 오리게네스가 그의 제자였다고 알려져 있다.[395] 그는 세베루스[396]와 그의 아들 안토니누스[397] 시절에 전성기를 누렸다.

---

393 에우세비우스, 『교회사』 6,11,4 참조. 아스클레피아데스는 세라피온을 이어 안티오키아의 주교가 되었다.
394 에우세비우스, 『교회사』 6,11,6 참조.
395 에우세비우스, 『교회사』 6,6,1; 『명인록』 54,2 참조.
396 셉티미우스 세베루스 황제는 193년부터 211년까지 다스렸다.
397 마르쿠스 아우렐리우스 안토니누스 황제는 218년부터 222년까지 다스렸다.

XXXIX
Miltiades

1. Miltiades, cuius Rhodon in opere suo quod *Adversum Montanum, Priscam Maximillamque* composuit recordatus est, scripsit contra eosdem volumen praecipuum et *Adversum gentes Iudaeosque* libros alios et principibus illius temporis *Apologeticum* dedit. **2.** Floruit autem Marci Antonini Commodique temporibus.

XL
Apollonius

1. Apollonius, vir disertissimus, scripsit *Adversum Montanum, Priscam et Maximillam* insigne et longum volumen, in quo asserit Montanum et insanas vates eius perisse suspendio et multa alia in quibus de Prisca et Maximilla refert: **2.**—Si negant eas accepisse munera, confiteantur non esse prophetas qui accipiant et mille hoc testibus approbabo. Sed ex aliis fructibus probantur

---

398 『명인록』 37 참조.

399 밀티아데스(Miltiades)는 2세기에 활동한 그리스 호교가인데, 그의 작품은 모두 소실되었다. 테르툴리아누스, 『발렌티누스파 반박』 5,1; 에우세비우스, 『교회사』 5,17,1 참조.

400 에우세비우스, 『교회사』 5,13,2-7 참조.

401 에우세비우스에 따르면 『그리스인(이교인) 반박』*Contra graecos*과 『유대인 반박』*Contra Iudaeos*은 각각 두 권으로 구성된 서로 다른 책이다. 『교회사』 5,17,5 참조.

402 이 가운데 남아 있는 작품은 없다.

39

밀티아데스

1. 로돈[398]이 자신의 작품 『몬타누스, 프리스킬라와 막시밀라 반박』*Adversus Montanum, Priscam Maximillamque*에서 기억하는 밀티아데스[399]는 똑같은 이단을 거슬러 빼어난 책 한 권[400]과 또 다른 책 『이교인과 유대인 반박』*Adversus gentes Iudaeosque*을 지었고[401], 그 당시의 황제들에게 『호교론』*Apologeticum*을 바쳤다.[402] **2.** 마르쿠스 안토니누스와 콤모두스 시절에 전성기를 누렸다.[403]

40

아폴로니우스

1. 매우 박식한 인물인 아폴로니우스는 길고 훌륭한 책인 『몬타누스, 프리스킬라와 막시밀라 반박』*Adversus Montanum, Priscam et Maximillam*[404]을 썼다. 그 책에서는 몬타누스와 그의 정신 나간 예언자들이 교수형에 처해졌다고 하며, 다른 많은 이야기도 전한다. 그 가운데 프리스킬라와 막시밀라에 관해서는 이렇게 말한다. **2.** "만일 그들이 은사를 받았다는 사실을 부인한다면, 자신들은 은사를 받아야 하는 예언자가 아님을 인정해야

---

403 마르쿠스 안토니누스 황제는 161년부터 180년까지 다스렸고, 콤모두스는 180년부터 192년까지 다스렸다.

404 소아시아 출신 그리스도인 아폴로니우스(Apollonius)가 196/197년경에 쓴 이 책은 『프리기아 사람들 반박』*Adversus Cataphrygas*이라고도 불린다. 에우세비우스는 이 책을 활용하여 프리기아 지방에서 시작된 이단인 몬타누스주의의 역사를 썼으며, 그 책의 일부(단편 여섯 편)가 『교회사』에 수록되어 있다.

propheta. Dic mihi: —Crinem fucat prophetes? Stibio oculos linit prophetes? Vestibus ornatur et gemmis prophetes? Tabula ludit et tesseris propheta? Fenus accipit? Respondeant utrum haec fieri liceat an non, meum est probare quia fecerint —. **3.** Dicit in eodem libro quadragesimum esse annum usque ad tempus quo et ipse scribebat librum, ex quo haeresis κατὰ Φρύγας habuerit exordium. **4.** Tertullianus sex voluminibus adversum ecclesiam editis quae scripsit *De* ἐκστάει, septimum proprie *Adversum Apollonium* elaboravit, in quo omnia quae ille arguit conatur defendere. **5.** Floruit autem Apollonius Commodo Severoque principibus.

XLI
Serapion episcopus

1. Serapion undecimo Commodi imperatoris anno Antiochiae episcopus ordinatus scripsit *Epistulam ad Caricum et Pontium de haeresi Montani*, in qua et hoc addidit: **2.** —Ut autem sciatis falsi huius dogmatis, id est novae pro-

---

405 히에로니무스는 에우세비우스가 『교회사』에 인용한 아폴로니우스의 글을 거의 그대로 번역했다(『교회사』 5,18,11).

406 몬타누스 이단이 프리기아(Phrygia) 지방에서 생겨나 그 언저리를 거점으로 삼은 까닭에 '카타 프리기아', 곧 '프리기아 사람들'이라는 별명이 붙었다. 『명인록』 26,2 참조.

407 『연대기』(Helm 206)에 따르면 몬타누스 이단은 171년경에 시작되었으니, 아폴로니우스가 이 작품을 저술한 시기는 211년경이다. 에우세비우스, 『교회사』 5,18,12 참조.

할 것이다. 나는 천 가지 증거들로 이를 증명할 것이다. 예언자는 다른 열매들로 검증되는 법이다. 나에게 말해보라. 예언자가 머리카락을 염색하는가? 예언자가 눈 화장을 하는가? 예언자가 옷과 장신구로 꾸미는가? 예언자가 노름과 주사위 놀이를 하는가? 이자를 받는가? 이런 짓거리가 합당한지 아닌지는 그들이 답해야 할 것이다. 그들이 한 짓을 검증하는 것은 나의 몫이다."[405] **3.** 그는 같은 책에서, '프리기아 사람들'(κατὰ Φρύγας)[406] 이단이 시작된 지 40년째 되던 때에 책을 썼다고 한다.[407] **4.** 테르툴리아누스는 교회를 거슬러 『황홀경』*De* ἐκστάσει[408]에 관한 책 여섯 권을 썼고, 따로 제7권 『아폴로니우스 반박』*Adversus Apollonium*을 저술하여 그가 주장한 모든 것에 대한 변론을 펼치려 했다. **5.** 아폴로니우스는 콤모두스와 세베루스 황제 때 전성기를 누렸다.[409]

41
세라피온 주교

1. 콤모두스 황제 재위 11년에 안티오키아의 주교로 서품된 세라피온[410]은 『몬타누스 이단에 관하여 카리쿠스와 폰티우스에게 보낸 서간』*Epistulam ad Caricum et Pontium de haeresi Montani*를 썼다.[411] 그는 여기에 이런 이야기도 덧붙였다. **2.** "이 그릇된 교설, 곧 새로운 예언의 광란이 온 세상

---

408 이 작품은 소실되었다. 『명인록』 24,3; 53,5 참조.
409 콤모두스 황제는 180년부터 192년까지 다스렸고, 세베루스 황제는 193년부터 211년까지 다스렸다.
410 세라피온(Serapion Antiochenus)은 190년경부터 209년까지 안티오키아의 주교였다. 『연대기』(Helm 209); 에우세비우스, 『교회사』 5,22 참조.
411 에우세비우스, 『교회사』 5,19,1 참조.

phetiae ab omni mundo insaniam reprobari, misi vobis Apollinaris beatissimi, qui fuit in Hierapoli Asiae episcopus, litteras. **3.** *Ad Domnum* quoque, qui persecutionis tempore ad Iudaeos declinaverat, volumen composuit et alium *De Evangelio quod sub nomine Petri fertur* librum ad Rhosensem Ciliciae ecclesiam quae in haeresim eius lectione deverterat. **4.** Leguntur et sparsim breves eius *Epistulae* auctoris sui ἀσκήσει et vitae congruentes.

XLII
Apollonius alius senator

1. Apollonius, Romanae urbis senator, sub Commodo principe a servo proditus quod christianus esset, impetrato ut rationem fidei suae redderet insigne volumen composuit quod in senatu legit, **2.** et nihilo minus sententia senatus pro Christo capite truncatur, veteri apud eos obtinente lege absque negatione non dimitti christianos qui semel ad eorum iudicium pertracti essent.

---

412 에우세비우스, 『교회사』 5,19,1-2 참조.

413 에우세비우스, 『교회사』 6,12,2-6 참조.

414 로마 원로원 의원 아폴로니우스(Apollonius)는 180년경 순교한 호교가이다. 에우세비우스는 아폴로니우스 순교자 행전을 요약해서 전한다(『교회사』 5,21,2-5). 소아시아 출신 반(反)몬타누스주의자 아폴리나리우스(『명인록』 40)와 동명이인이다. V. Saxer−V. Milzano, "Apollonio", NDPCA I, 424-235 참조.

에서 배척되었다는 사실을 여러분이 알 수 있도록 나는 아시아 히에라폴리스의 주교였던 지극히 복되신 아폴리나리스의 편지를 여러분에게 보냈습니다."[412] **3.** 『돔누스에게』*Ad Domnum*라는 작품도 썼는데, 돔누스는 박해시기에 유대인들에게 기울어진 자이다. 『베드로의 이름을 달고 다니는 복음에 관하여』*De Evangelio quod sub nomine Petri fertur*라는 다른 책도 시칠리아의 로소스 교회를 위해 지었는데, 이 교회는 그 책을 읽고 이단으로 빗나갔다.[413] **4.** 그 이단 창시자의 금욕(ἄσκησις) 생활에 어울리는 그의 짧은 『편지』*Epistulae*도 여기저기서 읽힌다.

42
또 다른 아폴로니우스 원로원 의원

1. 콤모두스 황제 통치 때 노예에게 그리스도인이라고 고발당한 로마시의 원로원 의원 아폴로니우스[414]는 자기 신앙의 이유를 해명할 기회를 얻어 탁월한 책을 지었고, 그 책을 원로원에서 읽었다.[415] **2.** 그러나 그는 원로원의 판결로 그리스도를 위해 참수당했다. 그들의 낡은 법에 따르면 그리스도인은 한번 재판에 들어가면 신앙을 부정하지 않는 한 풀려나지 못했기 때문이다.[416]

---

415 에우세비우스, 『교회사』 5,21,4 참조.
416 『트라야누스 답서』*Rescriptum Traiani*로 내린 규정을 가리킨다. 플리니우스, 『편지』 10,96,97 참조.

XLIII

Theophilus alius episcopus

1. Theophilus, Caesareae Palestinae quae olim Turris Stratonis vocabatur episcopus, sub Severo principe *Adversum eos qui quarta decima luna cum Iudaeis pascha faciebant* cum ceteris episcopis synodicam et valde utilem composuit epistulam.

XLIV

Bacchylus episcopus

1. Bacchylus, Corinthi episcopus, sub eodem Severo principe clarus habitus est et *De pascha* ex omnium qui in Achaia erant episcoporum persona elegantem librum scripsit.

---

417 테오필루스(Theophilus Caesariensis)는 로마의 주교 빅토르 재임 기간(189-198년)에 팔레스티나에 있는 카이사리아의 주교였다. 에우세비우스, 「교회사」 2,10,3; 요세푸스, 「유대 고대사」 19 참조.

418 세베루스 황제는 193년부터 211년까지 다스렸다.

419 교회회의의 결정을 담은 회람 서간인 '합의 서간'(epistula synodica)에 관해서는 에우세비우스, 「교회사」 5,23,3; 5,25,1; 히에로니무스, 「루피누스 저서 반박 변론」 3,16; 「명인록」 45,1 참조.

43
또 다른 테오필루스 주교

1. 테오필루스는 한때 투리스 스트라톤이라고 불린 팔레스티나 카이사리아의 주교였다.[417] 세베루스 황제[418] 통치 아래 『유대인들과 함께 니산 달 14일에 부활절을 지낸 이들 반박』*Adversus eos qui quarta decima luna cum Iudaeis pascha faciebant*이라는 매우 유익한 합의 서간[419]을 다른 주교들과 함께 썼다.

44
바킬루스 주교

1. 코린토의 주교 바킬루스[420]는 같은 세베루스 황제 통치 아래 명성을 떨쳤으며, 아카이아에 있던 모든 주교의 이름으로 『부활절』*De pascha*이라는 품위 있는 책을 썼다.[421]

---

420 바킬루스(Bacchylus Corinthius)는 2세기 말 코린토의 주교였다. 에우세비우스, 『교회사』 5,22 참조.
421 에우세비우스, 『교회사』 5,23,4 참조.

XLV

Polycrates episcopus

1. Polycrates, Ephesiorum episcopus, cum ceteris episcopis Asiae qui iuxta quandam veterem consuetudinem quarta decima cum Iudaeis luna pascha celebrabant, scripsit *Adversum Victorem* episcopum Romanum epistulam synodicam, in qua docet se apostoli Iohannis et veterum auctoritatem sequi, de qua haec pauca excerpsimus: **2.**—Nos igitur inviolabilem celebramus diem neque addentes aliquid nec deminuentes. Etenim in Asia elementa maxima dormierunt quae resurgent in die Domini quando venturus est de caelis in maiestate sua et suscitaturus omnes sanctos, Philippum loquor de duodecim apostolis qui dormivit Hierapoli et duas filias eius quae virgines senuerunt et aliam eius filiam quae spiritu sancto plena in Epheso occubuit. **3.** Sed et Iohannes qui super pectus Domini recubuit et pontifex eius fuit auream laminam in fronte portans, martyr et doctor, in Epheso dormivit; et Polycarpus episcopus et martyr Smyrnae cubat. Thraseas quoque episcopus et martyr de Eumenia in eadem Smyrna requiescit. **4.** Quid necesse est Sagaris episcopi et martyris recordari, qui in Laodicea soporatur et Papyri beati et Melitonis in sancto spiritu eunuchi qui semper Domino serviens positus est in Sardis

---

422 폴리크라테스(Polycrates Ephesinus)는 195년경 에페소의 주교였다. 에우세비우스, 『교회사』 3,31,2-3 참조.
423 에우세비우스, 『교회사』 5,23,1 참조.
424 『명인록』 34 참조.
425 에우세비우스, 『교회사』 5,24,1 참조.
426 부활절을 일컫는다.

45
폴리크라테스 주교

1. 에페소의 주교 폴리크라테스[422]는 오랜 관습에 따라 부활절을 유대인들과 함께 니산 달 14일에 거행하던 아시아의 다른 주교들[423]과 함께 로마 주교 『빅토르[424] 반박』*Adversus Victorem*이라는 합의 서간을 썼다. 여기서 그는 자신이 사도 요한과 선조들의 권위를 따른다고 밝힌다. 이 편지에서 우리는 이런 짤막한 대목을 발췌했다.[425] **2.** "우리는 손상할 수 없는 날[426]을 아무것도 덧붙이지도 빼지도 않은 채 경축합니다. 아시아에는 위대한 거성이 잠들어 있고, 주님의 날에 다시 일어날 것입니다. 그분께서 당신 권위를 지니고 하늘에서 오실 때 모든 성인을 일으켜 주실 것입니다. 나는 열두 사도 가운데 한 사람인 필립보에 관해 말하렵니다. 그는 히에라폴리스에서 영면했습니다. 그의 두 딸은 동정녀로 늙었으며, 성령으로 충만했던 다른 딸은 에페소에서 죽었습니다. **3.** 주님의 가슴에 기댔으며 그분의 사제였던 요한도 이마에 황금 판을 달고 다니다가 순교자요 스승으로 에페소에서 잠드셨습니다. 주교 순교자 폴리카르푸스[427]도 스미르나에 누워 계십니다. 에우메니아의 주교 순교자 트라세아스도 같은 스미르나에서 안식을 누리고 계십니다. **4.** 라오디케아에 잠들어 계신 주교 순교자 사가리스도 기억할 필요가 있습니다. 복되신 파피아스[428]와 성령 안에서 고자가 된 멜리톤[429]은 늘 주님을 섬기다가 사르데스에 묻혔고 그분께서 오실 때 부

---

427 『명인록』 17 참조.
428 『명인록』 18 참조.
429 『명인록』 24 참조.

et expectat in adventu eius resurrectionem? **5.** Hi omnes observaverunt diem paschae quarta decima luna ab evangelica traditione in nullam partem declinantes et ecclesiasticum sequentes canonem. Ego quoque, minimus omnium vestrum, Polycrates, secundum doctrinam propinquorum meorum quos et secutus sum—septem siquidem fuerunt propinqui mei episcopi et ego octavus—, semper pascha celebravi quando populus Iudaeorum azyma faciebat. **6.** Itaque, fratres, sexaginta quinque annos habens aetatis meae in Domino et a multis de toto orbe fratribus eruditus, peragrata omni scriptura, non formidabo eos qui nobis minantur. Dixerunt enim maiores mei:—Oboedire magis Deo oportet quam hominibus—. **7.** Haec propterea posui ut ingenium et auctoritatem viri ex parvo opusculo demonstrarem. Floruit Severi principis temporibus eadem aetate qua Narcissus Hierosolymae.

XLVI
Heraclitus

1. Heraclitus sub Commodi Severique imperio *In Apostolum* commentarios composuit.

---

430 사도 5,29.

431 셉티미우스 세베루스 황제는 193년부터 211년까지 다스렸다.

432 에우세비우스, 『교회사』 5,12,1; 5,22 참조. 예루살렘의 주교 나르키수스는 부활절을 주님의 날에 지낼 것을 주장한 카이사리아의 주교 테오필루스에 맞서 부활절 논쟁을 벌인 인물이다. 『연대기』(Helm 211)는 폴리크라테스와 나르키수스를 셉티미우스 세베루스 황제 재위 3년과 4년, 곧 195-196년에 함께 배치하고 있다.

활하기를 기다리고 있지 않습니까? **5.** 이 모든 분은 어떤 부분에서도 복음 전통에서 벗어나지 않고 교회 규범을 따르면서 부활절 날짜를 니산 달 14일로 지켰습니다. 여러분 모두 가운데 가장 작은 나 폴리크라테스도 내 가족들의 가르침―내 가족의 일곱은 주교였고 나는 여덟 번째 주교입니다― 에 따라 이어왔으니, 유대 백성이 누룩 없는 빵을 만들 때 나는 늘 부활절을 경축해 왔습니다. **6.** 그러므로 형제 여러분, 주님 안에서 내 나이 예순 다섯인 나는 성경 전체를 샅샅이 뒤져본 다음 온 세상 많은 형제들에게 가르침을 받았기에, 우리를 위협하는 이들을 두려워하지 않을 것입니다. 나의 선임자들은 이렇게 말했습니다. '사람에게 순종하는 것보다 하느님께 순종하는 것이 더욱 마땅합니다.'[430]" **7.** 나는 소책으로나마 이 인물의 재능과 권위를 보여주려고 이 구절을 인용했다. 세베루스 황제[431] 시절에 전성기를 누렸고, 같은 시기에 나르키수스가 예루살렘에서 활동했다.[432]

46
헤라클리투스

1. 헤라클리투스는 콤모두스와 세베루스 황제[433] 통치 아래 『사도 [바오로 서간] 주해』*In Apostolum commentarii*를 썼다.[434]

---

433 콤모두스 황제는 180년부터 192년까지, 셉티미우스 세베루스 황제는 193년부터 211년까지 다스렸다.

434 히에로니무스는 에우세비우스가 『교회사』 5,27에서 언급하는 여섯 명의 교회 저술가들(헤라클리투스, 막시무스, 칸디두스, 아피온, 섹스투스, 아라비아누스)을 차례대로 짤막하게 소개한다. 헤라클리투스의 『사도 주해』는 소실되었다.

XLVII

Maximus

1. Maximus sub iisdem principibus famosam quaestionem insigni volumine ventilavit, *Unde malum et quod materia facta a Deo sit*.

XLVIII

Candidus

1. Candidus regnantibus supra scriptis *In hexaemeron* pulcherrimos tractatus edidit.

XLIX

Appion

1. Appion sub Severo principe similiter *In hexaemeron* tractatus fecit.

---

435 에우세비우스, 『교회사』 5,27 참조.
436 『명인록』 46에서 언급한 콤모두스 황제와 셉티미우스 세베루스 황제를 일컫는다.
437 에우세비우스, 『교회사』 5,27 참조.

47
막시무스

1. 막시무스[435]는 같은 황제들[436]의 통치 아래 『악은 어디서 오며, 하느님께서는 왜 물질을 창조하셨는가』*Unde malum et quod materia facta a Deo sit*라는 탁월한 책으로 유명한 물음을 던졌다.

48
칸디두스

1. 칸디두스[437]는 앞에서 언급한 황제들[438]의 통치 아래 『육일 창조 주해』*In hexaemeron*라는 아주 아름다운 작품을 출간했다.

49
아피온

1. 아피온[439]은 세베루스 황제[440] 통치 아래 『육일 창조 주해』*In hexaemeron*라는 작품을 비슷하게 지었다.

---

438 『명인록』 46과 47에서 언급한 콤모두스 황제와 셉티미우스 세베루스 황제를 일컫는다.
439 에우세비우스, 『교회사』 5,27 참조.
440 셉티미우스 세베루스 황제는 193년부터 211년까지 다스렸다.

L
Sextus

1. Sextus sub imperatore Severo librum *De resurrectione* scripsit.

LI
Arabianus

1. Arabianus sub eodem principe edidit quaedam opuscula ad christianum dogma pertinentia.

LII
Iudas

1. Iudas *De septuaginta apud Daniel hebdomadibus* plenissime disputavit et χρονογραφίαν superiorum temporum usque ad decimum Severi perduxit annum. **2.** In qua erroris arguitur quod adventum antichristi circa sua tempora futurum esse dixerit, sed hoc ideo quia magnitudo persecutionum praesentem mundi minabatur occasum.

---

441 에우세비우스, 『교회사』 5,27 참조.

442 히에로니무스가 헤라클리투스부터 아라비아누스까지 연속으로 소개한 여섯 명의 교회 저술가들에 관한 지극히 짧은 정보는 에우세비우스의 『교회사』 5,27의 순서와 자료를 그대로 따른 것이다.

50

섹스투스

1. 섹스투스[441]는 세베루스 황제 통치 아래 『부활』*De resurrectione*이라는 책을 썼다.

51

아라비아누스

1. 아라비아누스[442]는 같은 [세베루스] 황제[443] 통치 아래서 그리스도교 가르침에 관한 몇몇 작품들을 출간했다.

52

유다스

1. 유다스[444]는 『다니엘의 70주간에 관하여』*De septuagint apud Daniel hebdomadibus*[445] 매우 폭넓게 논의했고, 세베루스 재위 10년[446]까지 지난 세월의 연대기χρονογραφία를 이어갔다. **2.** 그는 이 작품에서 자기 시대에 그리스도의 적대자들이 오리라고 말하는 오류를 저질렀다. 이리된 까닭은 큰 박해들이 임박한 세상 종말을 두려워하게 만들었기 때문이다.

---

443 셉티미우스 세베루스 황제(193-211년)를 가리킨다.
444 에우세비우스는 유다스를 역사가로 소개한다. 에우세비우스, 『교회사』 6,7 참조.
445 다니 9,24-27 참조.
446 202년이다. 『연대기』(Helm 212) 참조.

LIII

Tertullianus presbyter

1. Tertullianus presbyter nunc demum primus post Victorem et Apollonium
Latinorum ponitur, provinciae Africae, civitatis Carthaginiensis, patre centuri-
one proconsulari. **2.** Hic et vehementis ingenii sub Severo principe et Antoni-
no Caracalla maxime floruit multaque scripsit volumina quae, quia nota sunt
plurimis, praetermittimus. **3.** Vidi ego quendam Paulum Concordiae, quod
oppidum Italiae est, senem qui se beati Cypriani iam grandis aetatis notarium,
cum ipse admodum esset adulescens, Romae vidisse diceret referretque sibi
solitum numquam Cyprianum absque Tertulliani lectione unam praeterisse
diem ac sibi crebro dicere:─Da magistrum─, Tertullianum videlicet signi-
ficans. **4.** Hic usque ad mediam aetatem presbyter ecclesiae, invidia postea et
contumeliis clericorum Romanae ecclesiae ad Montani dogma delapsus, in
multis libris novae prophetiae meminit. **5.** Specialiter autem adversum eccle-
siam texuit volumina *De pudicitia, De persecutione, De ieiuniis, De monoga-*

---

447 로마의 주교 빅토르(188-199년경)에 관해서는 『명인록』 34 참조.
448 로마 원로원 의원이었던 순교자 아폴로니우스(†180년경)에 관해서는 『명인록』 42 참조.
449 그리스도교 최초의 라틴어 저술가인 퀸투스 셉티미우스 플로렌스 테르툴리아누스(Quintus
    Septimius Florens Tertullianus)는 160년경부터 220년경까지 살았으리라 추정할 따름이다.
    저술 시기는 대략 196-214년이다. 197년 이전에 그리스도인이 되어 다양한 작품들을 남겼
    으나, 206/207년경부터는 몬타누스주의에 기울었다. 214년경에 쓴 마지막 저서들 이후에는
    어떠한 정보도 없고 사망 연도도 모른다.
450 세베루스 황제는 193년부터 211년까지 다스렸다.
451 카라칼라 황제는 211년부터 217년까지 다스렸다.
452 히에로니무스가 루피누스와 함께 콘코르디아에서 만난 파울루스 노인 이야기는 그가 세
    례를 받고 트리어에 머물던 시기에 겪은 일이다. 『편지』 5,2; 10,2 참조.

53
테르툴리아누스 사제

1. 이제 드디어 빅토르[447]와 아폴로니우스[448] 이후의 라틴 저술가들 가운데 첫째 자리에 놓게 되는 테르툴리아누스[449] 사제다. 그는 아프리카 지방 카르타고시 출신이며 아버지는 지방 총독의 백인대장(centurio proconsularis)이었다. **2.** 탁월한 재능을 지닌 그는 세베루스 황제[450]와 안토니누스 카라칼라 황제[451] 통치 아래 최고 전성기를 누렸고, 많은 책을 썼지만 수많은 이들에게 알려져 있으므로 그냥 넘어가기로 하자. **3.** 나는 이탈리아의 도시 콘코르디아에서 파울루스라는 어떤 노인을 만난 적이 있다. 그가 아직 젊었을 때 이미 성숙한 나이의 공증관(notarius)이었던 복된 키프리아누스를 로마에서 보았다고 했다. 그가 전하는 바에 따르면, 테르툴리아누스의 작품을 습관처럼 읽지 않고서는 하루도 그냥 넘기는 법이 없었던 키프리아누스는 자주 그에게 이렇게 말하더라는 것이다. "스승님을 모셔오시오." 곧 테르툴리아누스[의 책]를 가리킨 것이다.[452] **4.** 이 인물은 중년까지 교회의 사제였다가, 로마 성직자들의 시기와 모욕[453] 때문에 나중에 몬타누스의 교설에 빠져들었고, 많은 책에서 새로운 예언을 언급한다. **5.** 특히 교회를 거슬러 책들을 지었으니, 『정덕』*De pudicitia*[454], 『박해』*De persecutione*[455], 『단식』*De ieiuniis*[456], 『일부일처제』*De monogamia*[457], 『황홀경』*De extasi*[458]

---

453 로마의 주교 다마수스의 비서를 지냈던 히에로니무스 자신의 경험이 반영된 진술일 수도 있다.

454 테르툴리아누스는 이 작품에서 주교도 간음과 같은 대죄를 용서할 수 없다고 주장하며, 용서받을 수 있는 죄와 용서받을 수 없는 죄를 구분한다. 210년에 저술되었다.

455 오늘날 『박해에서의 도피』*De fuga in persecutione*라고 알려진 이 작품은 208/209년에 쓰였다. 박해를 꿋꿋하게 견디기를 요구하며 도피를 금지하는 이 태도는 『인내』*De*

mia, De extasi libros sex et septimum quem *Adversus Apollonium* composuit ferturque vixisse usque ad decrepitam aetatem et multa quae non extant opuscula condidisse.

LIV
Origenes qui et Adamantius, presbyter

1. Origenes, qui et Adamantius, decimo Severi Pertinacis anno adversus christianos persecutione commota, a Leonide patre Christi martyrio coronato cum sex fratribus et matre vidua pauper relinquitur, annos natus circiter decem et septem: rem enim familiarem ob confessionem Christi fiscus occupaverat. **2.** Hic, Alexandriae dispersa ecclesia, octavo decimo aetatis suae anno κατηχήσεων opus aggressus, postea a Demetrio eiusdem urbis episcopo in locum Clementis presbyteri confirmatus, per multos annos floruit, **3.** et cum iam mediae esset aetatis et propter ecclesias Achaiae quae plurimis haeresibus

---

    patientia(204년)나 『부인에게』*Ad uxorem*(198-203년)에서 했던 주장과는 사뭇 다르다.

456 210/211년에 저술된 이 작품에서 테르툴리아누스는 몬타누스 공동체의 더 엄격한 단식 실천을 변론하며 엄격하지 못하고 무절제한 교회를 비판한다.

457 2014년에 저술되었으며, 혼인의 단일성을 주장하여 재혼을 거부하고 이단자들과의 혼인을 반대한다.

458 소실되어 전해지지 않는 작품이다. 『명인록』 24,3; 40,4 참조.

459 반(反)몬타누스주의자 아폴로니우스에 관해서는 『명인록』 40 참조.

460 아다만티우스(Adamantius)는 '강철의 사나이'라는 뜻이다. 숱한 모욕과 박해에도 꺾이지 않은 그의 강인하고 겸손한 인품에 어울리는 별명이다(에우세비우스, 『교회사』 6,14,10). 고대 교회에서 최초로 포괄적이며 체계적인 신학 구상을 펼친 오리게네스(Origenes, 185-254년)의 생애와 작품에 관한 자세한 해설은 『원리론』, 이성효·이형우·최원오·하성수 옮김, 아카넷 2014 해제 참조.

여섯 권과 『아폴로니우스[459] 반박』*Adversus Apollonium*이라는 제7권을 저술했다. 늙은 나이까지 살았다고 하며, 남아 있지 않은 많은 책을 지었다고 한다.

54
아다만티우스라고도 하는 오리게네스 사제

1. 아다만티우스[460]라고도 하는 오리게네스는 세베루스 페르티낙스 재위 10년[461]에 그리스도인에 대한 박해로 아버지 레오니데스가 그리스도를 위한 순교로 화관을 쓰자[462], 여섯 형제와 홀어머니와 함께 가난하게 남게 되었다. 그의 나이 열일곱쯤이었다. 그리스도에 대한 신앙을 고백했다는 이유로 가산을 압수당했기 때문이다.[463] **2.** 그는 흩어져 있던 알렉산드리아 교회에서 열여덟의 나이로 교리교육(κατηχήσις) 일을 맡았고[464], 나중에는 자기 도시의 주교 데메트리우스에게 클레멘스 사제의 [교리교육 학교장] 자리에 임명받아 여러 해 동안 전성기를 누렸다.[465] **3.** 이미 중년이 되었을 때 수많은 이단에 휘말려 있던 아카이아 교회를 위해 '교회 서간 증명서'[466]를 가지고 팔레스티나를 거쳐 아테네로 여행하고 있었는데[467], 카이사리아의

---

461 루키우스 셉티미우스 세베루스 페르티낙스 황제는 193년부터 211년까지 다스렸다. 『연대기』(Helm 212)에 따르면 재위 10년은 202년이다. 에우세비우스, 『교회사』 6,2,2 참조.

462 에우세비우스, 『교회사』 6,1,1; 6,2,12 참조.

463 에우세비우스, 『교회사』 6,2,13 참조.

464 에우세비우스, 『교회사』 6,3,3; 6,3,8 참조.

465 에우세비우스, 『교회사』 6,6,1; 6,8,6 참조. 오리게네스가 알렉산드리아 교리교육 학교장이었던 클레멘스의 제자였다는 히에로니무스의 증언은 『명인록』 38,1.7 참조.

466 '교회 서간 증명서'(testimonium ecclesiasticae epistulae)는 알렉산드리아의 주교 데메트리우스가 써준 일종의 신원 보증서이다.

vexabantur sub testimonio ecclesiasticae epistulae Athe-nas per Palaestinam pergeret, a Theoctisto et Alexandro, Caesareae et Hierosolymorum episcopis, presbyter ordinatus Demetrii offendit animos, qui tanta adversus eum debacchatus insania est ut per totum orbem super nomine eius scriberet. **4.** Constat eum, antequam Caesaream migraret, fuisse Romae sub Zephyrino episcopo et statim Alexandriam reversum Heraclam presbyterum, qui in habitu philosophi perseverabat, adiutorem sibi fecisse κατηχήσεων, qui quidem et post Demetrium Alexandrinam tenuit ecclesiam.

5. Quantae autem gloriae fuerit hinc apparet, quod Firmilianus, Caesareae episcopus, cum omni Cappadocia eum invitavit et diu tenuit et postea, sub occasione sanctorum locorum Palaestinam veniens, diu Caesareae ab eo in sanctis scripturis eruditus est, sed et illud quod ad Mammaeam, matrem Alexandri imperatoris, religiosam feminam, rogatus venit Antiochiam et summo honore habitus est et ad Philippum imperatorem, qui primus de regibus Romanis christianus fuit, et ad matrem eius litteras fecit quae usque hodie extant.

6. Quis ignorat et quod tantum habuerit in scripturis sanctis studii ut etiam Hebraeam linguam contra aetatis gentisque suae naturam ediceret et exceptis

---

467 에우세비우스, 『교회사』 6,23,4; 6,32,2 참조.

468 『명인록』 62,4 참조.

469 에우세비우스, 『교회사』 6,23,4 참조.

470 에우세비우스, 『교회사』 6,8,4-5 참조.

471 에우세비우스, 『교회사』 6,14,10 참조.

472 철학자로 살았다는 말이다. "확실하고 유익한 단 하나의 철학은 그리스도교"(『유대인 트리폰과의 대화』 8,1)라며 한평생 철학자의 옷을 입고 살았던 순교자 유스티누스(†165년)에 관해서는 『명인록』 23,1 참조.

주교 테오크티스투스와 예루살렘의 주교 알렉산데르[468]에게 사제로 서품되었다.[469] 이 일은 데메트리우스의 마음을 상하게 했다. 그는 매우 광분하여 오리게네스의 적대자로 돌변했는데, 온 세상에 그의 이름을 거슬러 편지를 쓸 정도였다.[470] **4.** 오리게네스가 카이사리아로 이주하기 전, 제피리누스 주교 재임 때 로마에 있었다는 사실은 잘 알려져 있다.[471] 그는 알렉산드리아로 돌아오자마자 헤라클라스 사제를 '교리교육 협력자'(adiutor κατηχή-σεων)로 삼았다. 헤라클라스는 철학자의 옷[472]을 여전히 입고 다녔으며, 데메트리우스 이후에 알렉산드리아 교회를 다스렸다.[473]

5. 오리게네스의 영예가 얼마나 대단했는지 이러한 사실에서 드러나는데, 카이사리아의 주교 피르밀리아누스[474]는 모든 카파도키아[주교]와 함께 그를 초대했고 오랫동안 그를 붙들어 놓았다. 그런 뒤 성지를 방문하는 기회에 팔레스티나로 가면서 카이사리아에서 오래도록 성경에 관하여 가르쳤다.[475] 그는 안티오키아에 와달라는 부탁을 받고 종교적 여인인 알렉산데르 황제의 어머니 맘마이아에게 가서 극진한 영접을 받았고[476], 로마 황제들 가운데 첫 그리스도인이었던 필리푸스 황제와 그 어머니에게 편지들을 보냈는데, 이것들은 오늘날까지 남아 있다.[477]

6. 그가 자기 나이와 민족에 아랑곳하지 않고 히브리어도 배우고[477], 칠십인역 본문과 다른 번역본들, 곧 폰투스의 유대인 아퀼라 역본[479], 에비온파

---

473 헤라클라스는 232년에 데메트리우스를 이어 알렉산드리아의 총대주교가 되었고, 248년까지 주교좌를 지켰다. 에우세비우스, 『교회사』 6,15,1; 6,19,12; 6,26 참조.

474 에우세비우스, 『교회사』 7,14,1 참조.

475 에우세비우스, 『교회사』 6,27 참조.

476 에우세비우스, 『교회사』 6,21,3 참조.

477 에우세비우스, 『교회사』 6,34; 6,36,3; 6,39,1 참조.

478 에우세비우스, 『교회사』 6,16,1; 히에로니무스, 『편지』 18,2; 125,12 참조.

septuaginta interpretibus alias quoque editiones in unum congregaret: Aquilae scilicet, Pontici proselyti et Theodotionis Ebionei et Symmachi eiusdem dogmatis qui in evangelium quoque κατὰ Ματθαῖον scripsit commentarios, de quo et suum dogma affirmare conatur? **7.** Praeterea quintam et sextam et septimam editionem, quas etiam nos de eius bibliotheca habemus, miro labore repperit et cum ceteris editionibus comparavit.

8. Et quia indicem operis eius in voluminibus epistularum quas ad Paulam scripsimus, in quadam epistula contra Varronis opera conferens posui, nunc omitto, illud de immortali eius ingenio non tacens quod dialecticam quoque et geometriam, arithmeticam, musicam, grammaticam et rhetoricam omniumque philosophorum sectas ita didicit ut studiosos quoque saecularium litterarum sectatores haberet et interpretaretur eis cotidie concursusque ad eum miri fierent. Quos ille propterea recipiebat ut sub occasione saecularis litteraturae in fide Christi institueret.

9. De crudelitate autem persecutionis quae adversus christianos sub Decio consurrexit eo quod in religionem Philippi desaeviret, quem interfecerat,

---

479 히에로니무스, 『편지』 32 참조.

480 에우세비우스, 『교회사』 5,8,10 참조.

481 에우세비우스, 『교회사』 6,17 참조.

482 『육중역본』Hexapla이라 일컬어지는 '대조 성경'이다. ①히브리어 본문, ②그리스어 음역, ③아퀼라 역본(기원후 2세기), ④심마쿠스 역본(기원후 2세기), ⑤칠십인역(기원전 3-2세기), ⑥테오도티온 역본(기원후 2세기)을 여섯 난으로 배열하여, 다섯 번째 난(칠십인역)에는 다른 역본과 비교하여 히브리어 원전에서 탈락한 요소를 독특한 기호로 표기해 두었다. 히에로니무스도 대중판 라틴어 성경 『불가타』 번역에 이 사본을 활용하고 참고했으나, 지금은 단편만 남아 있다. 히에로니무스, 『루피누스 저서 반박 변론』 2,32 참조.

483 오리게네스가 시편 본문에서 칠십인역, 아퀼라 역본, 심마쿠스 역본, 테오도티온 역본 이

테오도티온 역본[480], 같은 [에비온파] 교설 추종자로서 마태오 복음서(κατὰ Ματθαῖον) 주해도 쓴 심마쿠스 역본[481]을 [대조본으로] 한데 나란히 모아 낸 다음 그것에 관한 자기 견해를 확실히 밝히려 할 만큼 성경에 큰 열성을 기울였다는 사실을 누가 모르겠는가?[482] **7.** 게다가, 우리가 그의 도서관에서 [베껴와] 소장하고 있는 다섯 번째, 여섯 번째, 일곱 번째 번역본도 놀라운 노력으로 찾아내어 다른 번역본들과 대조했다.[483]

8. 우리는 그의 작품 목록을 파울라에게 보낸 서간집에 써두었고[484], 어떤 편지에서는 바로(Varro)의 작품과 대조해 두었으니 지금은 생략한다. 그러나 그의 불멸의 천재성에 관해서는 침묵하지 않으리니, 그는 논리학, 기하학, 천문학, 음악, 문법, 수사학과 모든 철학 분야를 두루 익혔다.[485] 그리하여 세속 문학 분야의 학자들도 제자로 삼아 날마다 그들에게 설명해 주었고, 그에게 몰려드는 인파의 경탄을 자아냈다.[486] 오리게네스가 그들을 받아들인 까닭은 세속 문학을 활용하여 그리스도에 대한 신앙을 가르치려는 것이었다.[487]

9. 자신이 살해한 필리푸스[488]의 종교를 포악하게 다룬 데키우스[489] 통치 아래 그리스도인을 거슬러 일어난 박해의 잔인함에 관해서 말하는 것은 넘치

외에도 세 가지 번역본을 더 찾아 대조했다는 에우세비우스의 증언은 『교회사』 6,16,3-4 참조.
484 히에로니무스, 『편지』 33,4,1-20; 에우세비우스, 『교회사』 6,32,3 참조.
485 에우세비우스, 『교회사』 6,18,2-4 참조.
486 에우세비우스, 『교회사』 6,18,3 참조.
487 에우세비우스, 『교회사』 6,3,13 참조.
488 히에로니무스는 필리푸스(Marcus Iulius Philippus, 244-249)가 그리스도교에 귀의한 첫 그리스도인 황제라고 소개한다. 『명인록』 54,5 참조.
489 데키우스 황제는 249년부터 251년까지 다스렸다.

superfluum est dicere, cum etiam Fabianus Romanae ecclesiae episcopus in ipsa occubuerit et Alexander et Babylas, Hierosolymorum et Antiochenae ecclesiae pontifices, in carcere pro confessione dormierint. **10.** Et si quis super Origenis statu scire velit quid actum sit, primum quidem de epistulis suis quae post persecutionem ad diversos missae sunt, deinde et de sexto Eusebii Caesariensis *Ecclesiasticae historiae* libro et pro eodem Origene sex voluminibus possit liquido cognoscere.

11. Vixit usque ad Gallum et Volusianum, id est usque ad sexagesimum nonum aetatis suae annum et mortuus est Tyri, in qua urbe et sepultus est.

LV

Ammonius

1. Ammonius, vir disertus et valde eruditus in philosophia, eodem tempore Alexandriae clarus habitus est. **2.** Qui inter multa ingenii sui et praeclara monumenta etiam *De consonantia Moysi et Iesu* opus composuit et *Evangelicos canones* excogitavit quos postea secutus est Eusebius Caesariensis. **3.** Hunc

---

490 에우세비우스, 『교회사』 6,39,1 참조.
491 에우세비우스, 『교회사』 6,39,1 참조. 파비아누스는 236년부터 250년까지 로마의 주교였다.
492 에우세비우스, 『교회사』 6,39,2-4 참조.
493 에우세비우스, 『교회사』 6,2,1; 6,36,3 참조.
494 에우세비우스가 스승 팜필루스와 함께 쓴 『오리게네스를 위한 변론』*Apologia pro Origene* 을 일컫는다. 모두 여섯 권이었으나 루피누스의 라틴어 번역본 제1권만 남아 있다. 『명인록』 75,4 참조.
495 갈루스 황제는 251년부터 253년까지 다스렸고, 볼루시아누스 황제는 253년에 다스렸다.
496 254년경에 선종했다고 본다.

는 일이다.[490] 그 박해로 로마 교회의 주교 파비아누스도 선종했으며[491], 예루살렘의 주교 알렉산데르와 안티오키아의 주교 바빌라스도 신앙고백을 위하여 감옥에서 영면했다.[492] **10.** 오리게네스에게 무슨 일이 일어났는지 그의 상황에 관하여 알고 싶은 사람이 있다면, 첫째로는 박해가 끝난 뒤 다양한 사람들에게 보낸 그의 편지들에서[493], 둘째로는 카이사리아의 에우세비우스의 『교회사』 제6권과, 오리게네스를 위해 저술한 책 여섯 권[494]에서 선명하게 알 수 있다.

11. 갈루스와 볼루시아누스 시대[495]까지, 곧 그의 나이 예순아홉 살까지 살았고[496], 티루스에서 죽어 그 도시에 묻혔다.[497]

55
암모니우스

1. 박학하고 철학에 매우 정통한 사람인 암모니우스[498]는 같은 시대에 알렉산드리아에서 명성을 떨쳤다. **2.** 그의 재능으로 수없이 빛나는 기록을 남겼는데 그 가운데 『모세와 여호수아의 합의』*De consonantia Moysi et Iesu*도 지었고, 나중에 카이사리아의 에우세비우스를 따라 『복음 정경』 *Evangelicos canones*을 썼다. **3.** 포르피리우스는 그가 그리스도인에서 이

---

497 에우세비우스, 『교회사』 7,1,1 참조.

498 에우세비우스는 오리게네스가 알렉산드리아의 유명한 철학자 암모니우스(Ammonius)의 제자였다고 한다(『교회사』 6,19,2-9). 에우세비우스나 히에로니무스의 견해와는 달리, 이 인물이 신플라톤 철학자 암모니우스 사카가 아니라, 알렉산드리아에서 활동하던 그리스도인 저술가 암모니우스라는 현대 교부학계의 주장에 관해서는 S. Lilla, "Ammonio Sacca", NDPCA I, 251-255 참조.

falso accusat Porphyrius quod ex christiano ethnicus fuerit, cum constet eum usque ad extremam vitam christianum perseverasse.

LVI
Ambrosius diaconus

1. Ambrosius primum Marcionites, deinde ab Origene correctus, ecclesiae diaconus et confessionis Dominicae gloria insignis fuit. Cui cum Protheoctisto presbytero liber Origenis *De martyrio* scribitur; huius industria et sumptu et instantia et adhuc infinita Origenes dictavit volumina. **2.** Sed et ipse quippe ut vir nobilis non inelegantis ingenii fuit, sicut eius *Ad Origenem epistulae* indicio sunt. **3.** Obiit autem ante mortem Origenis et in hoc a plerisque reprehenditur quod vir locuples amici sui senis et pauperis moriens non recordatus sit.

---

499 에우세비우스, 『교회사』 6,19,7 참조.
500 에우세비우스는 암브로시우스가 한때 발렌티누스 이단 추종자였다고 하지만(『교회사』 6,18,1), 에피파니우스와 히에로니무스는 마르키온의 제자였다고 한다(『약상자』 64,3; 『명인록』 61,3).
501 알렉산드리아의 재력가 암브로시우스(Ambrosius Alexandrinus)는 발렌티누스 이단에 빠져 지내다가 오리게네스 덕분에 회심한 뒤로는 오리게네스의 저술 활동을 열정적으로 독려하고 지원했다. 오리게네스는 히브리인을 부리던 이집트 작업 감독(탈출 5,6-14)에 빗대어 암브로시우스를 '하느님의 작업 감독'이라고 불렀다(『요한 복음 주해』 5,1). E. Prinzivalli, "Ambrogio", NDPAC I, 228 참조.

교인이 되었다고 거짓으로 고발했지만, 그는 인생 마지막까지 그리스도인의 삶을 유지했다고 알려져 있다.[499]

56
암브로시우스 부제

1. 처음에는 마르키온파였다가[500], 나중에 오리게네스에게 교정받아 교회의 부제가 된 암브로시우스[501]는 주님에 대한 신앙고백의 영광으로 유명했다. 오리게네스의 책 『순교』*De martyrio*[502]가 그와 프로테오크티스투스 사제에게 헌정되었다. 그의 열성과 재정 지원과 고집 덕분에 오리게네스는 [속기사들로 하여금] 수많은 책을 받아쓰게 했다.[503] **2.** 그러나 귀인이었던 그 자신도 서툴지 않은 재능을 지녔는데, 『오리게네스에게 보낸 서간』*Ad Origenem epistulae* 같은 그의 작품에 그런 흔적이 있다. **3.** 오리게네스가 죽기 전에 세상을 떠났는데, 그는 이 점에서 많은 이에게 비난받는다. 부유한 사람이 죽으면서 자신의 늙고 가난한 친구를 기억하지 않았다는 것이다.

---

502 오늘날 『순교 권면』*Exhotatio ad martyrium*이라고 알려져 있다.

503 히에로니무스는 암브로시우스의 열정과 후원에 관하여 이렇게 구체적으로 설명한다. "마르키온 이단에서 참된 신앙으로 교정되었다고 우리가 소개한 바 있는 암브로시우스는 오리게네스가 히폴리투스를 본보기로 삼아 성경 주해서를 집필하도록 권고했고, 일곱 명이 넘는 속기사들과 그 비용을 대면서 같은 수의 필경사들을 뒷받침했다. 이보다 더 중요한 것은 믿기 어려운 열성으로 날마다 오리게네스에게 작업을 독려했다는 것이다. 그래서 오리게네스는 어떤 편지에서 암브로시우스를 작업 감독(ἐργοδιώκτης)이라고 부른다."(『명인록』61,3).

LVII

Tryphon Origenis discipulus

1. Tryphon, Origenis auditor, ad quem nonnullae eius extant epistulae, in scripturis eruditissimus fuit. **2.** Quod quidem et multa eius sparsim ostendunt opuscula, sed praecipue liber quem composuit *De vacca rufa* in Deuteronomio et *De dichotomematibus*, quae cum columba et turture ab Abraham ponuntur in Genesi.

LVIII

Minucius Felix

1. Minucius Felix, Romae insignis causidicus, scripsit dialogum christiani et ethnici disputantis qui *Octavius* inscribitur. **2.** Sed et alius sub nomine eius fertur *De fato vel contra mathematicos* qui, cum sit et ipse diserti hominis, non mihi videtur cum superioris libri stilo convenire. **3.** Meminit huius Minucii et Lactantius in libris suis.

---

504 트리폰(Tryphon)에 관한 정보는 히에로니무스의 이 작품 말고는 어디에도 없다.

505 히에로니무스만 전하는 내용이며, 이 편지들이 무엇인지는 알 수 없다.

506 신명기가 아니라 민수기 19,1-10이다.

507 창세 15,9-10 참조. '반으로 갈라진 동물'(διχοτομήματα)에 관해서는 히에로니무스, 『시편 강해』 84 참조.

508 2-3세기의 호교가 미누키우스 펠릭스(Minucius Felix)는 아프리카의 이교인 가정 출신이며 로마에서 변호사로 활동했다. 락탄티우스, 『거룩한 가르침』 5,1,21; 히에로니무스, 『편지』 70,5; P. Siniscalco, "Minucio Felice", NDPAC II, 3293-3296 참조.

509 『옥타비우스』는 그리스도교를 논박하는 이교인 카이킬리우스 나탈리스와 그리스도교를

57

오리게네스의 제자 트리폰

1. 오리게네스의 제자 트리폰[504]은 성경에 매우 박식했으며, 그에게 보낸 오리게네스의 편지 몇 통이 남아 있다.[505] **2.** 그의 많은 작품들이 이 사실을 여기저기서 보여준다. 특히 신명기[506]에 나오는 『붉은 암소』*De vacca rufa* 와 창세기에서 아브라함이 집비둘기와 산비둘기로 차려놓은 『반으로 갈라진 동물』*De dichotomematibus*[507]에 관한 책을 썼다.

58

미누키우스 펠릭스

1. 로마의 탁월한 변호사였던 미누키우스 펠릭스[508]는 그리스도인과 이교인의 토론이 담긴 대화집을 썼는데, 『옥타비우스』*Octavius*[509]라는 이름이 붙어 있다. **2.** 그러나 『운명에 관하여 또는 수학자 반박』*De fato vel contra mathematiocs*[510]이라는 다른 작품도 그의 이름을 달고 전해진다. 이 작품도 박학한 인물의 것이기는 하지만, 내가 보기에는 앞의 책과 문체가 어울리는 것 같지 않다. **3.** 이 미누키우스에 관해서는 락탄티우스[511]도 자기 책에서 기억한다.[512]

변론하는 옥타비우스 야누아리우스 사이에 이루어진 대화 형식의 그리스도교 변론서이다. 그리스도인에 대한 비난을 반박하고 그리스도인의 가르침과 생활 방식의 우월성을 입증하려는 목적으로 저술되었다. 저술 연대를 확정할 수는 없고, 테르툴리아누스의 『호교론』 *Apologeticum*보다 늦은 시기인 211년과 246년 사이에 저술되었으리라 추정할 따름이다. B. Windau, "미누키우스 펠릭스", 『교부학 사전』, 295-297 참조.

510 미누키우스 펠릭스의 집필 약속도 있지만(『옥타비우스』 36,2), 이 작품은 확인할 길이 없다.

LIX
Gaius

1. Gaius sub Zephyrino, Romanae urbis episcopo, id est sub Antonino Severi filio, disputationem *Adversus Proculum*, Montani sectatorem, valde insignem habuit, arguens eum temeritatis super nova prophetia defendenda, **2.** et in eodem volumine epistulas quoque Pauli tredecim tantum enumerans, quartam decimam quae fertur *Ad Hebraeos* dicit non eius esse; sed apud Romanos usque hodie quasi Pauli apostoli non habetur.

LX
Beryllus episcopus

1. Beryllus Arabs Bostrenus episcopus, cum aliquanto tempore gloriose rexisset ecclesiam, ad extremum lapsus in haeresim quae Christum ante incarnationem negat, ab Origene correctus scripsit varia opuscula et maxime epistulas

---

511 『명인록』 80 참조.
512 락탄티우스, 『거룩한 가르침』 1,2,55; 5,1,21-22 참조.
513 가이우스(Gaius)는 몬타누스주의에 맞서서 로마 주교 제피리누스 재임 시기(198-217년)에 활동했다. 에우세비우스에 따르면 그는 정통 신앙인이었지만, 다른 이들은 어리석은 사람들과 가깝게 지낸 이단이었다고도 한다. 가이우스에 관한 정보는 다음과 같은 문헌의 토막글에서 얻을 따름이다. 에우세비우스, 『교회사』 2,25,7; 3,28,1-2; 3,31,4; 6,20,1; 테오도레투스, 『이단자 이야기 개요』 2,3; 3,2; 포티우스, 『저서 평론』 48; 파키아누스, 『편지』 1,2 참조.
514 제피리누스는 198/9년부터 217년까지 로마의 주교였다.

59
가이우스

1. 가이우스[513]는 로마시의 주교 제피리누스[514] 시대, 곧 세베루스의 아들 안토니누스[515] 통치 아래 몬타누스 추종자 『프로쿨루스[516] 반박』*Adversus Proculum*이라는 매우 탁월한 반박서를 저술했으며, 새로운 예언을 변호하는 그의 무모함을 비판했다.[517] **2.** 같은 책에서 바오로의 열세 개 서간만 거명하면서, 『히브리인들에게』*Ad Hebraeos* 보낸 열네 번째 서간은 그의 것이 아니라고 한다.[518] 로마인들은 오늘날까지도 이 작품이 사도 바오로의 것이 아니라고 본다.[519]

60
베릴루스 주교

1. 보스트라의 아라비아 주교 베릴루스[520]는 어느 시기에 교회를 영광스럽게 세운 다음, 마침내 육화 이전의 그리스도를 부정하는 이단에 걸려 넘어지기까지 했다. 오리게네스에게 교정받은 그는 다양한 작품들, 특히 오

---

515 카라칼라라고 불린 마르쿠스 아우렐리우스 안토니누스 황제(211-217년)를 가리킨다.

516 에우세비우스, 『교회사』 2,25,6; 3,31,4; 6,20,3 참조.

517 에우세비우스, 『교회사』 6,20,3 참조.

518 에우세비우스, 『교회사』 6,20,3; 6,25,11-13 참조.

519 히브리서를 비롯한 바오로 친서 문제에 관해서는 『명인록』 5,9-11 참조.

520 오늘날 요르단에 있는 보스트라의 주교였던 베릴루스(Beryllus)는 단원설(Monarchianism) 이단으로 고발당했으나, 오리게네스의 설득으로 보스트라 교회회의(244년)에서 성부수난설을 공적으로 포기했다. 에우세비우스, 『교회사』 6,33,1 참조.

in quibus Origeni gratias agit; **2.** sed et Origenis ad eum litterae sunt. Extat dialogus Origenis et Berylli in quo haereseos coarguitur. **3.** Claruit autem sub Alexandro, Mammaeae filio, et Maximino et Gordiano, qui ei in imperium successerunt.

LXI
Hippolytus episcopus

1. Hippolytus, cuiusdam ecclesiae episcopus — nomen quippe urbis scire non potui —, in *Ratione paschae et temporum canone*, quae scripsit usque ad primum annum Alexandri imperatoris, sedecim annorum circulum, quem Graeci ἐκκαιδεκαετηρίδα vocant, repperit et Eusebio, qui super eodem pascha decem et novem annorum circulum, id est ἐννεακαιδεκαετηρίδα composuit, occasionem dedit. **2.** Scripsit nunnullos in scripturas commentarios, e quibus haec repperi: *In hexaemeron*, *In Exodum*, *In Canticum canticorum*, *In Genesim*, *In Zachariam*, *De Psalmis*, *In Esaiam*, *De Daniele*, *De Apocalypsi*, *De*

---

521 이는 소실되었다.

522 『명인록』 54,5 참조. 맘마이아의 아들 알렉산데르 황제는 222년부터 235년까지 다스렸다.

523 에우세비우스, 『교회사』 6,21,2 참조.

524 소아시아 출신 히폴리투스(Hippolytus, †235)는 189-198년에 로마에서 사제로 활동했다. 217년 노예 출신으로서 참회제도에 관용적이었던 칼리스투스(217-222년)가 로마의 주교로 선출되자, 히폴리투스는 칼리스투스를 이단적 이완주의자라 비판하며 대립 주교가 되었다. 235년, 막시미누스 트락스 황제는 로마 주교 폰티아누스(230-235년)와 히폴리누스를 사르디니아로 추방했고, 둘 다 그해에 사망함으로써 이 분열은 끝났다. 에우세비우스는 히폴리투스가 어느 교회 소속인지 알지 못한다고 밝힌다(『교회사』 6,20,2).

리게네스에게 감사하는 편지들을 썼다. **2.** 오리게네스가 그에게 보낸 편지들도 있다. 오리게네스와 베릴루스의 대화도 남아 있는데[521], 그는 이 작품에서 이단으로 밝혀진다. **3.** 맘마이아의 아들 알렉산데르 시대[522], 그리고 제국에서 그를 계승한 막시무스와 고르디아누스 통치 아래 명성을 떨쳤다.[523]

61
히폴리투스 주교

1. 내가 이름을 알 수 없었던 어떤 도시 교회의 주교였던 히폴리투스[524]는, 알렉산데르 황제 재위 첫해[525]까지 쓴 『부활절의 의미와 절기 규범』*Ratio paschae et temporum canon*에서[526] 그리스인들이 '헥카이데카에테리다' (ἐκκαιδεκαετηρίδα)라고 부르는 16년 주기를 알아냈고, 같은 부활절에 관하여 19년 주기, 곧 '엔네아카이데카에카에테리다'(ἐννεακαιδεκαετερίδα) 를 계산한 에우세비우스에게 실마리를 제공했다.[527] **2.** 다양한 성경 주해서를 저술했는데, 그 가운데 내가 찾아낸 것은 이러하다. 『육일 창조 주해』*In hexaemeron*, 『탈출기 주해』*In Exodum*, 『아가 주해』*In Canticum canticorum*, 『창세기 주해』*In Genesim*, 『즈카르야서 주해』*In Zachariam*, 『시편 주해』*In Psalmis*, 『이사야서 주해』*In Esaiam*, 『다니엘서』*De Daniele*, 『묵

---

525 『연대기』(Helm 215)에 따르면 223년이다.

526 에우세비우스, 『교회사』 6,22 참조.

527 양력과 음력의 차이에 따른 서로 다른 부활절 날짜 계산법에 관해서는 V. Loi-B. Amata, "Computo ecclesiastico", NDPCA I, 1136-1139 참조. 19년 주기 계산법은 에우세비우스의 것이 아니라 아나톨리우스가 제안한 것이다. A. Ceresa-Gastaldo, *Gerolamo*, 301 참조.

Proverbiis, *De Ecclesiaste*, *De Saul et pytonissa*, *De antichristo*, *De resurrectione*, *Contra Marcionem*, *De pascha*, *Adversus omnes haereses*, et προσομιλίαν *De laude Domini Salvatoris*, in qua praesente Origene se loqui in ecclesia significat. **3.** In huius aemulatione Ambrosius, quem de Marcionis haeresi ad veram fidem correctum diximus, cohortatus est Origenem in scripturas commentarios scribere, praebens et septem et eo amplius notarios eorumque expensas et librariorum parem numerum quodque his maius est incredibili studio cotidie ab eo opus exigens. Unde et in quadam epistula ἐργοδιώκτην eum Origenes vocat.

LXII
Alexander episcopus

1. Alexander, episcopus Cappadociae, cum desiderio sanctorum locorum Hierosolymam pergeret et Narcissus, episcopus eiusdem urbis, iam senex regeret ecclesiam, et Narcisso et multis clericorum eius revelatum est altera die mane

---

528 『명인록』 56; 에우세비우스, 『교회사』 6,18 참조
529 에우세비우스, 『교회사』 6,23,1 참조
530 오리게네스는 히브리인을 부리던 이집트 작업 감독(탈출 3,7; 5,6-14)에 빗대어 암브로시우스를 '하느님의 작업 감독'이라고 불렀다. 『요한 복음 주해』 5,1; 『명인록』 56 참조.

시록』*De Apocalypsi*, 『잠언 주해』*In Proverbiis*, 『코헬렛』*De Ecclesiaste*, 『사울과 여자 마법사』*De Saul et pytonissa*, 『그리스도의 적대자』*De antichristo*, 『부활』*De resurrectione*, 『마르키온 반박』*Contra Marcionem*, 『부활절』*De pascha*, 『모든 이단 반박』*Adversus omnes haereses*, 『구원자 주님 찬미』*De laude Domini Salvatoris* 설교προσομιλία인데, 여기서 그는 오리게네스가 참석하는 교회에서 자신이 강론한다고 밝힌다. **3.** 마르키온 이단에서 참된 신앙으로 교정되었다고 우리가 소개한 바 있는 암브로시우스[528]는 오리게네스가 히폴리투스를 본보기로 삼아 성경 주해서를 집필하도록 권고했고, 일곱 명이 넘는 속기사들과 그 비용을 대면서 같은 수의 필경사들을 뒷받침했다. 이보다 더 중요한 것은 믿기 어려운 열성으로 날마다 오리게네스에게 작업을 독려했다는 것이다.[529] 그래서 오리게네스는 어떤 편지에서 암브로시우스를 작업 감독(ἐργοδιώκτης)이라고 부른다.[530]

62
알렉산데르 주교

1. 카파도키아의 주교 알렉산데르[531]는 성지에 대한 열망으로 예루살렘을 순례하고 있었고, 그 도시의 주교 나르키수스[532]는 이미 연로한 상태로 교회를 다스리고 있었다. 나르키수스와 그의 많은 성직자에게 계시가 있었

---

531 현대에는 예루살렘의 알렉산데르(Alexander Hierosolymitanus)라고 부른다. 카파도키아의 주교였으나 예루살렘 성지 순례 중에 하느님 백성의 요청으로 예루살렘의 부주교(coadiutor)가 되었다가 교구장으로 착좌했다. 셉티미우스 세베루스 박해(202년) 때 신앙을 고백했고, 데키우스 박해(250년) 때 카이사리아 감옥에서 순교했다.

532 에우세비우스, 『교회사』 5,12,1-2; 5,23,3; 6,8,7; 6,9-11 참조.

intrare episcopum, qui adiutor sacerdotalis cathedrae esse deberet. **2.** Itaque re ita completa ut praedicta fuerat, cunctis Palaestinae episcopis in unum congregatis, annitente quoque ipso vel maxime Narcisso, Hierosolymitanae ecclesiae cum eo gubernaculum suscepit. **3.** Hic in fine cuiusdam epistulae quam scribit *Ad Antinoitas* super pace ecclesiae ait:—Salutat vos Narcissus, qui ante me hic tenuit episcopalem locum et nunc mecum eundem orationibus regit, annos natus circiter centum sedecim, et vos mecum precatur ut idem unumque sapiatis—. **4.** Scripsit et aliam *Ad Antiochenses* per Clementem, presbyterum Alexandriae, de quo supra diximus, necnon et *Ad Origenem* et pro Origene *Contra Demetrium,* eo quod iuxta testimonium Demetrii eum presbyterum constituerit. Sed et aliae eius ad diversos feruntur epistulae. **5.** Septima autem persecutione sub Decio, quo tempore Babylas Antiochiae passus est, ductus Caesaream et clausus carcere, ob confessionem Christi martyrio coronatur.

---

533 에우세비우스, 「교회사」 6,11,1 참조.

534 에우세비우스, 「교회사」 6,11,1-3 참조.

535 에우세비우스, 「교회사」 6,11,4 참조.

536 「명인록」 38 참조.

537 에우세비우스, 「교회사」 6,11,5 참조.

538 에우세비우스, 「교회사」 6,14,8-9 참조.

으니, 이튿날 아침 한 주교가 들어올 터인데, 그가 주교좌의 부주교가 되어야 한다는 것이었다.[533] **2.** 예고된 대로 일이 이루어지자, 팔레스티나의 모든 주교가 한데 모인 가운데, 특히 나르키수스 자신의 노력으로 예루살렘 교회를 알렉산데르와 함께 다스리기로 했다.[534] **3.** 알렉산데르는 『안티노에 신자들에게』*Ad Antinoitas* 쓴 편지 끝에 교회의 평화에 관해 이렇게 말한다. "나르키수스께서 여러분에게 인사드립니다. 그분께서는 저보다 먼저 여기서 주교 자리에 착좌하셨고, 지금은 거의 116세의 연세로 저와 함께 당신 기도로써 다스리고 계시며, 여러분이 저와 똑같이 하나라고 여기기를 간구하고 계십니다."[535] **4.** 앞에서 말한 알렉산드리아의 사제 클레멘스[536]를 통해 『안티오키아 신자들에게』*Ad Antiochenses*[537] 보낸 다른 편지도 썼다. 『오리게네스에게』*Ad Origenem*[538]뿐 아니라 오리게네스를 위해 『데메트리우스 반박』*Contra Demetrium*[539]이라는 작품도 썼는데, 데메트리우스의 증언에 따르면 알렉산데르가 오리게네스를 사제로 서품했다는 것이다. 다양한 사람들에게 보낸 그의 다른 편지들도 있다. **5.** 안티오키아의 바빌라스가 고난을 겪은 데키우스 통치 아래 벌어진 일곱 번째 박해 때[540], 알렉산데르는 카이사리아에 끌려가서 감옥에 갇혔다가, 그리스도에 대한 신앙고백을 통하여 순교로 화관을 썼다.[541]

---

539 에우세비우스, 『교회사』 6,19,17 참조.

540 에우세비우스, 『교회사』 6,39,1 참조.

541 에우세비우스, 『교회사』 6,39,2.3 참조.

LXIII

Iulius Africanus

1. Iulius Africanus, cuius quinque *De temporibus* extant volumina, sub imperatore Marco Aurelio Antonino, qui Macrino successerat, legationem pro instauratione urbis Emmaus suscepit, quae postea Nicopolis appellata est. **2.** Huius est epistula *Ad Origenem super quaestione Susannae*, eo quod dicat in Hebraico hanc fabulam non haberi nec convenire cum Hebraica etymologia ἀπὸ τοῦ πρίνου πρίσαι καὶ ἀπὸ τοῦ σχίνου σχίσαι, contra quem doctam epistulam scripsit Origenes. **3.** Extat eius *Ad Aristidem* altera epistula, in qua super διαφωνία quae videtur esse in genealogia Salvatoris apud Matthaeum et Lucam plenissime disputat.

---

542 160년경 아프리카에서 태어난 율리우스(Iulius Africanus)는 최초의 그리스도교 연대기 편찬자라는 평가를 받는다. 에우세비우스, 『교회사』 1,7; 6,31 참조.

543 마르쿠스 아우렐리우스(=베루스) 황제는 161년부터 180년까지 다스렸다.

544 에우세비우스, 『교회사』 6,31,2 참조. 다섯 권으로 이루어진 율리우스 아프리카누스의 『연대기』Χρονογραφίαι는 단편으로만 남아 있다. 그리스도교에서 가장 오래된 이 세계 연대기는 세상 창조 때부터 217년 또는 221년까지 다룬다. 성경의 역사 자료뿐 아니라 유대인과 이교인의 연대기 자료들을 시대순으로 배열했으며, 카이사리아의 에우세비우스는 이 연대기를 활용하여 자신의 『교회사』를 저술했다.

545 다니엘서 13,1-65의 수산나 이야기의 정경성 문제를 다룬다. CPG 1962; SC 302,51-573 참조.

546 그리스어 πρῖνος(떡갈나무)-πρίνειν(베다)과 σχῖνος(유향나무)-σχίζειν(가르다)의 운율

63
율리우스 아프리카누스

1. 율리우스 아프키누스[542]는 마크리누스를 계승한 마르쿠스 아우렐리우스 안토니누스 황제[543] 통치 아래서 나중에 니코폴리스라고 불린 엠마우스 도시 재건을 위한 사절 임무를 맡았다. 그의 작품『연대기』*De temporibus*[544] 다섯 권이 남아 있다. **2.**『수산나 문제에 관하여 오리게네스에게』*Ad Origenem super quaestione Susannae*[545] 보낸 편지는 그의 것이다. 그는 이 [수산나] 이야기가 히브리 본문에는 없으며, ἀπὸ τοῦ πρίνου πρίσαι καὶ ἀπὸ τοῦ σχίνου σχίσαι(떡갈나무 아래서 베어버리고 유향나무 아래서 갈라버려라.)라는 [그리스어] 본문이 히브리 어원과 어울리지 않는다고 했다.[546] 오리게네스는 그에 맞서 해박한 편지를 썼다.[547] **3.**『아리스티데스에게』*Ad Aristidem*라는 또 다른 그의 편지[548]가 남아 있는데, 여기서는 마태오 복음서와 루카 복음서의 구원자 족보에서 보이는 부조화(διαφωνία)에 관해 매우 깊이 논의한다.

적 조화는 히브리어 어원과는 연관이 없다는 주장이다. A. Ceresa-Gastaldo, *Gerolamo*, 304 참조.

547 율리우스 아프리카누스가 오리게네스에게 보낸 편지(*Epistula ad Origenem*)는 온전히 남아 있고, 답신도 함께 전해진다. 그는 이 편지에서 히브리어 다니엘서에 나오는 수산나 이야기의 정경성 문제를 제기했다. G. Broszio, "율리우스 아프리카누스",『교부학 사전』, 843-844 참조.

548 아리스티데스는 예수의 족보에 대한 관심을 나눈 오리게네스의 친구였다. 에우세비우스, 『교회사』4,23,3; 29,4 참조.

LXIV

Geminus presbyter

1. Geminus, Antiochenae ecclesiae presbyter, pauca ingenii sui monumenta composuit, florens sub Alexandro principe et episcopo urbis Zebenno, eo vel maxime tempore quo Heraclas Alexandrinae ecclesiae pontifex ordinatus est.

LXV

Theodorus qui et Gregorius, episcopus

1. Theodorus, qui postea Gregorius appellatus est, Neocaesareae Ponti epis-copus, admodum adulescens ob studia Graecarum et Latinarum litterarum de Cappadocia Berytum et inde Caesaream Palaestinae transiit, iuncto sibi fratre Athenodoro. **2.** Quorum cum egregiam indolem vidisset Origenes, cohorta-tus est eos ad philosophiam, in qua paulatim Christi fidem subintroducens sui quoque sectatores reddidit. Quinquennio itaque eruditi ab eo remittuntur

---

549 에우세비우스의 작품을 비롯한 다른 어떤 고대 문헌에도 게미누스(Geminus)에 관한 정보
가 없다.

550 에우세비우스의 『교회사』 6,28,1에 따르면, 알렉산데르 세베루스는 13년 동안(235년까지)
다스렸다.

551 제벤누스는 필레투스(Philetus)의 주교직을 이어받았고, 바빌라스(Babylas)를 후계자로 삼
았다. 에우세비우스, 『교회사』 6,29,4 참조.

552 『명인록』 54,4 참조.

553 오늘날 '기적가 그레고리우스'(Gregorius Thaumaturgus)라고 알려진 인물이다. 테오도루

64

게미누스 사제

1. 안티오키아 교회의 사제 게미누스[549]는 자기 재능을 담은 작은 책을 썼다. 알렉산데르 황제[550]와 도시의 주교 제벤누스[551]의 재임 때, 특히 헤라클라스[552]가 알렉산드리아 교회의 주교로 서품된 시절에 전성기를 누렸다.

65

[기적가] 그레고리우스라고도 하는 테오도루스 주교

1. 훗날 그레고리우스라고 불린 테오도루스[553]는 폰투스의 네오카이사리아의 주교였다.[554] 아직 젊었을 때 그리스와 라틴 문학을 공부하기 위해 자기 형제 아테노도루스와 함께 카파도키아에서 베리툼으로 건너갔고, 거기서 팔레스티나의 카이사리아로 넘어갔다.[555] **2.** 그들의 탁월한 재능을 본 오리게네스는 그들이 철학으로 전향하도록 권했고[556], 거기서 그리스도 신앙을 조금씩 받아들이게 하면서 자기 제자로도 만들었다. 그에게서 5년 동

스는 그레고리우스의 세례명이었을 것이다(에우세비우스, 『교회사』 6,30,1). 210년에서 213년 사이에 태어난 그는 카이사리아에서 오리게네스를 만나 자기 형제와 함께 5년 동안 그의 제자로 지냈다. 238년 폰투스로 돌아가면서 행한 『오리게네스 찬양 연설*In Origenem oratio panegyrica*은 스승에 대한 영적 사랑과 존경을 감동적으로 표현한 작품이다. 고향 네오카이사리아에서 주교가 되었고, 구마 능력 때문에 기적가라는 호칭이 따라붙었다. 니사의 그레고리우스가 쓴 『기적가 그레고리우스의 생애*De vita Gregorii Thaumaturgi*가 유명하다. 대 바실리우스와 니사의 그레고리우스의 할머니 마크리나의 스승이기도 했다.

554 에우세비우스, 『교회사』 7,14,1; 7,28,1 참조.
555 에우세비우스, 『교회사』 6,30,1 참조.

ad matrem. **3.** E quibus Theodorus proficiscens *Panegyricum* εὐχαριστίας scripsit Origeni et convocata grandi frequentia, ipso quoque Origene praesente, recitavit, qui usque hodie extat. **4.** Scripsit et Μετάφρασιν *Ecclesiastis* brevem quidem, sed valde utilem, et aliae huius vulgo feruntur epistulae, sed praecipue signa atque miracula quae iam episcopus cum multa ecclesiarum gloria perpetravit.

LXVI
Cornelius episcopus

1. Cornelius, Romanae urbis episcopus, ad quem octo Cypriani extant epistulae, scripsit epistulam *Ad Fabium,* Antiochenae ecclesiae episcopum, *de synodo Romana et Italica et Africana* et aliam *De Novatiano et de his qui lapsi sunt,* tertiam *De gestis synodi,* quartam *Ad eundem Fabium* valde prolixam et Novatianae haereseos causas et anathema continentem. **2.** Rexit ecclesiam sub Gallo et Volusiano annis duobus, cui ob Christi martyrium coronato successit Lucius.

---

556 에우세비우스, 『교회사』 6,30,1 참조.

557 에우세비우스, 『교회사』 6,30,1 참조.

558 일반적으로 『오리게네스 찬양 연설』이라 일컬어지는 이 작품의 대표적인 현대어 번역은 그리스어-독일어 대역본인 Gregorius Thaumaturgus, *Oratio prosphonetica ac panegyrica in Origenem*, P. Guyot-R. Klein (ed.), Fontes Christiani 24, Freiburg 1996 참조.

559 니사의 그레고리우스가 쓴 『기적가 그레고리우스의 생애』*De vita gregorii Thaumaturgi*에 기적 이야기가 나온다.

560 에우세비우스, 『교회사』 6,39,1 참조. 코르넬리우스(Cornelius Romanus)는 251-253년까

안 배운 뒤 어머니에게 돌아갔다.[557] **3.** 테오도루스[기적가 그레고리우스]는 떠나면서 오리게네스에게 바치는 『찬양 감사 *Panegyricum εὐχαριστίας*[558]를 써서 큰 반향을 불러일으켰고, 오리게네스도 있는 자리에서 낭송한 이 작품은 오늘날까지 남아 있다. **4.** 짧지만 매우 유익한 『코헬렛 해석』*Mετά-φρασις Ecclesiastis*도 썼다. 그의 다양한 편지들도 널리 알려졌지만, 이미 주교로서 교회의 큰 영광으로 이룬 표징과 기적들이 특히 그러하다.[559]

66
코르넬리우스 주교

1. 로마시의 주교 코르넬리우스[560]는 『로마와 이탈리아와 아프리카 교회회의에 관하여 [안티오키아 교회의 주교] 파비우스에게』*Ad Fabium de synodo Romana et Italica et Africana*[561]와 또 다른 작품 『노바티아누스와 배교자들에 관하여』*De Novatiano et de his qui lapsi sunt*를 저술했고, 셋째로 『교회회의록』*De gestis synodi*, 넷째로는 노바티아누스 이단의 원인과 단죄를 담고 있는 [똑같은] 파비우스에게』*Ad Fabium*라는 매우 긴 작품을 썼다. 그에게 보낸 키프리아누스의 편지 여덟 통[562]도 남아 있다. **2.** 갈루스와 볼루시아누스[563] 통치 아래 2년 동안 교회를 다스렸다. 그리스도를 위한 순교로 화관을 쓴 그를 루키우스[564]가 계승했다.

지 로마의 주교였다. 그는 엄격주의자 노바티아누스 열교에 맞서 키프리아누스와 연대하며 교회 일치를 지켰고, 253년에 순교했다.

561 에우세비우스, 『교회사』 6,43,3 참조.

562 그 가운데 『편지』 59와 60 두 통만 남아 전한다.

563 트레보니우스 갈루스(Trebonius Gallus, 251-253년) 황제와 그의 아들 볼루시아누스(Gaois Volusianus †253년) 황제를 가리킨다.

LXVII

Cyprianus episcopus

1. Cyprianus Afer primum gloriose rhetoricam docuit; exinde, suadente pres-
bytero Caecilio, a quo et cognomentum sortitus est, christianus factus omnem
substantiam suam pauperibus erogavit ac post non multum temporis allectus
in presbyterium etiam episcopus Carthaginis constitutus est. **2.** Huius ingenii
superfluum est indicem texere, cum sole clariora sint opera eius. **3.** Passus est
sub Valeriano et Gallieno principibus persecutione octava, eo die quo Romae
Cornelius, sed non eodem anno.

---

564 에우세비우스, 『교회사』 7,2,1 참조. 루키우스는 253년 6월 25일부터 254년 3월 5일까지
　　　로마의 주교였다.

565 북아프리카 카르타고의 주교 키프리아누스(Cyprianus, †258년)는 아우구스티누스 이전
　　　의 가장 위대한 라틴 교부이다. 수사학 교사로 명성을 떨치던 키프리아누스는 카이킬리우
　　　스 사제의 영향으로 그리스도인이 되었다. 249년에 카르타고의 주교가 되었고, 발레리아
　　　누스 황제의 박해로 258년 9월 14일에 순교했다. 『도나투스에게. 가톨릭 교회 일치. 주님
　　　의 기도』, 이형우 옮김, 분도출판사 1987; 『선행과 자선. 인내의 유익. 시기와 질투』, 최원
　　　오 옮김, 분도출판사 2018 참조.

566 락탄티우스, 『거룩한 가르침』 5,1: "[키프리아누스는] 말하는 기술에서 큰 명성을 얻었다.
　　　⋯ 그는 쉽고 유창하고 기분 좋게 말하는 능력을 지녔다. ⋯ 그가 웅변에서 더 멋진지, 설
　　　명에서 더 성공적인지, 설득에서 더 힘 있는지 구별할 수 없을 것이다."

567 바스티엔센(A.A.R. Bastiaensen)이 편집한 폰티우스의 『키프리아누스의 생애』*Vita Cypriani*
　　　4,1에서는 카이킬리우스가 아니라 카이킬리아누스(Caecilianus)이다.

568 타스키우스라고도 불리는 카이킬리우스 키프리아누스(Thascius Caecilius Cyprianus)는
　　　자신의 이름에 카이킬리우스라고 덧붙일 만큼 이 사제를 존경했다. 키프리아누스, 『편지』
　　　66; 『성 키프리아누스 순교 행전』*Acta proconsularia sancti Cypriani* 3 참조.

67
키프리아누스 주교

1. 아프리카인 키프리아누스[565]는 처음에는 수사학을 영예롭게 가르쳤다.[566] 카이킬리우스[567] 사제에게 설득되어 그리스도인이 되면서 그에게서 이름도 땄고[568], 자신의 모든 재산을 가난한 이들에게 나누어주었다. 오래지 않아 사제직에 뽑혔고, 카르타고의 주교로도 세워졌다. **2.** 그의 작품은 해보다 더 밝으니, 이 천재의 저술 목록[569]을 엮어내는 일은 지나치다.[570] **3.** 발레리아누스와 갈리에누스 황제[571] 통치 아래 여덟 번째 박해로, 로마의 코르넬리우스와 같은 날, 그러나 같지 않은 해에 순교했다.[572]

---

569 키프리아누스의 전기 작가 폰티우스(『명인록』 68)는 『키프리아누스의 생애』에서 그가 남긴 작품 목록을 소개한다.

570 히에로니무스가 『편지』 70에서 "복된 키프리아누스는 지극히 맑은 샘의 감미로운 본보기"라고 극찬한다.

571 발레리아누스 황제는 253년부터 260년까지 다스리며 그리스도인을 박해했고, 그의 아들이자 후계자인 갈리에누스 황제(260년부터 268년)도 박해를 이어갔다. 에우세비우스, 『교회사』 7,12 참조.

572 키프리아누스는 258년 9월 14일에 참수당했다. 그의 죽음에 관한 짧은 정보는 『성 키프리아누스 순교 행전』에 보존되어 있다. 코르넬리우스는 갈루스 황제의 박해 때 체포되어 켄툼켈라이(치비타 베키아)에서 귀양살이를 하다가 253년에 세상을 떠났는데(키프리아누스, 『편지』 60,2), 키프리아누스는 그를 순교자로 묘사한다(『편지』 61,3; 67,6; 69,3). 가톨릭교회는 9월 16일에 "성 고르넬리오 교황과 성 치프리아노 주교 순교자 기념일"을 함께 지내지만, "같은 날, 그러나 같지 않은 해에" 순교했다는 히에로니무스의 진술은 근거가 없다. A. Ceresa-Gastaldo, *Gerolamo*, 307 참조.

LXVIII

Pontius diaconus

1. Pontius, diaconus Cypriani, usque ad diem passionis eius cum ipso exilium sustinens, egregium volumen *Vitae et passionis Cypriani* reliquit.

LXIX

Dionysius episcopus

1. Dionysius, Alexandrinae urbis episcopus, sub Heracla scholam κατηχήσεων presbyter tenuit et Origenis insignissimus auditor fuit. **2.** Hic in Cypriani et Africanae synodi dogma consentiens de haereticis baptizandis plurimas ad

---

573　카르타고의 부제 폰티우스(Pontius diaconus)는 자기 주교 키프리아누스와 함께 257년 쿠루비스로 유배 갔으며(『키프리아누스의 생애』 12,3), 키프리아누스가 258년 9월 14일에 순교했다고 법정 기록을 바탕으로 증언한다(『키프리아누스의 생애』 1,2).

574　최초의 그리스도인 전기이다. 오늘날 『키프리아누스의 생애』*Vita Cypriani*라고 일컬어지는 이 책은 파울리누스의 『암브로시우스의 생애』*Vita Ambrosii*와 포시디우스의 『아우구스티누스의 생애』*Vita Augustini*(분도출판사 2008)와 더불어 서방 교회의 대표적 전기 작품으로 손꼽힌다. 『키프리아누스의 생애』에는 키프리아누스의 회심에 관한 정보와 감염병(252-254년)에 맞서 펼친 키프리아누스의 사목 활동에 관한 소중한 증언이 들어 있다. V. Saxer-S. Heid, "Ponzio", NDPAC III, 4226 참조.

575　디오니시우스(Dionysius Alexandrius, 190년경-264년)는 247년부터 264년까지 알렉산드리아의 주교였다. 에우세비우스, 『교회사』 6,29,4; 6,44,1-6 참조.

576　헤라클라스는 오리게네스의 제자였다가 알렉산드리아의 총대주교가 되었다. 『명인록』 54,4 참조.

577　디오니시우스는 헤라클라스를 이어 231년부터 232년까지 교리교육 학교 책임자로 일했고,

68
폰티우스 부제

1. 키프리아누스의 부제 폰티우스[573]는 키프리아누스가 순교하던 날까지 그와 함께 귀양살이를 견디면서, 『키프리아누스의 생애와 수난』*Vita et passio Cypriani* [574]이라는 훌륭한 책을 남겼다.

69
디오니시우스 주교

1. 알렉산드리아시의 주교 디오니시우스[575]는 헤라클라스[576] 시절에 사제로서 '교리교육 학교'(schola κατηχήσεων)를 이끌었고[577], 오리게네스의 매우 탁월한 제자였다.[578] **2.** 세례받아야 할 이단자들[579]에 관하여 키프리아누스와 아프리카 교회회의의 가르침에 동의하면서 다양한 사람들에게 많은 편

247년부터 248년까지는 주교로서 책임을 맡았다.
578 에우세비우스, 『교회사』 6,29,4 참조.
579 이단과 열교에서 세례를 받고 가톨릭교회에 돌아오는 사람에게 다시 세례를 베풀어야 하는지를 따지는 이른바 재세례(rebaptismus) 논쟁이다. 키프리아누스의 주장은 단호하다. 이단자들은 '교회 밖에서'(extra ecclesiam) 성령을 지니지 못하는 까닭에 세례를 베풀 수도 받을 수도 없으므로 진정하고 유일한 세례를 교회 안에서 받아야 한다는 것이다. 알렉산드리아의 디오니시우스도 동조한 키프리아누스의 이런 완고한 입장은, 재세례 없이 안수만으로 교회에 다시 받아들이는 전통을 존중하라는 로마의 주교 스테파누스의 주장과 충돌하여 서로 파문할 지경이 되었다. 257년과 258년에 스테파누스와 키프리아누스가 차례로 순교함으로써 이 논쟁은 잠시 가라앉았으나, 312년 도나투스 열교로 다시 폭발한 재세례 논쟁은 아우구스티누스가 411년 카르타고 토론회에서 마침표를 찍을 때까지 150년 가까이 교회를 뒤흔들었다.

diversos misit epistulas quae usque hodie extant, **3.** Sed et *Ad Fabium,* Antiochenae ecclesiae episcopum, scripsit *de paenitentia* et *Ad Romanos* per Hippolytum alteram et *Ad Syxtum,* qui Stephano successerat, duas epistulas, et *Ad Philemonem* et *Ad Dionysium,* Romanae ecclesiae presbyteros, duas et *Ad eundem Dionysium,* postea Romae episcopum, et *Ad Novatianum* causantem quod invitus Romae episcopus ordinatus esset, cuius epistulae hoc exordium est: **4.**—Dionysius Novatiano fratri salutem. Si invitus ut dicis ordinatus es, probabis, cum volens recesseris—. **5.** Est eius et *Ad Domitium et ad Didymum* altera epistula et Ἑορταστικαί *de pascha* plurimae declamatorio sermone conscriptae et *Ad Alexandrinam ecclesiam* de exilio et *Ad Hieracam* in Aegypto episcopum et alia *De mortalitate* et *De sabbato* et Περὶ γυμνασίου et *Ad Hermammonem* et alia *De persecutione Decii* et duo libri *Adversum Nepotem episcopum,* qui mille annorum corporale regnum suis scriptis asse-

---

580 에우세비우스, 『교회사』 6,44,1-6; *Clvis Patrum Graecorum* I, 1550 참조.
581 히폴리투스가 이 편지를 로마 교회에 전달했다는 뜻이다. 에우세비우스, 『교회사』 6,46,5 참조.
582 에우세비우스, 『교회사』 7,5,3-6; 『그리스 교부 열쇠』*Clavis Patrum Graecorum* I, 1556 참조.
583 에우세비우스, 『교회사』 7,7,1; *Clavis Patrum Graecorum* I, 1557 참조.
584 에우세비우스, 『교회사』 7,27,1 참조.
585 에우세비우스, 『교회사』 6,45 참조.
586 에우세비우스, 『교회사』 6,45,1 참조.
587 에우세비우스, 『교회사』 7,20,1 참조.
588 *Clavis Patrum Graecorum* I, 1563-1566 참조.
589 에우세비우스, 『교회사』 7,21,1 참조.
590 에우세비우스, 『교회사』 7,21,2-10 참조.
591 에우세비우스, 『교회사』 6,46,4 참조.
592 에우세비우스, 『교회사』 7,22,11 참조.

지를 보냈는데, 오늘날까지 남아 있다. **3.** 안티오키아의 주교『파비우스에게 참회에 관하여』*Ad Fabium de paenitentia*를 썼고[580], 또 다른 편지『로마 신자들에게』*Ad Romanos*를 히폴리투스를 통해 썼으며[581], 스테파누스를 계승한『식스투스에게』*Ad Syxtum* 편지 두 통을 썼다.[582] 그리고『필레몬에게』*Ad Philemonem*, 또『디오니시우스에게』*Ad Dionysium* 편지 두 통을 띄웠는데, 이들은 로마 교회의 사제들이다.[583] 나중에 로마의 주교가 되는『같은 이름의 디오니시우스에게』*Ad eundem Dionysium*도 편지를 썼다.[584] 억지로 로마의 주교로 서품되었다고 변명하는『노바티아누스[585]에게』*Ad Novatianum* 보낸 편지의 시작은 이러하다. **4.** "나 디오니시우스가 노바티아누스 형제에게 인사드립니다. 그대가 말하는 대로 억지로 서품되었다면, 그대가 원래대로 되돌아가고자 할 때 그 진정성을 입증하게 될 것입니다."[586] **5.**『도미티우스와 디디무스에게』*Ad Domitium et ad Didymum* 보낸 또 다른 편지[587]도 그의 것이고, 웅변가다운 말투로 쓴 많은 편지, 곧『부활절 경축 서간』Ἐορταστικαί *de pascha*[588], 유배지에서『알렉산드리아 교회에게』*Ad Alexandrinam ecclesiam*[589], 이집트 주교『히에라카에게』*Ad Hieracam* 보낸 편지[590]와,『죽음』*De mortalitate*[591],『안식일』*De sabbato*[592],『훈련』Περὶ γυμγασίου[593],『헤르맘모네스에게』*Ad Hermammonem* 보낸 편지[594]와『데키우스 박해』*De persecutione Decii*에 관한 또 다른 편지[595]가 있고, 자신의 저술에서 천년의 육적 통치[596]를 주장한『네포스 주교 반박』*Adversus Nepotem episcopum*[597] 두 권에서는 요한 묵시록에 관하여 아

---

593 에우세비우스,『교회사』7,22,11 참조.
594 에우세비우스,『교회사』7,1,10; 7,22,12 참조.
595 에우세비우스,『교회사』7,22,12 참조.
596 천년왕국설에 관해서는 에우세비우스,『교회사』7,24,11; 3,39,11 참조.

verat, in quibus et de apocalypsi Iohannis diligentissime disputat, **6.** et *Adversum Sabellium* et *Ad Ammonem*, Beronices episcopum, et *Ad Telesphorum* et *Ad Euphranorem* et quattuor libri *Ad Dionysium*, Romanae urbis episcopum, *Ad Laodicenses de paenitentia*, item *Cononi de paenitentia*, *Ad Origenem de martyrio*, *Ad Armenios de paenitentia et de ordine delictorum*, *De natura ad Timotheum*, *De temptationibus ad Euphranorem*, *Ad Basilidem* quoque multae epistulae, in quarum una asserit se etiam *In Ecclesiasten* coepisse scribere commentarios. Sed et *Adversum Paulum Samosatenum* ante paucos dies quam moreretur insignis eius fertur epistula. **7.** Moritur duodecimo Gallieni anno.

---

597 에우세비우스, 『교회사』 7,24,1 참조.

598 에우세비우스, 『교회사』 7,25 참조.

599 에우세비우스, 『교회사』 7,26,1 참조. 히에로니무스는 자신이 참되고 줄어들지 않고 완전한 세 실체적 위격이 존재한다고 주장했다는 이유로 한때 사벨리우스 이단으로 몰렸다고 넋두리했고(『편지』 17,2), 다마수스 교황에게 그 교리를 밝히기도 했다(『편지』 15).

600 에우세비우스는 『베로니케스 교회의 주교 암몬에게 보낸 사벨리우스 반박』을 한 작품으로 소개한다(『교회사』 7,26,1).

601 에우세비우스, 『교회사』 7,26,1 참조.

602 에우세비우스, 『교회사』 7,26,1 참조.

603 디오니시우스 교황에게 보낸 『논박과 변론』*Confutatio et apologia*을 일컫는다. 이 작품의 단편은 에우세비우스, 『복음의 논증』 7,19 참조.

604 에우세비우스, 『교회사』 6,46,2 참조.

605 에우세비우스, 『교회사』 6,46,2 참조.

606 에우세비우스, 『교회사』 6,46,2 참조.

607 에우세비우스, 『교회사』 6,46,2 참조.

608 아버지 디오니시우스에게 헌정한 이 작품에서 티모테우스는 에피쿠로스의 원자론을 반박한다. 에우세비우스, 『복음의 논증』 7,26,2에 단편이 남아 있다. 『교회사』 7,26,2 참조.

주 열심히 논박했다.[598] **6.**『사벨리우스 반박』*Adversus Sabellium*[599]과 베로니케스의 주교『암몬에게』*Ad Ammonem*[600], 『텔레스포루스에게』*Ad Telesphorum*[601], 『에우프라노르에게』*Ad Euphranorem*[602]를 썼으며, 로마시의 주교『디오니시우스에게』*Ad Dionysium* 네 권[603]을, 『참회에 관하여 라오디케아 신자들에게』*Ad Laodicenses de paenitentia*[604]와『참회에 관하여 코논에게』*Cononi de paenitentia*[605]도 저술했고, 『순교에 관하여 오리게네스에게』*Ad Origenem de martyrio*[606], 『참회와 범죄 등급에 관하여 아르메니아 신자들에게』*Ad Armenios de paenitentia et de ordine delictorum*[607], 『본성에 관하여 티모테우스에게』*De natura ad Timotheum*[608], 『유혹에 관하여 에우프라노르에게』*De temptationibus ad Euphranorem*[609] 편지를 썼고, 『바실리데스에게』*Ad Basilidem*[610]도 많은 편지를 썼다. 그 가운데 한 편지에서는 자신이『코헬렛 주해』*In Ecclesiasten*[611]도 쓰기 시작했다고 밝힌다. 세상을 떠나기 며칠 전에 쓴 그의 탁월한 편지『사모사타의 파울루스 반박』*Adversus Paulum Samosatenum*도 전해진다.[612] **7.** 갈리에누스 재위 12년에 선종했다.[613]

---

609 에우세비우스, 『교회사』 7,26,2 참조.

610 에우세비우스는 바실리데스가 펜타폴리스 교회의 주교였다고 한다. 에우세비우스, 『교회사』 7,26,3 참조.

611 에우세비우스, 『교회사』 7,26,3 참조.

612 에우세비우스, 『교회사』 7,26,3; 7,30,18-19 참조.

613 에우세비우스, 『교회사』 7,28,3 참조. 갈리에누스는 260년부터 268년까지 로마 제국의 유일한 황제였으며, 재위 12년은 264-265년이다. 『교회사』 7,28,3; 7,13; 7,10,1; 7,22,12 참조.

LXX

Novatianus haeresiarches

1. Novatianus, Romanae urbis presbyter, adversum Cornelium cathedram sacerdotalem conatus invadere, Novatianorum quod Graece dicitur καθαρῶν dogma constituit, nolens apostatas suscipere paenitentes. Huius auctor Novatus Cypriani presbyter fuit. **2.** Scripsit autem *De Pascha*, *De sabbato*, *De circumcisione*, *De sacerdote*, *De oratione*, *De cibis Iudaicis*, *De instantia*, *De Attalo* multaque alia et *De trinitate* grande volumen, quasi ἐπιτομὴν operis Tertulliani faciens, quod plurimi nescientes Cypriani aestimant.

---

614 로마의 엄격주의 사제였던 노바티아누스(Novatianus)는 데키우스 박해가 끝난 뒤 배교자 들에게 관용을 베푼 코르넬리우스 교황에 맞서 대립 주교가 되었다. 에우세비우스, 『교회 사』 6,43,1 참조.

615 『명인록』 66 참조.

616 그리스어 카타로이(καθαροί), 라틴어 카타리(cathari)는 글자 그대로 '깨끗한 사람들'이라 는 뜻이다. 죄에 물들지 않은 사람들을 일컫는 말인데, 박해 시대에 배교라는 이른바 '대 죄'를 저지른 신자들을 교회 공동체에서 영구 배제하거나 배교자를 교회에 다시 받아들이

70
이단 창시자 노바티아누스

1. 로마시의 사제 노바티아누스[614]는 코르넬리우스[615]에 맞서 주교좌를 차지하려고 시도한 뒤, 참회하는 배교자들을 받아들이려 하지 않으면서 그리스어로 '카타로이'καθαροί(깨끗한 사람들)[616]라고 불리는 노바티아누스파 교설을 세웠다.[617] 그의 지지자 노바투스는 키프리아누스의 사제였다. **2.** 그러나 『부활절』*De pascha*, 『안식일』*De sabbato*, 『할례』*De circumcisione*, 『사제』*De sacerdote*, 『기도』*De oratione*, 『유대인의 음식』*De cibis Iudaicis*, 『탄원』*De instantia*, 『아탈루스』*De Attalo*와 그 밖의 다른 많은 작품을 저술했다. 마치 테르툴리아누스 작품의 보충판(ἐπιτομή)을 만들 듯 『삼위일체론』*De Trinitate*[618]이라는 대작을 썼는데, 이를 알지 못하는 많은 이들은 키프리아누스의 것이라 여긴다.

기를 거부하던 이들은 스스로 깨끗하고 순결하고 거룩한 사람들, 곧 '카타로이'라 내세우며 교회에서 갈라져 나갔다.

617 에우세비우스, 『교회사』 6,43,1-2 참조.

618 CCL 4,11-78 참조. 히에로니무스는 원수처럼 지낸 친구 루피누스가 노바티아누스의 작품을 테르툴리아누스의 『삼위일체론』*De Trinitate*으로 오해했다고 비판한다. 『루피누스 저서 반박 변론』 2,19 참조.

LXXI

Malchion presbyter

1. Malchion, disertissimus Antiochenae ecclesiae presbyter, quippe qui in eadem urbe rhetoricam florentissime docuerat, *Adversum Paulum Samosatenum* qui, Antiochenae ecclesiae episcopus, dogma Artemonis instaurarat, excipientibus notariis disputavit, qui dialogus usque hodie extat. **2.** Sed et alia grandis epistula, ex persona synodi ab eo scripta, *Ad Dionysium et Maximum*, Romanae et Alexandrinae ecclesiae episcopos, dirigitur. **3.** Floruit sub Claudio et Aureliano.

LXXII

Archelaus episcopus

1. Archelaus, episcopus Mesopotamiae, librum disputationis suae quam habuit *Adversum Manichaeum* exeuntem de Perside Syro sermone composuit, qui

---

619 안티오키아의 사제 말키온(Malchion)은 한때 안티오키아의 소피스트 우두머리였다. 제2차 안티오키아 교회회의(268년)에서 사모사타의 파울루스의 오류들을 반박했으며, 교회회의 이름으로 로마의 디오니시우스와 알렉산드리아의 막시무스에게 보낸 서간의 공동 저자로 기록되어 있다(에우세비우스, 『교회사』 7,29,1-2; 7,30,1-71).

620 에우세비우스, 『교회사』 5,28,1-5 참조.

621 에우세비우스, 『교회사』 7,28,4; 7,29,2 참조.

622 에우세비우스, 『교회사』 5,28,1-5 참조.

623 에우세비우스, 『교회사』 7,30,1 참조. 제2차 안티오키아 교회회의(268년)의 결정 사항을 요

71

말키온 사제

1. 매우 박학한 안티오키아 교회의 사제 말키온[619]은 같은 도시에서 수사학을 활짝 꽃피우며 가르쳤다. 안티오키아 교회의 주교로서 아르테몬의 교설[620]을 부흥하려 했던 『사모사타의 파울루스 반박』*Adversus Paulum Samosatenum*[621] 속기사들의 필사로써 논박했는데[622], 이 대화는 오늘날까지 남아 있다. **2.** 그가 교회회의 이름으로 작성하여 로마와 알렉산드리아의 주교 『디오니시우스와 막시무스에게』*Ad Dionysium et Maximum* 보낸 또 다른 긴 편지도 있다.[623] **3.** 클라우디우스[624]와 아우렐리우스[625] 황제 통치 아래 전성기를 누렸다.[626]

72

아르켈라우스 주교

1. 메소포타미아의 주교 아르켈라우스[627]는 페르시아에서 시작된 『마니교도 반박』*Adversus Manichaeum*[628]이라는 논쟁서를 시리아어로 지었고, 그

약한 이 편지의 수신인은 로마의 주교 디오니시우스, 알렉산드리아의 주교 막시무스를 비롯한 모든 지방의 주교, 사제, 부제들과 보편 교회 전체이다.

624 클라디우스 황제는 268년부터 270년까지 다스렸다.

625 아우렐리우스 황제는 270년부터 275년까지 다스렸다.

626 에우세비우스, 『교회사』 7,28,3 참조.

627 아르켈라우스(Archelaus)는 3세기 후반에 메소포타미아 카르카르의 주교였다.

628 마니교에 관해서는 미셸 따르디외, 『마니교』, 이수민 옮김, 분도출판사 2005 참조.

translatus in Graecum habetur a multis. **2.** Claruit sub imperatore Probo, qui Aureliano Tacitoque successerat.

LXXIII
Anatolius episcopus

1. Anatolius Alexandrinus, Laodiceae Syriae episcopus, sub Probo et Caro imperatoribus floruit, mirae doctrinae vir in arithmetica, geometria, astronomia, grammatica, rhetorica, dialectica. **2.** Cuius ingenii magnitudinem de volumine quod *Super pascha* composuit et de decem libris *Arithmeticae institutionis* intelligere possumus.

LXXIV
Victorinus episcopus

1. Victorinus, Petabionensis episcopus, non aeque Latine ut Graece noverat, unde opera eius grandia sensibus viliora videntur compositione verborum.

---

629 아우렐리아누스 황제는 270년부터 275년까지 다스렸다.
630 타키투스 황제는 275년부터 276년까지 다스렸다.
631 프로부스 황제는 276년부터 282년까지 다스렸다.
632 에우세비우스, 『교회사』 7.32.6 참조. 알렉산드리아 출신 아나톨리우스(Anatolius Alexan-drinus/Laodicenus)는 3세기 후반에 알렉산드리아에 아리스토텔레스 철학 학교를 세웠다. 팔레스티나를 여행하다가 카이사리아의 보좌주교가 되었으며, 268년 라오디케아의 에우세비우스 주교 후임자가 되었고, 282년 이후에 세상을 떠났다.

리스어로 번역된 이 책은 많은 이가 소장하고 있다. **2.** 아우렐리아누스[629]와 타키투스[630]를 계승한 프로부스 황제[631] 통치 아래서 명성을 떨쳤다.

73
아나톨리우스 주교

1. 시리아 라오디케아의 주교인 알렉산드리아의 아나톨리우스[632]는 프로부스와 카루스 황제[633] 통치 아래 전성기를 누렸다. 그는 수학, 기하학, 천문학, 문법, 수사학, 논리학에서 탁월한 학식을 지닌 사람이다. **2.**『부활절에 관하여』*Super pasqua*[634] 저술한 책과『수학 교육』*Arithmeticae institutiones*[635] 열 권에서 그의 천재적 탁월성을 이해할 수 있다.

74
빅토리누스 주교

1. 페타비오의 주교 빅토리누스[636]는 라틴어를 그리스어만큼 알지 못했다. 그래서 그의 작품들은 감각은 뛰어나지만, 말의 구성은 평범해 보인다.[637]

---

633   에우세비우스,『교회사』7,30,22 참조. 프로부스 황제는 276년부터 282년까지 다스렸고, 그를 이어 카루스 황제가 282년부터 283년까지 다스렸다.

634   에우세비우스,『교회사』7,32,13-19 참조.

635   에우세비우스,『교회사』7,32,20 참조.

636   빅토리누스(Victorinus Petovionensis, 230-304년)는 페타비오 또는 페타우(오늘날 슬로베니아의 도시 프투이)의 주교였고, 라틴어로 저술한 첫 주석가였다. 304년 디오클레티아누스 황제의 박해 때 순교했으리라 추정한다.

637   에우세비우스,『교회사』6,32,3 참조.

2. Sunt autem haec: *Commentarii in Genesim, In Exodum, In Leviticum, In Esaiam, In Ezechiel, In Abacuc, In Ecclesiasten, In Canticum canticorum, In Apocalypsin Iohannis, Adversum omnes haereses* et multa alia. **3.** Ad extremum martyrio coronatus est.

LXXV
Pamphylus presbyter

1. Pamphilus presbyter, Eusebii Caesariensis episcopi necessarius, tanto bibliothecae divinae amore flagravit ut maximam partem Origenis voluminum sua manu descripserit, quae usque hodie in Caesariensi bibliotheca habetur. **2.** Sed et *In duodecim prophetas* viginti quinque ἐξηγήσεων *Origenis* volumina manu eius exarata repperi, quae tanto amplector et servo gaudio ut Croesi opes habere me credam. **3.** Si enim laetitia est unam epistulam habere

---

638 『라틴 교부 열쇠』*Clavis Patrum Latinorum* 82에는 친저성이 의심스러운 작품(dubia)으로 분류되어 있다.

639 히에로니무스가 소개하는 작품들 가운데 유일하게 현존하는 작품이다. CSEL 49; PLS 1,102-171 참조.

640 『세상 창조』*De fabrica mundi*가 있다. CSEL 49,3-9 참조.

641 304년 디오클레티아누스 황제 박해 때라고 짐작할 따름이다.

642 팜필루스(Pamphilus Caesariensis, †310년)는 에우세비우스를 '팜필루스의 에우세비우스' (Εὐσήβιος Παμφίλου)라고 불렀고, 에우세비우스는 팜필루스가 순교하자 스스로 '에우세비우스 팜필루스'라고 이름 붙였다(『명인록』 81,3). 에우세비우스가 쓴 팜필루스 전기는 소실되었다. 에우세비우스, 『교회사』 7,32,25; 6,32,3; 『명인록』 81 참조.

2. 그러나 이러한 작품들이 있다. 『창세기 주해』*Commentarii in Genesim*[638],
『탈출기 주해』*In Exodum*, 『레위기 주해』*In Leviticum*, 『이사야서 주해』*In
Esaiam*, 『에제키엘서 주해』*In Ezechiel*, 『하바쿡서 주해』*In Abacuc*, 『코헬
렛 주해』*In Ecclesiasten*, 『아가 주해』*In Canticum canticorum*, 『요한 묵
시록 주해』*In Apocalypsin Iohannis*[639], 『모든 이단 반박』*Adversus omnes
haereses*과 다른 많은 작품[640]을 썼다. **3.** 마침내 순교로 화관을 썼다.[641]

75
팜필루스 사제

1. 카이사리아의 주교 에우세비우스[642]의 필연적 인물[643] 팜필루스 사제[644]
는 오늘날까지 카이사리아 도서관에 소장되어 있는 오리게네스의 작품 대
부분을 자기 손으로 베껴 쓸 정도로 거룩한 도서관에 대한 엄청난 사랑
에 불타올랐다.[645] **2.** 그의 손으로 필사한 『오리게네스의 열두 예언서 주해』
In duodecim prophetas ἐξηγήσεων *Origenis* 스물다섯 권도 내가 찾아
냈는데, 나는 마치 크로에수스의 재화를 지닌 것처럼 소중히 여기며 기쁘
게 간직하고 있다.[646] **3.** 순교자의 편지를 한 통 지니는 것도 기쁨이라면,

---

643 necessarius를 '필연적 인물'이라 옮겼다. "팜필리우스에 대한 [에우세비우스의] 우정amici-
     tia Pamphili"(『명인록』81,3)이라는 표현에 기대어 몇몇 현대어 번역본은 이 단어를 친구
     라고 번역했지만, 에우세비우스는 팜필루스를 스승으로 여기면서 영적 아들이라는 자의식
     을 지니고 있었다.

644 팜필루스는 알렉산드리아의 피에리우스의 제자였다. 『명인록』76 참조.

645 에우세비우스는 오리게네스의 도서관을 확장했다. 에우세비우스, 『교회사』6,32,3 참조.

646 히에로니무스는 『명인록』 집필 당시 자신이 붙고 작업하던 소예언서 주해를 아직 끝내지
     못했다고 밝힌다(『명인록』135,6).

martyris, quanto magis tot milia versuum quae mihi videtur sui sanguinis signasse vestigiis. **4.** Scripsit, antequam Eusebius scriberet, *Apologeticum pro Origene* et passus est Caesareae Palaestinae sub persecutione Maximini.

LXXVI
Pierius presbyter

1. Pierius, Alexandrinae ecclesiae presbyter, sub Caro et Diocletiano principibus eo tempore quo eandem ecclesiam Theonas episcopus regebat, florentissime populos docuit et in tantam sermonis diversorumque tractatuum, qui usque hodie extant, venit elegantiam, ut Origenes iunior vocaretur. **2.** Constat hunc mirae ἀσκήσεως et appetitorem voluntariae paupertatis scientissimumque dialecticae artis post persecutionem omne vitae suae tempus Romae fuisse versatum. **3.** Huius est longissimus tractatus *De propheta Osee*, quem in pervigilio paschae habitum ipse sermo demonstrat.

---

647 팜필루스는 307년 우르바누스 총독 시절 체포되어 옥중에서 제자 카이사리아의 에우세
  비우스와 함께 『오리게네스를 위한 변론』*Apologia pro Origene*(또는 *Apologeticum pro
  Origene*)을 썼다. 전체 여섯 권 가운데 루피누스의 라틴어 번역으로 제1권만 남아 있다.
  이 작품은 오리게네스 논쟁에 맞서 오리게네스의 정통 신앙을 입증하기 위해 그의 저서
  『원리론』 등에서 인용한 핵심 구절로 엮여 있다. 반(反)오리게네스주의자 히에로니무스의
  『루피누스 저서 반박 변론』에도 부분적인 정보가 들어 있다. 『명인록』 81,2 참조.

648 막시미누스 다이아 황제(Maximinus Daia 또는 Galerius Valerius Maximinus, 310-313년)
  때 피르미니아누스 총독의 명령으로 310년 2월 16일에 참수되었다. 에우세비우스, 『교회
  사』 7,32,25; 8,13,6 참조.

자기 피의 흔적으로 서명한 듯 보이는 수천 구절은 얼마나 더 큰 기쁨인가. **4.** 에우세비우스보다 먼저『오리게네스를 위한 변론』*Apologeticum pro Origene*[647]을 썼고, 막시미누스 박해 때 팔레스티나의 카이사리아에서 고난을 겪었다.[648]

76
피에리우스 사제

1. 알렉산드리아 교회의 사제 피에리우스[649]는 카루스와 디오클레티아누스 황제[650] 통치 아래 테오나스 주교[651]가 그 교회를 다스리던 시절에 백성을 매우 훌륭하게 가르쳤다. 오늘날까지 남아 있는 다양한 강해의 문체가 너무 우아해서 '젊은 오리게네스'(Origenes iunior)라고 불릴 정도였다. **2.** 알려진 바와 같이 그는 경탄스러운 수행(修行 ἄσκησις)과 자발적 가난을 열망하던 사람이었고, 논리학적 솜씨가 아주 뛰어난 지식인이었으며[652], 박해 뒤에는 자기 삶의 모든 시간을 로마에서 보냈다. **3.** 부활 전야에 행한 매우 긴 강해『호세아 예언자』*De propheta Osee*[653]는 말투 자체로 보여주듯 그의 작품이다.

---

649 알렉산드리아의 사제 피에리우스(Pierius)는 성경에 정통한 알렉산드리아 교리교육 학교의 교사였고, 310년에 순교했다. 에우세비우스,『교회사』7,32,26-27 참조.

650 카루스 황제는 282년부터 283년까지 다스렸고, 디오클레티아누스 황제는 284년부터 305년까지 다스렸다. 에우세비우스,『교회사』7,30,22 참조.

651 테오나스 교황은 281년에 디오니시우스의 로마 주교직을 계승했다. 에우세비우스,『교회사』7,32,30 참조.

652 에우세비우스,『교회사』7,32, 참조.

653 히에로니무스,『편지』48,3 참조.

LXXVII

Lucianus presbyter

1. Lucianus vir disertissimus, Antiochenae ecclesiae presbyter, tantum in scripturarum studio laboravit ut usque nunc quaedam exemplaria scripturarum Luciania nuncupentur. **2.** Feruntur eius *De fide* libelli et breves ad nonnullos epistulae. **3.** Passus est Nicomediae ob confessionem Christi sub persecutione Maximini sepultusque Helenopoli Bithyniae.

LXXVIII

Phileas episcopus

1. Phileas de urbe Aegypti quae vocatur Thmuis, nobili genere et non parvis opibus, suscepto episcopatu, elegantissimum librum *De martyrum laude* composuit et disputatione actorum habita adversum iudicem qui eum sacrificare cogebat pro Christo capite truncatur, eodem in Aegypto persecutionis auctore

---

654 에우세비우스, 『교회사』 8,13,2; 9,6,3 참조. 안티오키아의 사제 루키아누스(Lucianus Antiochenus)는 탁월한 인품과 경건한 생활로 유명했으며 신학 지식도 깊은 인물이었다. 막시미누스 다이아 박해 때 니코메디아로 이송되어 황제 앞에서 믿는 바를 증언했으며 312년 1월 7일에 순교했다.

655 에우세비우스, 『교회사』 8,13,2 참조.

656 막시미누스 다이아 황제는 305년부터 313년까지 다스렸다. 에우세비우스, 『교회사』 9,6,4; 9,7,15 참조.

77

루키아누스 사제

1. 매우 박학한 사람인 안티오키아 교회의 사제 루키아누스[654]는 성경 연구에 열심히 노력했고, 지금까지 몇몇 성경 필사본들이 루키아누스 사본이라 일컬어진다. **2.** 『신앙론』*De fide*[655]이라는 책과 다양한 사람들에게 보낸 짧은 편지들이 그의 것이라고 한다. **3.** 막시미누스[656] 박해 때 그리스도에 대한 신앙고백으로 니코메디아에서 고난을 겪었고[657], 비트니아의 헬레노폴리스에 묻혔다.

78

필레아스 주교

1. 트무이스라고 불리는 이집트 도시 출신 필레아스[658]는 귀족 가문이었고 재산이 적지 않았으며, 주교직을 받아들인 뒤 매우 품격 높은 책인『순교자 찬양』*De martyrum laude*[659]을 저술했다. 그에게 제사를 강요한 재판관에 맞서 벌인 논쟁 때문에 그리스도를 위해 참수당했다.[660] 루키아누스[661]

---

657 순교했다는 뜻이다.

658 에우세비우스, 『교회사』 8,9,7-8; 8,10,2-11 참조. 나일강 삼각주에 있는 트무이스의 주교 필레아스(Phileas Thmuitanus)는 너그러운 품행과 철학적 역량으로 유명했으며, 옥중에서 최종 선고가 내려지기 전에 트무이스 교회 공동체에게 보낸 편지 단편이 남아 있다(『교회사』 8,10,2-10). 306년 2월 4일에 참수로 순교했다.

659 에우세비우스, 『교회사』 8,10,2-10 참조.

660 에우세비우스, 『교회사』 8,10,11-12; 8,13,7 참조.

661 『명인록』 77 참조.

quo Lucianus Nicomediae.

LXXIX
Arnobius rhetor

1. Arnobius sub Diocletiano principe Siccae apud Africam florentissime rhetoricam docuit scripsitque *Adversum gentes* volumina quae vulgo extant.

LXXX
Firmianus qui et Lactantius, rhetor

1. Firmianus, qui et Lactantius, Arnobii discipulus, sub Diocletiano principe accitus cum Flavio grammatico, cuius *De medicinalibus* versu compositi extant libri, Nicomediae rhetoricam docuit ac penuria discipulorum ob

---

662 305년부터 313년까지 다스린 막시미누스 다이아 황제를 말한다.

663 여기까지(제1장부터 제78장까지) 히에로니무스는 거의 전적으로 에우세비우스의 『교회사』에 의존하여 자유분방하게 간추렸는데, 부정확한 인용과 오류들도 더러 있다. A. Ceresa-Gastaldo, *Gerolamo*, 21-22 참조.

664 5세기의 아프리카 출신 동명이인 아르노비우스와 구별하기 위해 '노(老) 아르노비우스'(Arnobius Siccanensis, senior)라고도 한다. 락탄티우스의 스승 아르노비우스는 3세기 중반에 태어나서 327년경에 죽었다.

665 디오클레티아누스 황제는 284년부터 305년까지 다스렸다.

666 북아프리카 누미디아 지방의 시카 베네리아(Sicca Veneria)를 가리킨다.

667 이 작품은 디오클레티아누스 황제 시절에 저술된 것 같다. PL 5,735A,1이하 참조.

가 니코메디아에서 겪은 같은 박해의 주인공[662]에 의해 이집트에서 순교했다.[663]

79
수사학자 아르노비우스

1. 아르노비우스[664]는 디오클레티아누스[665] 통치 아래 아프리카 시카[666]에서 매우 훌륭하게 수사학을 가르쳤고, 『이교인 반박』*Adversus gentes*[667]이라는 책을 썼는데 널리 알려졌다.

80
락탄티우스라고도 하는 수사학자 피르미아누스

1. 락탄티우스라고도 하는 피르미아누스[668]는 아르노비우스의 제자였고, 디오클레티아누스 황제의 통치 아래 문법학자 플라비우스와 함께 니코메디아로 초청을 받아 수사학을 가르쳤다. 『의학에 관하여』*De medicinalibus* 시로 지은 플라비우스의 책들이 지금도 남아 있다. 그리스 도시였던 까닭

---

668 카이킬리우스 피르미아누스 락탄티우스(Caecilius Firmianus Lactantius)는 250년경 아프리카에서 태어났다. 시카의 수사학자 아르노비우스(『명인록』 79)가 그의 스승 가운데 한 명이었다. 디오클레티아누스 황제의 초청을 받아 니코메디아에서 라틴어와 수사학을 가르쳤다. 거기서 훗날 황제가 될 콘스탄티누스를 알게 된다. 디오클레아누스 박해(303년)가 심해지자 가르치는 일을 그만두고 니코메디아 외곽으로 물러가 집필에 전념했다. 이른바 밀라노 칙령(313년)이 반포된 뒤 니코메디아로 돌아갔으며, 콘스탄티누스 황제는 락탄티우스를 314/315년경 자기 아들 크리스푸스의 가정교사로 트리어에 초빙했다. 325년경 세상을 떠났다. K.H. Schwarte, "락탄티우스", 『교부학 사전』, 205-208 참조.

Graecam videlicet civitatem ad scribendum se contulit. **2.** Habemus eius *Symposium* quod adulescentulus scri-psit Africae et Ὁδοιπορικόν *de Africa usque Nicomediam*, hexametris scriptum versibus, et alium librum qui inscribitur *Grammaticus* et pulcherrimum *De ira Dei* et *Institutionum divinarum adversum gentes* libros septem et ἐπιτομήν eiusdem operis in libro uno ἀκεφάλῳ et *Ad Asclepiadem* libros duos, *De persecutione* librum unum, *Ad Probum* epistularum libros quattuor, *Ad Severum* epistularum libros duos, *Ad Demetrianum* auditorem suum epistularum libros duos et ad eundem *De opificio Dei vel formatione hominis* librum unum. **3.** Hic in extrema senectute magister Caesaris Crispi, filii Constantini, in Gallia fuit, qui postea a patre interfectus est.

---

669 락탄티우스의 소실된 작품이다. 『심포시우스』*Symposius* 또는 *Symphosius*와 혼동하기도 하지만, 『심포시우스』는 『삼부작 수수께끼 경구 백 편』*Centum epigrammata tristicha aenigmatica*을 지은 아프리카 출신 저술가의 작품으로 추정된다. A. Ceresa-Gastaldo, *Gerolamo*, 187; B. Windau, "심포시우스", 『교부학 사전』, 502-503 참조.

670 호도이포리콘(Ὁδοιπορικόν, 여행기 또는 순례기)은 라틴어 Itinerarium에 해당한다. 이러한 작품 유형 가운데 『에게리아의 순례기』*Itinerarium Egeriae*(안봉환 옮김, 분도출판사 2019)가 유명하다.

671 소실되었다.

672 CSEL 27,65-132.

673 『거룩한 가르침』*Divinae Institutiones*이라는 이름으로 널리 알려진 락탄티우스의 대표작이다. 304년과 311년 사이에 초판이 출간되었으며, 324년 이후 증보되었다. 락탄티우스는 그리스도교에 대한 증오와 박해는 부당하며, 그리스도교의 가르침이 구원의 길이라는 호교론을 펼친다.

674 『거룩한 가르침 개요』*Epitome Divinarum Institutionum*라는 이름으로 전해진다. 『거룩한 가르침』의 근본 주제를 유지하면서도 단순 요약에 그치지 않고, 부분적으로 배열을 바꾸거나 논리를 강화한 새로운 판본이다.

에 수강생들이 드물어 집필에 전념했다. **2.** 우리가 가지고 있는 그의 작품으로는 젊었을 때 아프리카에서 쓴 『향연』*Symposium*[669], 6운각 시로 지은 『아프리카에서 니코메디아까지 여행기』Όδοιπορικός *de Africa usque Nicomediam*[670], 『문법학자』*Grammsticus*[671]라는 이름이 붙은 또 다른 책, 『하느님의 분노』*De ira Dei*[672]라는 매우 아름다운 책, 『이교인 반박 거룩한 가르침』*Institutionum divianrum adversus gentes* 일곱 권[673]과 '머리말 없이'(ἀκεφάλῳ) 한 권으로 된 같은 작품의 '요약본'(ἐπιτομή)[674], 『아스클레피아데스에게』*Ad Asclepiadem* 두 권[675], 『박해』*De persecutione* 한 권[676], 『프로부스에게』*Ad Probum* 보낸 서간집 네 권, 『세베루스에게』*Ad Severum* 보낸 서간집 두 권, 자신의 제자 『데메트리아누스에게』*Ad Demetrianum* 보낸 서간집 두 권[677], 같은 사람에게 보낸 『하느님의 창조 또는 인간 형성』*De opificio Dei vel formatione hominis* 한 권[678]이 있다. **3.** 아주 늘그막에는 갈리아에서 콘스탄티누스의 아들 크리스푸스 황제의 스승으로 지냈다. 크리스푸스는 나중에 아버지에게 살해되었다.[679]

---

675 소실되었다.

676 현대에는 『박해자들의 죽음』*De mortibus persecutorum*이라는 제목으로 불리는 중요한 역사 문헌이다. 313년까지 이어진 그리스도교 박해를 교회와 정치의 관점에서 해석한 작품이다. 네로의 박해부터 콘스탄티누스의 승리까지 다루고 있으며, 그리스도인을 박해한 모든 황제가 하느님의 벌을 받아 비참한 죽음을 맞았다는 사실을 강조하며 콘스탄티우스 황제에게 우호적인 경향을 드러낸다.

677 CSEL 27,156-157.

678 하느님의 작품인 인간이 창조주 하느님을 섬겨야 하는 이유를 그리스도인 신분을 숨긴 채 키케로의 문체로 쓴 작품이다. 저술 연도는 303/304년이다. CSEL 27/1, 3-64 참조.

679 크리스푸스는 콘스탄티누스의 두 번째 아내 파우스타를 유혹하려 했다는 혐의로 살해되었고, 파우스타도 목욕탕에 갇혀 끓는 물에 죽었다(조시무스, 『새 역사』*Historia nova* 2,29,2-3). 『연대기』(Helm 231)는 콘스탄티누스의 아들 크리스푸스가 살해된 연도를 325년으로 잡는다.

LXXXI

Eusebius episcopus

1. Eusebius, Caesareae Palaestinae episcopus, in scripturis divinis studiosissi-
mus et bibliothecae divinae cum Pamphilo martyre diligentissimus pervestiga-
tor, edidit infinita volumina, de quibus haec sunt: **2.** Εὐαγγελικῆς ἀποδείξεως
libri viginti, Εὐαγγελικῆς προπαρασκευῆς libri quindecim, Θεοφανείας
libri quinque, *Ecclesiasticae historiae* libri decem, *Chronicorum canonum
omnimoda historia* et eorum Ἐπιτομή et *De Evangeliorum* διαφωνίᾳ et
In Esaiam libri decem et *Contra Porphyrium*, qui eodem tempore scribe-
bat in Sicilia, ut quidam putant, libri viginti quinque, Τοπικῶν liber unus,
Ἀπολογίας *pro Origene* libri sex, *De vita Pamphili* libri tres, *De martyribus*

---

680 카이사리아의 에우세비우스(Eusebius Caesariensis, 263-339년)는 신학자라기보다는 교회
정치가요 호교론자에 가깝지만, 역사가로서는 교회에 크게 공헌했다. 특히 324년까지 그
리스도교 역사를 정리한 『교회사』는 그리스도교 고대사 연구의 가장 중요한 원천이다. 아
달베르 함만, 『교부와 만나다』, 184-187 참조.

681 『명인록』 75 참조.

682 에우세비우스, 『교회사』 6,32,3; 7,32,25; 8,13,6 참조.

683 『복음의 준비』*Praeparatio evangelica*와 『복음의 증명』*Demonstratio evangelica*은 한 작
품으로 계획되었다. 제1부 복음의 준비에서는 구약성경으로 거슬러 올라가는 그리스도교
전통이 그리스 철학과 타 종교보다 더 오래되고 우월함을 증명하고, 제2부 복음의 증명에
서는 구약의 모든 예언이 그리스도 안에서 실현되었음을 논증한다. B. Dümler, "에우세비
우스(카이사리아)", 『교부학 사전』, 687 참조.

684 『복음의 준비』와 『복음의 증명』의 핵심 사상을 요약한 호교 작품이다. 시리아어로만 남아
있다.

685 에우세비우스의 『연대기』*Chronicon*는 303년 이전에 저술되었고, 그리스도교 전통이 다른
철학과 종교보다 더 오래되었고 유대교보다 탁월하다는 사실을 역사적으로 입증하려는
호교론적 동기를 지닌 작품이다. 기원전 2105/2106년까지 거슬러 올라가는 아브라함의 탄

81

에우세비우스 주교

1. 팔레스티나의 카이사리아의 주교 에우세비우스[680]는 성경에 매우 열성적이었고, 순교자 팜필루스[681]와 함께 거룩한 도서관의 지극히 성실한 연구자였으며[682], 수없이 많은 책들을 출간했는데, 그 저술 가운데 이런 것들이 있다. **2.** 『복음의 논증』Εὐαγγελικὴ ἀπόδειξις 스무 권과 『복음의 준비』Εὐαγγελικὴ προπαρασκευή 열다섯 권[683], 『신현』Θεοφανεία 다섯 권[684], 『교회사』*Ecclesiastica historia* 열 권, 『표준 연대기의 보편 역사』*Chronicorum canonum omnimoda historia*[685]와 그 『요약』Ἐπιτομή, 『복음서들의 부조화』*De Evangeliorum* διαφωνία, 『이사야서 강해』*In Esaiam* 열 권, 어떤 이들이 생각하는 대로 같은 시기에 시칠리아에서 쓴 『포르피리우스 반박』*Contra Porphyrium* 스물다섯 권, 『지명록』Τοπικά[686] 한 권, 『오리게네스를 위한 변론』Ἀπολογία *pro Origene*[687] 여섯 권, 『팜필루스의 생애』*De vita Pamphili*[688] 세 권, 『순교자들』*De martyribus*에 관한 다른 책들[689], 아주 탁월한 『시편 백오십 편 주해』*In centum quinquaginta*

생부터 기원후 303년(또는 재판再版에서는 325년)까지의 세계사를 한눈에 보여준다. 히에로니무스가 378년까지의 내용을 이어서 저술한 라틴어 번역본이 남아 있다. B. Dümler, "에우세비우스(카이사리아)", 『교부학 사전』 687-688 참조.

686 성경 지명 해설서인 『지명록』*Onomasticon*은 성지의 지형학 문제를 연구하는 데 매우 중요한 문헌이다. 에우세비우스는 성경 지명뿐 아니라 다양한 장소의 역사에 관한 짧은 설명도 덧붙였다.

687 307년 우르바누스 총독 재임 기간에 체포된 카이사리아의 사제 팜필루스는 감옥에 있을 때 자신의 제자 에우세비우스와 함께 『오리게네스를 위한 변론』*Apologia pro Origene*을 저술했다. 『명인록』 75,4 참조.

688 310년에 순교한 자기 스승 팜필루스의 생애를 기록한 이 작품은 소실되었다.

alia opuscula et *In centum quinquaginta Psalmos* eruditissimi *commentarii* et multa alia. **3.** Floruit maxime sub Constantino imperatore et Constantio et ob amicitiam Pamphili martyris ab eo cognomentum sortitus est.

LXXXII
Reticius episcopus

1. Reticius, Aeduorum id est Augustodunensis episcopus, sub Constantino celeberrimae famae habitus est in Gallia. **2.** Leguntur eius *Commentarii in Canticum canticorum* et aliud grande volumen *Adversum Novatianum.* Nec praeter haec quicquam operum eius repperi.

---

689 『팔레스티나 순교자들』*De martyribus Palaestinae*이라 불리는 이 책은 카이사리아와 팔레스티나에서 일어난 순교에 관한 연대기적 모음집이다. 짧은 수정본은 에우세비우스의 『교회사』 부록으로[E. Schwartz (ed.), GCS 9/2, 907-950], 긴 수정본은 시리아어로만 전해진다.

690 『시편 주해』는 온전히 보존되어 있으며, 푸아티에의 힐라리우스와 베르첼리의 에우세비우스가 라틴어로 번역했다.

691 『명인록』 75 참조.

692 아이두이(Aedui)는 아우구스토두눔(Augustodunum)이라고도 불렸으며, 오늘날 프랑스의 오텡(Autun)이다.

Psalmos commentarii[690]와 다른 많은 책이 있다. **3.** 콘스탄티누스 황제와 콘스탄티우스 황제 통치 아래 전성기를 누렸으며, 순교자 팜필루스에 대한 우정으로 그에게서 [팜필루스라는] 이름을 땄다.[691]

82
레티키우스 주교

1. 아이두이, 곧 오텅[692]의 주교 레티키우스[693]는 콘스탄티누스 통치 아래 갈리아에서 매우 큰 명성을 얻었다. **2.** 그의 『아가 주해』*Commentarii in Canticum canticorum*와 다른 대작 『노바티아누스 반박』*Adversus Novatianum*이 읽히고 있다. 이 밖에는 그의 다른 어떤 작품도 발견하지 못했다.[694]

---

693 콘스탄티누스 황제는 카르타고의 주교 카이킬리아누스의 서품 유효성에 관한 도나투스 논쟁 초기에 양쪽의 의견을 듣기 위해 주교 열 명씩을 소집하고, 로마 교회회의(313년)가 열리기 전 진상 파악을 위해 세 주교를 미리 초청했는데, 오텅의 주교 레티키우스(Reticius Augustodunensis)는 그 가운데 한 명이었다(에우세비우스, 『교회사』 10,5,19). 그 이듬해 도나투스파를 단죄한 아를 교회회의(314년)에도 참석했다. 334년경 세상을 떠났고, 투르의 그레고리우스가 추도사를 남겼다(『고백자들의 영광』*Liber in gloria confessorum* 74).

694 아우구스티누스는 『율리아누스 반박』*Contra Iulianum* 1,3,7과 『율리아누스 반박 미완성 작품』*Contra Iulianum opus imperfectum* 1,55에서 레티키우스를 칭송한다.

LXXXIII

Methodius episcopus

1. Methodius, Olympi Lyciae et postea Tyri episcopus, nitidi compositique sermonis *Adversum Porphyrium* confecit libros et *Symposium decem virginum* et *De resurrectione* opus egregium contra Origenem et adversus eundem *De pytonissa* et *De* αὐτεξουσίῳ, *In Genesim* quoque et *in Canticum canticorum commentarios* et multa alia quae vulgo lectitantur. **2.** Ad extremum novissimae persecutionis sive, ut alii affirmant, sub Decio et Valeriano in Chalcide Graeciae martyrio coronatus est.

LXXXIV

Iuvencus presbyter

1. Iuvencus, nobilissimi generis Hispanus, presbyter, quattuor evangelia he-

---

695 올림푸스와 티루스의 주교였던 메토디우스(Methodius Olympius, †311년)는 천년왕국설을 주장했고 반오리게네스주의자이기도 했다. 박해 막바지인 311년경 칼키스에서 순교했다. 소크라테스, 『교회사』 6,13 참조.

696 소실된 작품이다.

697 메토디우스의 저술 가운데 그리스어로 온전히 남아 있는 유일한 작품이다. G.N. Bonwetsch (ed.), GCS 27(1917), 1-141 참조.

698 G.N. Bonwetsch (ed.), GCS 27(1917), 219-424 참조.

83
메토디우스 주교

1. 리키아에 있는 올림푸스의 주교였다가 나중에 티루스의 주교가 된 메토디우스[695]는 멋지고 가지런한 말투로 『포르피리우스 반박』*Adversus Porphyrium*[696], 『열 처녀의 잔치』*Symposium decem virginum*[697]를 썼고, 오리게네스를 거슬러 『부활』*De resurrectione*[698]이라는 중요한 작품을, 같은 인물[오리게네스]을 반박하는 『마녀』*De pytonissa*[699]와 『자유의지론』*De αὐτεξουσίω*[700]을 저술했으며, 『창세기 주해』*In Genesim commentarius*[701]와 『아가 주해』*In Canticum canticorum commentarius*[702]를 비롯하여 대중적으로 읽히는 다른 많은 책도 지었다. **2.** 박해의 막바지 또는 다른 사람들이 말하듯 데키우스와 발레리아누스 통치 아래 그리스 칼키스에서 순교로 화관을 썼다.

84
유벤쿠스 사제

1. 히스파니아 귀족 가문 사제 유벤쿠스[703]는 네 복음서를 거의 한 구절씩

---

699 소실된 작품이다.

700 G.N. Bonwetsch (ed.), GCS 27(1917), 145-206 참조.

701 소실된 작품이다.

702 소실된 작품이다.

703 그리스도교 시인 가이우스 베티우스 아퀼리누스 유벤쿠스(Gaius Vettius Aquilinus Iuvencus)는 히스파니아 귀족 출신으로서 콘스탄티누스 시대에 사제품을 받았다. 유벤쿠스, 『복음서 이야기』 4,806 참조.

xametris versibus paene ad verbum transferens quattuor libros composuit et nonnulla eodem metro ad sacramentorum ordinem pertinentia. **2.** Floruit sub Constantino principe.

LXXXV
Eustathius episcopus

1. Eustathius, genere Pamphylius Sidetes, primum Beroeae Syriae, deinde Antiochiae rexit ecclesiam et adversus Arianorum dogma multa componens sub Constantino principe pulsus est in exilium Traianopolim Thraciarum, ubi et usque hodie conditus est. **2.** Extant eius volumina *De anima*, *De* ἐγγαστριμύθῳ *adversum Origenem* et infinitae epistulae, quas enumerare longum est.

---

704 유벤쿠스가 330년경 성경을 서사시로 저술한 이 작품은 『복음서 이야기』*Historia evangelica* 또는 『복음서에 관한 책』*Evangeliorum libri*이라고 불린다. 베르길리우스 문체로 6운각 시로 저술된 이 작품은 성경 서사시의 본보기가 되었다.

705 히에로니무스, 『편지』 70 참조.

706 터키 폰투스 지방 시데(Side)이다.

707 에우스타티우스(Eustathius)는 280년과 288년 사이에 팜필리아의 시데에서 태어났다. 수사학과 철학에 정통했던 그는 319년 시리아에 있는 베로이아의 주교가 되었고, 알렉산드리아의 알렉산데르와 함께 아리우스 논쟁에 동참했다. 안티오키아 교회회의(324년 말 또는 325년 초)에서 안티오키아의 총주교로 선출되었고, 니케아 공의회 의장을 맡았다(테오도레투스, 『교회사』 1,7,10). 그러나 반아리우스 투쟁 과정에서 아리우스파는 그를 독단적이며 비윤리적인 사벨리우스주의자로 고발했다(테오도레투스, 『교회사』 1,21,3-9; 소크라테스, 『교회사』 1,23,8-24,4). 황제는 그를 트라키아의 트라이아노폴리스로 추방했고(테오도레투스, 『교회사』 1,21,3-9; 소크라테스, 『교회사』 1,23,8-24,4), 유배지에서 세상을 떠났다. T. Fuhrer, "에우스타티우스(안티오키아의)", 『교부학 사전』, 696-697 참조.

6운각 시로 옮기면서 책 네 권[704]을 지었고, 전례 순서에 맞추어 같은 운율로 몇몇 작품도 썼다. **2.** 콘스탄티누스 황제 통치 아래 꽃다운 시절을 보냈다.[705]

85
에우스타티우스 주교

1. 팜필리아 시데[706] 출신 에우스타티우스[707]는 처음에는 시리아의 베로이아 교회를 다스렸고[708], 그 다음에는 안티오키아 교회를 다스렸다.[709] 콘스탄티누스 황제 통치 아래 아리우스파의 교설을 거슬러 많은 작품을 쓰다가[710] 트라키아의 트라이아노폴리스로 유배를 갔고, 오늘날까지 거기 묻혀 있다.[711] **2.** 그의 책 『영혼론』*De anima*[712], 『점쟁이에 관해 오리게네스 반박』 *De ἐγγαστριμύθῳ adversus Origenem*[713]과 헤아리기에는 너무 긴 수많은 편지들이 있다.

---

708 319년에 시리아에 있는 베로이아의 주교가 되었다.

709 324년 말 또는 325년 초에 열린 안티오키아 교회회의에서 안티오키아의 총주교로 선출되었다.

710 에우스타티우스는 아리우스파에 맞선 강력한 투쟁 때문에 고난의 길을 걸어야 했다. 소조메누스, 『교회사』 2,19 참조.

711 에우스타티우스는 유배지인 트라키아의 트라이아노폴리스에서 사망했으나, 훗날 복권되어 482년에 유해가 안티오키아로 이장되었다.

712 오늘날 『철학자 반박 영혼론』*De anima contra philosophos*이라 불린다. *Clavis Patrum Graecorum* II, 3351 참조.

713 에우스타티우스의 수많은 저술 가운데 남아 있는 유일한 작품이며, 오리게네스의 역사적 해석과 우의적 주해를 모두 비판한다.

LXXXVI

Marcellus episcopus

1. Marcellus, Ancyranus episcopus, sub Constantino et Constantio principibus floruit multaque diversarum ὑποθέσεων scripsit volumina et maxime *Adversus Arianos*. **2.** Feruntur contra hunc Asterii et Apollinaris libri, Sabellianae eum haereseos arguentes, sed et Hilarius in septimo *Adversus Arianos* libro nominis eius quasi haeretici meminit. **3.** Porro ille defendit se non esse dogmatis cuius accusatur, communione Iulii et Athanasii, Romanae et Alexandrinae urbis pontificum.

LXXXVII

Athanasius episcopus

1. Athanasius, Alexandrinae urbis episcopus, multa Arianorum perpessus in-

---

714 280년경에 태어난 마르켈루스(Marcellus Ancyranus)는 안키라 교회회의(314년)에서 처음 주교로 언급되며, 니케아 공의회(325년)에서 아리우스파에 열정적으로 맞섰으나, 양태설자로 낙인찍혀 추방과 복귀를 되풀이하다가 374년 안키라에서 사망했다. 마르켈루스의 신학에 관해서는 카를 수소 프랑크, 『고대 교회사 개론』, 하성수 옮김, 가톨릭출판사 2008, 516-517; 에른트스 다스만, 『교회사 II/2』, 하성수 옮김, 분도출판사 2016, 54-55 참조.

715 306년부터 337년까지 다스렸다.

716 337년부터 361년까지 다스렸다.

717 아리우스파 철학자 아스테리우스에 관해서는 『명인록』 94 참조.

718 라오디케아의 주교 아폴리나리스에 관해서는 『명인록』 104 참조.

719 마르켈루스를 언급하는 힐라리우스의 작품은 『아리우스파 반박』*Adversus Arianos*이 아니

86
마르켈루스 주교

1. 안키라의 주교 마르켈루스[714]는 콘스탄티누스 황제[715]와 콘스탄티우스 황제[716] 통치 아래 전성기를 누렸고, 다양한 주제($\dot{\upsilon}\pi\dot{o}\theta\varepsilon\sigma\iota\varsigma$)의 많은 책, 특히 『아리우스파 반박』*Adversus Arianos*을 썼다. **2.** 마르켈루스를 사벨리우스 이단이라고 주장하는 아스테리우스[717]와 아폴리나리스[718]의 책들이 그를 거슬러 인용되고 있지만, 힐라리우스도 『아리우스파 반박』*Adversus Arianos* 제7권에서 그의 이름을 이단처럼 기억했다.[719] **3.** 그러나 그는 로마시의 주교 율리우스[720], 알렉산드리아시의 주교 아타나시우스[721]와 친교를 이루면서 자신이 고발당한 교설에 함께하지 않는다고 항변했다.[722]

87
아타나시우스 주교

1. 알렉산드리아시의 주교 아타나시우스[723]는 아리우스파의 시기심으로 많

라 『삼위일체론』*De Trinitate* 7,3이다. 히에로니무스의 착각이다.

720 율리우스는 337년부터 352년까지 로마의 주교였다.

721 아타나시우스(295-373년)에 관해서는 『명인록』 87 참조.

722 마르켈루스가 자신의 신앙을 초기 로마 신앙고백 형식으로 기록한 『율리우스 교황에게 보낸 편지』*Epistula ad Iulium papam*가 에피파니우스의 작품에 보존되어 있다(『약상자』 72,2-3). 그는 이 편지에서 자신에게 덧씌워진 사벨리우스 이단 혐의를 해명한다.

723 아타나시우스(Athanasius, 295-373년)는 328년 알렉산드리아의 주교로 선출된 이래 46년 가운데 20년 동안 다섯 차례에 걸쳐 귀양살이를 했고 373년 5월 2일 세상을 떠났다. 그가 남긴 저술의 핵심은 니케아 신앙이다. 곧, 성부와 성자는 본성과 본질 그리고 품위에서 똑같다는 것이다. 아달베르 함만, 『교부와 만나다』, 198-206 참조.

sidiis, ad Constantem Galliarum principem fugit, unde reversus cum litteris et rursus post mortem illius fugatus usque ad Ioviani imperium latuit, a quo recepta ecclesia sub Valente moritur. **2.** Feruntur eius *Adversum gentes* duo libri et *Contra Valentem et Ursacium* unus et *De virginitate* et *De persecutionibus Arianorum* plurimi et *De psalmorum titulis* et historia *Antonii monachi vitam* continens et Ἑορταστικαὶ *epistulae* et multa alia quae enumerare longum est.

LXXXVIII

Antonius monachus

1. Antonius monachus, cuius vitam Athanasius, Alexandriae episcopus, insigni volumine prosecutus est, misit Aegyptiace ad diversa monasteria apostolici

---

724 콘스탄스 황제는 337년부터 350년까지 다스렸다. 콘스탄티누스의 아들 콘스탄스 황제는 그리스도교에 매우 우호적이었으나, 완고하고 불공정한 정치를 펼치다가 350년에 게르만 출신 장군인 찬탈자 막그넨티우스에게 살해당했다.

725 요비아누스 황제는 363년부터 364년까지 다스렸다.

726 발렌스 황제는 364년부터 378년까지 다스렸다.

727 이 작품은 '이중 저서'인 『이교인 반박 연설』*Oratio adversus gentes*과 『말씀의 육화에 관한 연설』*Oratio de incarnatione Verbi*이다.

728 아리우스파의 두 인물 발렌스와 아르사키우스를 반박한 작품인데 소실되었다.

729 시리아어와 아라메니아어 단편으로 전해진다.

730 『아리우파의 박해』*De persecutione Arianorum*가 어떤 작품인지 추정하기 어렵다. 『아리우스파 반박 연설』*Orationes adversus Arianos*, 『아리우스파 반박 변론』*Apologia contra Arianos*, 『아리우스파의 역사』*Historia Arianorum*를 히에로니무스가 두루뭉술하게 말하

은 고난을 겪고 갈리아의 콘스탄스 황제[724]에게 피신했다. 거기서 황제의 친서를 가지고 되돌아왔으나, 황제가 죽은 뒤 다시 피신하여 요비아누스 황제[725] 때까지 숨어 지냈다. 그 황제에게 교회를 되돌려 받은 그는 발렌스[726] 통치 아래 선종했다. **2.** 그의 작품으로는 『이교인 반박』*Adversus gentes* 두 권[727], 『발렌스와 우르사키우스 반박』*Contra Valentem et Ursacium* 한 권[728], 『동정』*De virginitate*[729]과 『아리우스파의 박해』*De persecutionibus Arianorum* 여러 권[730], 『시편 제목』*De psalmorum titulis*[731], 『수도승 안토니우스의 생애』*Vita Antonii monachi*[732]를 담은 이야기, 『부활절 서간들』 Ἑορταστικαὶ *epistulae*[733]과 헤아리기에는 너무 긴 다른 많은 저술이 있다.

88
안토니우스 수도승

1. 알렉산드리아의 주교 아타나시우스[734]가 그 생애를 탁월한 책[735]으로 기록한 수도승 안토니우스[736]는 사도적 감각과 어법을 지닌 『편지』*Epistulae*

는 것일 수도 있다. A.Ceresa-Gastaldo, *Gerolamo*, 320 참조.

731 이 작품은 소실되었으며, 친저성이 의심스럽다.

732 당시 베스트셀러였던 『안토니우스의 생애』*Vita Antonii*는 여러 언어로 번역되어 동·서방 수도승 생활의 지침서가 되었다. G.J.M. Bartelink (ed.), SC 400, Paris 1994, 124-377; 아타나시우스, 『사막의 안토니우스』, 허성석 옮김, 분도출판사 2015 참조. 이 작품을 라틴어로 번역한 안티오키아의 에바그리우스에 관해서는 『명인록』 125 참조.

733 그리스어 단편과 콥트어, 시리아어 번역본이 남아 있다.

734 『명인록』 87 참조.

735 아타나시우스가 저술한 『안토니우스의 생애』를 가리킨다.

736 안토니우스(Antonius, 251-356년)는 스무 살에 복음의 부름을 받고 가진 것을 팔아 가난한 사람들에게 나누어준 뒤 이집트 사막에서 홀로 수행의 삶을 살았다. 복음을 에누리 없이 철저히 살아가는 독거 수도승 생활을 본격적으로 시작하여 수도승 생활의 원조라고 일

sensus sermonisque *Epistulas* septem, quae in Graecam linguam translatae sunt, quarum praecipua est *Ad Arsenoitas*. **2.** Floruit Constantino et filiis eius regnantibus.

LXXXIX
Basilius episcopus

1. Basilius, Ancyranus episcopus, arte medicus, scripsit *Contra Marcellum* et *De virginitate* librum et nonnulla alia et sub rege Constantio Macedonianae partis cum Eustathio Sebasteno princeps fuit.

XC
Theodorus episcopus

1. Theodorus, Heracleae Thraciarum episcopus, elegantis apertique sermonis

---

컬어진다.

737 콥트어로는 부분적으로만 남아 있고, 조지아어, 라틴어, 시리아어 사본으로 전해지며, 그리스어 번역본은 소실되었다.

738 바실리우스(Basilius Ancyranus)는 336년 안키라의 주교 마르켈루스가 면직되자 그 자리를 이어 주교가 되었다. 『명인록』 86 참조.

739 소실된 작품이다.

740 이 작품은 카이사리아의 대 바실리우스의 작품으로 잘못 알려진 『동정에서 참된 정결』*De integritate veritabili in virginitate*일 것이다. Basil d'Ancyre, *De la véritable intégrité*

일곱 통을 콥트어로 써서 다양한 수도원에 보냈다.[737] 그 편지들은 그리스어로 번역되었는데, 그 가운데 『아르세니우스파에게 보낸 서간』 *Ad Arsenoitas* 이 특출하다. **2.** 콘스탄티누스와 그 아들들이 통치하던 시절에 전성기를 누렸다.

89
[안키라의] 바실리우스 주교

1. 안키라의 주교 바실리우스[738]는 직업이 의사였다. 『마르켈루스 반박』 *Contra Marcellum*[739]과 『동정』*De virginitate*[740]에 관한 책과 다른 몇 작품도 콘스탄티우스[741] 통치 아래 썼다. 세바스테의 에우스타티우스[742]와 함께 마케도니우스파[743]의 우두머리였다.

90
테오도루스 주교

1. 트라키아에 있는 헤라클레아의 주교 테오도루스[744]는 콘스탄티우스 황

---

dans la virginité, C. Coudreau (tr.), Saint-Benoît 1981; M. Simonetti, "Basilio di Ancira", NDPAC I, 723-724 참조.

741 콘스탄티우스 황제는 337년부터 361년까지 다스렸다.

742 356년에 세바스테의 주교가 된 에우스타티우스는 성부와 성자의 본질이 비슷하다는 유사본질파였다가, 367년부터 성령신성부인론파의 수장이 되었다. J. Pauli, "에우스타티우스 (세바스테의)", 『교부학 사전』, 694-695; 에른트스 다스만, 『교회사 II/2』, 54-55 참조.

743 마케도니우스파는 성령의 신성, 성부와 성자의 동일본질을 부정하는 준아리우스파이다.

744 헤라클레아의 주교 테오도루스(Theodorus Heracleensis)는 아타나시우스를 반대하는 준아리우스파로 티루스 교회회의(335년)에 참석했다. 동방에서 교회 정치의 중심에 섰고, 필

et magis historicae intelligentiae edidit sub Constantio principe *Commenta-rios in Matthaeum et Iohannem* et *In Apostolum* et *In Psalterium*.

XCI
Eusebius alius episcopus

1. Eusebius Emisenus, elegantis et rhetorici ingenii, innumerabiles et qui ad plausum populi pertineant confecit libros magisque historiam secutus ab his qui declamare volunt studiosissime legitur; **2.** e quibus vel praecipui sunt *Adversum Iudaeos et gentes et Novatianos* et *Ad Galatas* libri decem et *In Evangelia homiliae* breves, sed plurimae. **3.** Floruit temporibus Constantii imperatoris, sub quo et mortuus Antiochiae sepultus est.

리포폴리스 대립 교회회의에 참석하여 세르디카 교회회의(342년)의 결정을 거부하는 운동에 앞장섰기 때문에 서방 주교들은 그를 파문했다. T. Fuhrer, "테오도루스(헤라클레아의)", 『교부학 사전』, 1011-1012 참조.

745 콘스탄티우스 황제는 337년부터 361년까지 다스렸다.

746 '역사적 해석'(historica intelligentia)과 '문자적 해석'(litteralis intelligentia)은 안티오키아 학파의 성경 주석 특징이다.

747 이 작품들의 성경 주해 선집(catena)에 관해서는 *Clavis Patrum Graecorum* II, 3561-3567 참조.

제[745] 통치 아래『마태오 복음 주해』*Commentarius in Matthaeum*와『요한 복음 주해』*Commentarius in Iohannem*, 『사도 [바오로 서간] 강해』*In Apostolum*와『시편 강해』*In Psalterium*를 우아하고 명료한 문체로, 특히 역사적 해석[746]으로 출간했다.[747]

91
또 다른 [에메사의] 에우세비우스 주교

1. 우아한 수사학적 재능을 지닌 에메사의 에우세비우스[748]는 민중의 박수를 받아 마땅한 수많은 책을 저술했는데, 역사적 해석을 특별히 따랐으며 공적 연설을 하려는 이들에게 매우 열성적으로 읽힌다. **2.** 이 작품들 가운데『유대인과 이교인과 노바티아누스파 반박』*Adversus Iudaeos et gentes et Novatianos*과『갈라티아서 강해』*Ad Galatas* 열 권이 특별하고, 『복음서 강해』*In Evangelia homiliae*는 짧지만 많다.[749] **3.** 콘스탄티우스 황제[750] 시절에 전성기를 누렸고, 그 통치 아래 안티오키아에서 죽어서 묻혔다.

---

748 카이사리아의 에우세비우스의 제자이자 요한 크리소스토무스의 스승이었던 에우세비우스 (Eusebius Emesenus)는 에메사(오늘날 시리아의 포이니케)의 주교로 활동하다가 359년에 사망했다.

749 히에로니무스는 에메사의 에우세비우스에 관한 정보를 주는 첫 인물이다. 주로 성경 주석 작품의 단편들이 남아 있으며, 라틴어로 번역된 설교 29개가 있다. M. Simonetti, "Eusebio di Emesa", NDPAC I, 1854-1855 참조.

750 콘스탄티우스 황제는 337년부터 361년까지 다스렸다.

XCII
Triphylius episcopus

1. Triphylius, Cypri Ledrensis sive Leucotheon episcopus, eloquentissimus suae aetatis et sub rege Constantio celeberrimus fuit. Legi eius *In Canticum canticorum commentarios*. Et multa alia composuisse fertur, quae in nostras manus minime pervenerunt.

XCIII
Donatus haeresiarches

1. Donatus, a quo Donatiani per Africam sub Constantino Constantioque principibus, asserens a nostris scripturas in persecutione ethnicis traditas totam paene Africam et maxime Numidiam sua persuasione decepit. **2.** Extant eius multa ad suam haeresim pertinentia et *De Spiritu Sancto* liber Ariano dogmati congruens.

---

751 오늘날 키프로스의 니코시아(Nicosia)인 듯하다.
752 히에로니무스의 『명인록』 외에는 트리필리우스에 관한 어떠한 정보도 찾을 수 없다.
753 콘스탄티우스 황제는 337년부터 361년까지 다스렸다.
754 히에로니무스의 정보 말고는 그의 생애와 작품에 관하여 알려진 것이 아무것도 없다.
755 콘스탄티누스 황제는 306년부터 337년까지 다스렸고, 콘스탄티우스 황제는 337년부터 361년까지 다스렸다.
756 누미디아의 카사이 니그라이(Casae Nigrae) 출신 도나투스는 315년부터 세상을 떠난 355년경까지 북아프리카에서 도나투스 열교(schisma donatistarum)를 이끌었다. W.H.C. Frend, "Donato", NDPAC I, 1495-1498 참조.

92
트리필리우스 주교

1. 키프로스에 있는 레드라 또는 레우코시아[751]의 주교 트리필리우스[752]는 당대 최고 연설가였고 콘스탄티우스 황제[753] 통치 아래 가장 큰 명성을 떨쳤다. 나는 그의 『아가 주해』*In Canticum canticorum commentarii*를 읽었다. 우리 손에는 전혀 전해지지 않은 다른 많은 책도 지었다고 한다.[754]

93
이단 창시자 도나투스

1. 콘스탄티누스와 콘스탄티우스 황제 통치 아래[755] 아프리카 전체에서 그의 이름을 딴 도나투스파를 낳은 도나투스[756]는 우리[보편 교회]가 박해 중에 이교인에게 성경을 넘겨주었다고 주장하면서 거의 모든 아프리카, 특히 누미디아를 자신의 꼬드김으로 속였다.[757] **2.** 자기 이단에 관한 많은 작품이 있고, 아리우스의 교설과 맞아떨어지는 『성령론』*De Spiritu Sancto*이라는 책도 있다.

---

757 디오클레티아누스 황제의 박해(303-305년)가 끝난 뒤 311년경 대부제 카이킬리아누스 (Caecilianus)는 누미디아의 주교들이 도착하기도 전에 서둘러 카르타고의 주교로 서품되었으나, 서품을 집전한 세 주교 가운데 배교자(traditor: 성경을 '넘겨준 자')로 의심받는 압퉁기의 펠릭스(Felix Aptungitanus)가 있었다. 뒤늦게 카르타고에 온 누미디아 지방의 주교들은 이 성사를 무효라고 선언한 뒤 마요리누스(Maiorinus)를 새 주교로 뽑아 세웠고, 도나투스는 313년부터 마요리누스를 이어 '거룩한 이들의 결사체'인 도나투스 교회를 이끌었다. 그는 347년에 일치 칙령으로 추방되어 355년에 유배지에서 세상을 떠났다. 도나투스 열교에 관해서는 카를 수소 프랑크, 『고대 교회사 개론』, 554-562; 에른트스 다스만, 『교회사 II/1』, 46-61 참조.

XCIV

Asterius philosophus

1. Asterius, Arianae philosophus factionis, scripsit, regnante Constantio, *In epistulam ad Romanos et In Evangelia* et *In psalmos commentarios* et multa alia quae a suae partis hominibus studiosissime leguntur.

XCV

Lucifer episcopus

1. Lucifer, Caralitanus episcopus, cum Pancratio et Hilario Romanae ecclesiae clericis ad Constantium imperatorem a Liberio episcopo pro fide legatus missus, cum nollet sub nomine Athanasii Nicaenam damnare fidem, in Palaestinam relegatus, **2.** mirae constantiae et praeparati animi ad martyrium

---

758 아스테리우스(Asterius)는 270년경 카파도키아에서 태어난 소피스트 철학자였다. 303년 디오클레티아누스 박해 때 배교했다가 교회에 다시 받아들여졌다. 아리우스 논쟁 초기에 활동한 아리우스의 선구자였다. 『총론』Συνταγμάτιον을 저술하여 삼위일체론에 관한 자신의 사상을 체계화했다.

759 콘스탄티우스 황제는 337년부터 361년까지 다스렸다.

760 아스테리우스의 성경 주석서는 모두 소실되었고, 『총론』 등의 단편들만 남아 있다. *Clavis Patrum Graecorum* II, 2815-2819 참조.

761 사르데냐 칼리아리의 옛 지명은 사르디니아 카랄리스 또는 칼라리스이다.

762 사르디니아 칼라리스의 주교 루키페르(Lucifer Calaritanus)는 급진적 니케아파였다. 로마의 주교 리베리우스는 그를 황실과 밀라노 교회회의(355년)에 사절로 파견했으며, 이 교회회의에서 황실의 압력에 맞서 아타나시우스 단죄를 거부함으로써 동방으로 추방되었다. 362년 유배에서 풀려난 루키페르는 멜레티우스파와 에우스타티우스파를 통합하는 임무

94
철학자 아스테리우스

1. 아리우스파 철학자 아스테리우스[758]는 콘스탄티우스[759]가 다스릴 때 『로마서 주해』*In epistulam ad Romanos*와 『복음서 주해』*In Evangelia*, 『시편 주해』*In psalmos commentarii*를 비롯하여, 자기 무리의 사람들에게 열성적으로 읽히는 많은 다른 작품도 썼다.[760]

95
루키페르 주교

1. 칼리아리[761]의 주교 루키페르[762]는 로마 교회 성직자들인 판크라티우스[사제]와 힐라리우스[부제]와 함께 리베리우스 주교[763]에 의해 콘스탄티우스 황제[764]에게 신앙 보호 대사로 파견되었다. 아타나시우스의 이름을 건 니케아 신앙을 단죄하려 하지 않았기 때문에 팔레스티나에 유배되었다.[765] **2.** 놀라운 끈기와 순교할 각오로 『콘스탄티우스 황제 반박』*Contra*

를 맡아 안티오키아로 갔으나, 아직 유배 중이던 멜레티우스 주교 대신 파울리누스 사제를 안티오키아의 니케아파(에우스타티우스파) 주교로 임명함으로써 안티오키아 교회를 더 심각한 분열에 빠뜨렸으며, 아타나시우스와 알렉산드리아 교회회의(362년)의 노력마저 물거품으로 만들었다. 칼라리스로 귀향한 뒤에도 아리우스파를 교회에 받아들이기를 완고하게 거부하다가 370년 사망했다. M. Durst, "루키페르(칼리아리의)", 『교부학 사전』, 228-230 참조.

763 리베리우스는 352년부터 366년까지 로마의 주교였다.

764 콘스탄티우스 황제는 337년부터 361년까지 다스렸다.

765 루키페르는 밀라노 교회회의에서 콘스탄티우스 황제의 명령으로 판크라티우스 사제와 힐라리우스 부제와 함께 유배되었다. 『연대기』(Helm 239-240) 참조.

Contra Constantium imperatorem scripsit librum eique legendum misit ac non multo post sub Iuliano principe reversus, Caralis Valentiniano regnante obiit.

XCVI
Eusebius alius episcopus

1. Eusebius, natione Sardus et ex lectore urbis Romae Vercellensis episcopus, ob confessionem fidei a Constantio principe Schythopolim et inde Cappadociam relegatus, **2.** sub Iuliano imperatore ad ecclesiam reversus edidit *In psalmos commentarios Eusebii Caesariensis*, quos de Graeco in Latinum verterat, et mortuus est Valentiniano et Valente regnantibus.

---

766 루키페르는 『하느님 모독자를 참지 말아야 한다』*De non parcendo in Deum delinquentibus*(359년)에서 콘스탄티우스 황제의 고발을 반박하고, 『하느님 아들을 위해 죽어야 한다』*Moriendum esse pro Dei Filio*(360/361년)에서 자신은 콘스탄티우스 황제의 폭력에 맞서 순교할 준비가 되어 있다고 밝힌다.

767 배교자(apostata)라는 별명이 붙은 율리아누스 황제는 361년부터 363년까지 다스렸다.

768 발렌티니아누스 황제는 364년부터 375년까지 다스렸다.

769 루키페르는 니케아 신앙을 극단적으로 주장함으로써 다른 공동체와 재통합을 거부한 채 370년 교회가 분열된 상태에서 삶을 마감했다. M. Simonetti, "Basilio di Ancira", NDPAC I, 611-612 참조.

*Contantium imperatorem*이라는 책을 써서 그에게 읽으라고 보냈다.[766] 그리 오래지 않아 율리아누스 황제[767] 통치 아래 돌아왔으며, 발렌티니아누스[768]가 다스리던 시절 칼리아리에서 선종했다.[769]

96
또 다른 [베르첼리의] 에우세비우스 주교

1. 사르디니아 출신 에우세비우스[770]는 로마시의 독서자였다가 베르첼리의 주교가 되었다. 신앙고백 때문에 콘스탄티우스 황제에 의해 스키토폴리스에 유배되었다가, 거기서 다시 카파도키아로 추방되었다.[771] **2.** 율리아누스 황제 통치 아래 교회로 되돌아온 그는 『카이사리아의 에우세비우스의 시편 주해』*In psalmos commentarios Eusebii Caesariensis*를 그리스어에서 라틴어로 번역 출간했다.[772] 발렌티니아누스[773]와 발렌스[774]가 다스리던 시절 세상을 떠났다.[775]

---

770 에우세비우스(Eusebius Vercellensis)는 345년에 베르첼리의 주교로 선출되었다. 밀라노 교회회의(355년)에서 아타나시우스 단죄에 반대했다는 이유로 팔레스티나의 스키토폴리스, 카파도키아를 거쳐 테바이스에서 귀양살이를 하다가, 율리아누스의 칙령(361년)으로 유배에서 풀려났다. 아타나시우스의 요청으로 알렉산드리아 교회회의에 참석했으며, 363년 베르첼리로 돌아와 아리우스파에 맞섰다. 에우세비우스는 '공주 수도원'(coenobium)을 세운 서방 최초의 주교이기도 했다. B. Dümler, "에우세비우스(베르첼리의)", 『교부학 사전』, 683-684 참조.

771 밀라노 교회회의에서 아타나시우스에 대한 단죄를 거부했기 때문에 콘스탄티우스 황제의 명령으로 355년에 유배되었다. 『연대기』(Helm 239) 참조.

772 이 작품은 소실되었다.

773 발렌티니아누스 황제는 364년부터 375년까지 다스렸다.

774 발렌스 황제는 364년부터 378년까지 다스렸다.

775 베르첼리의 에우세비우스는 369년에 세상을 떠났다. 『연대기』(Helm 245) 참조.

XCVII

Fortunatianus episcopus

1. Fortunatianus, natione Afer, Aquileiensis episcopus, imperante Constantio *In Evangelia* titulis ordinatis brevi sermone rusticoque scripsit *commentarios,* **2.** et in hoc habetur detestabilis quod Liberium, Romanae urbis episcopum, pro fide ad exilium pergentem primus sollicitavit et fregit et ad subscriptionem haereseos compulit.

XCVIII

Acacius episcopus

1. Acacius, quem quia luscus erat μονόφθαλμον nuncupabant, Caesariensis

---

776 아퀼레이아의 주교 포르투나티아누스(Fortunatianus Aquileiensis)는 세르디카 교회회의에서 아타나시우스를 변론했으나, 콘스탄티우스 황제와 리베리우스 주교의 대립 상황에서는 황제의 뜻을 따라 비유사파를 지지했다. 368년 이전에 사망했다.

777 콘스탄티우스 황제는 337년부터 361년까지 다스렸다.

778 이 작품은 단편만 남아 있다.

779 단편으로만 존재했던 포르투나티아누스의 『복음서 주해』 필사본이 2012년에 쾰른에서 발견되어 2017년에 편집본으로 출간되었다. 쾰른 사본이 전해주는 『복음서 주해』에는 성경의 핵심 구절이 각 단락의 제목으로 달려 있다. L. Dorfbauer (ed.), *Fortunatianus redivivus Bischof Fortunatian von Aquileia und sein Evangelienkommentar*, Extra Seriem in CSEL, Salzburg 2017, 14-17 참조.

780 로마의 주교 리베리우스(352-366년)는 아를 교회회의(353년)가 아타나시우스를 단죄한 것에 격분하여 밀라노 교회회의(355년) 소집을 요청했다. 교회회의가 끝난 뒤 콘스탄티우스 황제의 협상을 거부함으로써 추방되었으나, 유배지에서 황제의 압력에 굴복하여 아타나

97

포르투나티아누스 주교

1. 아프리카 출신 포르투나티아누스[776]는 아퀼레이아의 주교였고, 콘스탄티우스 황제 시절[777]에 『복음서 주해』*In Evangelia commentarios*[778]를 제목순[779]으로 짧고 촌스러운 문체로 저술했다. **2.** 이 인물에게 진절머리가 나는 것은 로마시의 주교 리베리우스가 신앙을 위해 귀양살이를 하도록 들쑤신 첫 인물이며, 리베리우스를 꺾어 이단자들에게 굴복하도록 강요했기 때문이다.[780]

98

아카키우스 주교

1. 팔레스티나에 있는 카이사리아 교회의 주교 아카키우스[781]는 외눈박이

시우스를 단죄하고 아리우스적 일치 정식에 서명한 뒤 358년 로마 주교로 복귀했고, 366년 세상을 떠났다. 히에로니무스는 포르투나티아누스가 리베리우스 교황을 압박하던 콘스탄티우스 황제 편을 들어 비유사파를 지지한 행위를 강하게 비판한다. 카를 수소 프랑크, 『고대 교회사 개론』, 542-543; 에른스트 다스만, 『교회사 II/1』, 134-136; B. Dümler, "포르투나티아누스(아퀼레이아의)", 『교부학 사전』, 1089; B. Studer, "Fortunaziano di Aquileis", NDPAC II, 1994 참조.

781 아카키우스(Acacius Caesariensis)는 340년 에우세비우스를 이어 카이사리아의 주교가 되었다. 선임자 에우세비우스의 유사파 노선을 따랐고, 성부와 성자의 본질이 "성경에 따라 유사하게"ὁμοίως κατὰ τὰς γράφας 형성되었다는 정식을 만들어냈다. 이 정식은 359년 리미니/셀레우키아 이중 교회회의에서 받아들여졌으며 360년 콘스탄티노플에서 승인되었다. 그는 자신과 생각이 같은 멜레티우스를 안티오키아의 주교로 서품했으며, 365년 사망했다. G. Röwekamp, "아카키우스(카이사리아의)", 『교부학 사전』, 589-590 참조.

ecclesiae in Palaestina episcopus, elaboravit *In Ecclesiasten* decem et septem volumina et Συμμίκτων ζητημάτων sex, multos praeterea diversosque tractatus. **2.** In tantum autem sub Constantio imperatore claruit ut in Liberii locum Romae Felicem episcopum constitueret.

XCIX
Serapion episcopus

1. Serapion, Thmueus episcopus, qui ob elegantiam ingenii cognomen scholastici meruit, carus Antonii monachi, edidit *Adversus Manichaeum* egregium librum et *De Psalmorum titulis* alium et ad diversos utiles epistulas et sub Constantio principe etiam in confessione inclitus fuit.

---

782 콘스탄티우스 황제는 337년부터 361년까지 다스렸다.

783 로마의 주교 리베리우스(352-366년)가 밀라노 교회회의(355년)에서 아타나시우스의 주장에 동조하자 콘스탄티우스 황제는 리베리우스를 트라키아로 추방하고(아타나시우스, 『아리우스파 역사』 37; 소조메누스, 『교회사』 4,11; 테오도레투스, 『교회사』 2,16), 로마의 주교로 펠릭스를 임명했다(아타나시우스, 『아리우스파 역사』 75). 히에로니무스는 펠릭스를 새로운 교황으로 만드는 데 아카키우스가 힘을 썼다고 증언한다. 훗날 리베리우스가 황제에게 굴복하여 아타나시우스에게 등을 돌린 채 358년 로마에 돌아오자, 분열된 공동체의 펠릭스 주교는 로마에서 쫓겨났다. 카를 수소 프랑크, 『고대 교회사 개론』, 542-543 참조.

784 수도승 안토니우스의 친구인 트무이스의 주교 세라피온(Serapion Thmuitanus, 358-362년)은 빛나는 성덕과 유창한 말솜씨를 지녔고(에우세비우스, 『교회사』 4,9), 아타나시우스 주교와 긴밀한 관계를 맺으며 니케아 신앙을 수호했다. 아타나시우스가 저술한 전기에 따르면, 안토니우스는 자신의 유품인 망토를 둘로 쪼개어 아타나시우스와 세라피온에게 각각 물려주었다(『안토니우스의 생애』 91,8).

였기 때문에 사람들은 그를 모노프탈모스(μονόφθαλμος 애꾸)라고 불렀다. 『코헬렛 주해』*In Ecclesiasten* 열일곱 권과 『다양한 질문』Σύμμικτα ζητή-ματα 여섯 권을 지었고, 그 밖에 많은 다양한 작품들이 있다. **2.** 리베리우스 자리에 펠릭스를 로마의 주교로 세울 정도로 콘스탄티우스[782] 황제 통치 아래 영향력이 있었다.[783]

99
세라피온 주교

1. 트무이스의 주교 세라피온[784]은 고상한 재능으로 학자(scholasticus)라는 칭호를 누렸다. 수도승 안토니우스의 소중한 벗으로서 『마니교도 반박』 *Adversus Manichaeum*이라는 중요한 책[785]과 『시편 제목』*De psalmorum titulis*에 관한 또 다른 책[786]을 출간했고, 다양한 사람들에게 유익한 편지들을 썼다.[787] 콘스탄티우스[788] 황제 통치 아래 신앙고백으로도 유명했다.[789]

---

785 4세기 중반에 저술된 가장 오래된 마니교 반박 저술이다.

786 소실되었다.

787 대표적 친서는 다음과 같다. 『에우독시우스 주교에게 보낸 편지』*Epistula ad Eudoxium episcopum*, PG 40,900-925; 『안토니우스의 제자들에게 보낸 편지』*Epistula ad Antonii discipulos*, R. Draguet (ed.), Muséon 64 (1951), 1-25.

788 콘스탄티우스 황제는 337년부터 361년까지 다스렸다.

789 356년 트무이스의 주교 세라피온은 다른 네 주교와 함께 콘스탄티우스 황제 앞에서 아타나시우스를 거스른 주장들을 반박했다(소조메누스, 『교회사』 4,9). 그 결과, 세라피온은 유배를 떠나고, 그 주교좌를 아리우스파 톨로메우스가 차지하게 되었는데, 히에로니무스는 세라피온이 바로 그 "신앙고백으로 유명했다(in confessione inclitus)."라고 한다. M. Maritano, "Serapione di Thumuis", NDPAC III, 4856-4857 참조.

C

Hilarius episcopus

1. Hilarius, urbis Pictavorum Aquitanicae episcopus, factione Saturnini Arelatensis episcopi de synodo Biterrensi Phrygiam relegatus, **2.** duodecim *Adversus Arianos* confecit libros et alium librum *De synodis*, quem ad Galliarum episcopos scripsit, et *In psalmos commentarios*, primum videlicet et secundum et a quinquagesimo primo usque ad sexagesimum secundum et a centesimo octavo decimo usque ad extremum, in quo opere imitatus Origenem nunnulla etiam de suo addidit. **3.** Est eius et *Ad Constantium* libellus, quem viventi Constantinopoli porrexerat, et alius *In Constantium*, quem post mortem eius scripsit, et liber *Adversus Valentem et Ursacium* historiam Ari-

---

790 갈리아 지방 푸아티에의 주교 힐라리우스(Hilarius Pictaviensis, †367년)는 니케아 신앙의 버팀목인 아타나시우스를 단죄한 밀라노 교회회의(355년)의 결정에 반대함으로써 콘스탄티우스 황제의 명령으로 356년에 프리기아로 유배되었다. 귀양살이(356-360년)를 하면서도 갈리아 지방의 주교들과 꾸준히 편지를 주고받으며 신학적 조언을 아끼지 않았고, 서방 주교로서 동방에서 벌어지고 있던 신학 논쟁의 핵심을 꿰뚫어 볼 수 있게 되었다. 유배 중이었지만 힐라리우스는 일정한 자유를 얻어 359년 동방(셀레우키아)과 서방(리미니)에서 나란히 열린 교회회의를 통하여 갈라진 교회의 신학적 합의를 끌어내려 애썼지만, 콘스탄티우스 황제가 "성자는 성경에 따라 그분을 낳으신 성부와 '유사하다'(homoios)"라는 표현을 억지로 밀어붙이는 바람에 그 꿈은 깨져버렸다. 그 이듬해인 360년 고향으로 돌아갔으나 주교좌에 복귀하지 못했고, 아리우스 이단에 맞서 중용적인 정통 신앙을 지키기 위해 애쓰다가 367년 선종했다. "성부와 성자는 하나(unus)이지만, 홀로(solus) 계시지 않는다."(『삼위일체론』 8,36)라는 짧은 문장에 그의 유연한 신학이 함축되어 있다. M. Simonetti, "Ilario di Poitiers", NDPAC II, 2521-2528; 최원오, "푸아티에의 힐라리우스", 『내가 사랑한 교부들』, 분도출판사 2005, 167-170 참조.

791 라틴어 지명 비테라이(Biterrae)는 오늘날 프랑스의 베치에(Béziers)이다.

792 아를의 주교 사투르니누스는 갈리아 지방 친아리우스파 수장으로서 베치에 교회회의(356년)를 주도하여 힐라리우스를 푸아티에 주교좌에서 면직시켰다.

100
힐라리우스 주교

1. 아퀴타니아 지방 푸아티에의 주교 힐라리우스[790]는 아를의 주교 사투르니누스가 주도한 베치에[791] 교회회의에서 프리기아로 추방되었다.[792] **2.** 『아리우스파 반박』*Adversus Arianos* 열두 권[793], 갈리아의 주교들에게 쓴 또 다른 책 『교회회의』*De synodis*[794]를 지었다. 『시편 주해』*In psalmos commentarii* 제1권과 제2권도 분명히 썼는데, [제1권은] 제51편에서 제62편까지, [제2권은] 제118편에서 끝까지 다룬다. 이 작품에서 오리게네스를 본뜬 그는 자기 생각도 일부 덧붙였다.[795] **3.** 『콘스탄티우스에게』*Ad Constantium* 보낸 책[796]도 그의 것인데, 콘스탄티노플에 살아 있던 황제에게 보낸 것이다. 또 다른 책 『콘스탄티우스 반박』*In Constantium*[797]은

---

793 『삼위일체론』*De Trinitate*이라고 널리 알려진 이 작품을 히에로니무스는 『아리우스파 반박』이라고 부르고, 어떤 이들은 『신앙론』*De fide*이라고 일컫기도 한다. 유배 기간(356-360년)에 저술되었다.

794 리미니 교회회의를 준비하면서 359년 초에 갈리아 주교들과 동방의 반(反)아리우스파 주교들을 위해 저술한 작품이다.

795 오늘날 시편 50여 편에 관한 해설이 남아 있다. 히에로니무스는 이 작품이 오리게네스에게 기댄 불완전한 작품이라고 소개하지만, 시편 150편 전체를 주해한 작품인지는 확실하지 않다. 유배 이후에 썼으리라 추정한다.

796 『콘스탄티우스에게』 보낸 책은 서로 다른 시기에 보낸 두 작품이다. 『콘스탄티우스에게 보낸 첫 번째 책』*Liber I ad Constantium*은 세르디카 교회회의(343년)에 참석한 서방 주교들이 정통 신앙파에 대한 박해를 멈춰달라고 콘스탄티우스 황제에게 호소한 편지를 담고 있으며, 아타나시우스를 단죄한 밀라노 교회회의(355년)의 불법성을 지적한다. 유배 전에 저술된 작품이다. 『콘스탄티우스에게 보낸 두 번째 책』*Liber II ad Constantium*은 359년 콘스탄티노플에서 썼는데, 자신을 면직시킨 아를의 친아리우스파 주교 사투르니누스와 법정 토론을 주선해 달라는 요청과, 리미니의 신앙 정식을 승인하지 말라는 권고가 들어 있다.

minensis et Seleuciensis synodi continens, et *Ad praefectum Sallustium sive contra Dioscorum* et *Liber hymnorum* et *Mysteriorum* alius et *Commentarii in Matthaeum* et *Tractatus in Iob*, quos de Graeco Origenis ad sensum transtulit et alius elegans libellus *Contra Auxentium*, et nonnullae ad diversos epistulae. Aiunt quidam scripsisse eum *In Canticum canticorum*, sed a nobis hoc opus ignoratur. **4.** Mortuus est Pictavis Valentiniano et Valente regnantibus.

---

797 아리우스파를 편드는 콘스탄티우스 황제를 향한 권고와 설득이 헛일이 되자, 힐라리우스
    는 매우 과격한 책 『콘스탄티우스 반박』*Liber contra Constantium* 또는 *In Constantium*
    을 썼다. 그는 이 작품에서 콘스탄티우스 황제가 네로나 데키우스, 막시밀리아누스 같은
    옛 박해자들보다 더 고약하다고 비판한다. 박해자들이 공공의 적이었다면, 콘스탄티우스
    는 교회를 엉큼하게 억누르는 압제자라는 것이다. 히에로니무스는 이 위험한 작품이 콘스
    탄티우스 황제 사후에 출간되었다고 하지만, 본문을 분석해 보면 힐라리우스는 아직 유
    배 중이었고 콘스탄티우스 황제가 살아 있던 시기였다. M. Simonetti, "Ilario di Poitiers",
    NDPAC II, 2524; *Liber in Constantium imperatorem*, A. Rocher, SC 334(1987), Paris
    166-223 참조.
798 소실된 작품이다.
799 히에로니무스가 칭찬하는(『편지』70,5,3) 이 작품은 배교자 율리아누스 황제의 이교 복원
    시도를 비판하는 내용이지만, 소실되었다.
800 힐라리우스는 서방 최초의 찬가 시인이었다. 그의 작품 가운데 찬가 세 편이 불완전한 형
    태로 전해진다.

그 황제가 죽은 뒤 쓴 것이다. 리미니와 셀레우키아 교회회의 역사를 담은 『발렌스와 우르사키우스 반박』*Adversus Valentem et Ursacium*[798], 『살루스티우스 총독에게 또는 디오스코루스 반박』*Ad praefectum Sallustium sive contra Dioscorum*[799], 『찬가집』*Liber hymnorum*[800]과 『신비에 관한 책』*Liber Mysteriorum*[801], 『마태오 복음 주해』*Commentarii in Matthaeum*[802]를 썼고, 오리게네스의 그리스어 본문에서 의역한 『욥기 강해』*Tractatus in Iob*[803]가 있다. 또 하나의 품격 있는 책인 『아욱센티우스 반박』*Contra Auxentium*[804]과 다양한 사람들에게 보낸 편지 몇 통도 있다. 어떤 이들은 그가 『아가 강해』*In Canticum canticorum*를 썼다고 하지만, 이 작품은 우리에게 알려져 있지 않다. **4.** 발렌티니아누스[805]와 발렌스[806]가 다스리던 시절 푸아티에에서 선종했다.[807]

---

801 오늘날 『신비론』*De mysteriis*이라고 일컬어지는 이 작품은 365년경 저술되었으며, 성경을 예형론적으로 해석하여 구약의 인물들에서 그리스도와 교회를 읽어낸다.

802 복음의 핵심 이야기를 설명하는 이 작품은 356년 유배 전에 저술되었다.

803 소실된 작품이다.

804 황실과 한통속이던 밀라노의 친아리우스파 주교 아욱센티우스를 조심하라고 니케아 신앙에 충실한 서방 주교들에게 보낸 권고 편지이다. 힐라리우스가 '그리스도의 적' 아욱센티우스를 면직시키려고 했으나 끝내 이루지 못한 364/5년의 정보가 들어 있다. 아리우스파의 거점이던 밀라노 교회 문제는 374년에 암브로시우스가 밀라노의 주교로 선출되면서 결정적으로 해결된다.

805 발렌티니아누스 황제는 364년부터 375년까지 다스렸다.

806 발렌스 황제는 364년부터 378년까지 다스렸다.

807 『연대기』(Helm 245)는 힐라리우스의 사망 연도를 발렌티니아누스와 발렌스 황제 재위 3년인 367년으로 잡았다.

CI

Victorinus rhetor

1. Victorinus, natione Afer, Romae sub Constantio principe rhetoricam docuit et in extrema senectute Christi se tradens fidei scripsit *Adversus Arium* libros more dialectico valde obscuros, qui nisi ab eruditis non intelliguntur, et *Commentarios in Apostolum*.

CII

Titus episcopus

1. Titus, Bostrenus episcopus, sub Iuliano et Ioviano principibus fortes *Adversum Manichaeos* scripsit libros et nonnulla alia. **2.** Moritur sub Valente.

---

808 북아프리카 출신 마리우스 빅토리누스(Marius Victorinus, †365년)는 354년 로마 트라야누스 광장에 입상이 세워질 정도로 유명한 수사학자였다. 그가 라틴어로 번역한 '신플라톤 철학 서적들'(libri platonici)은 아우구스티누스의 회심에 큰 영향을 끼쳤다(『고백록』 *Confessiones* 7,9,13; 『참된 종교』*De vera religione* 4,7; 『신국론』*De civitate Dei* 8,12; 『아카데미아학파 반박』*Contra academicos* 2,1,5). 암브로시우스와 아우구스티누스의 영적 스승인 밀라노의 사제 심플리키아누스와 친구였고, 그가 겸허하게 그리스도교 신앙을 받아들인 감동적인 이야기를 아우구스티누스는 길고 상세하게 묘사한다(『고백록』 8,2,3).

809 콘스탄티우스 황제는 337년부터 361년까지 다스렸다.

810 신플라톤 철학 체계와 신약성경을 활용하여 성자와 성령의 동일 본질을 옹호한 책이다. P. Henry—P. Hadot (ed.), CSEL 83/1,54-227; P. Henry—P. Hadot (ed.), SC 68,188-603 참조.

811 사도 바오로 서간 주해서 가운데 『바오로의 갈라티아서, 필리피서, 에페소서 주해』*Commen-*

101
수사학자 빅토리누스

1. 아프리카 출신 빅토리누스[808]는 콘스탄티우스 황제[809] 통치 아래 로마에서 수사학을 가르쳤고, 아주 늘그막에 그리스도에 대한 신앙으로 전향하여 『아리우스 반박』*Adversus Arium*[810]이라는 매우 모호한 책을 변증법적 방식으로 썼는데, 이 작품은 전문가들이 아니면 이해하지 못한다. 『사도[바오로 서간] 주해』*Commentarii in Apostolum*[811]도 저술했다.

102
티투스 주교

1. 보스트라의 주교 티투스[812]는 율리아누스[813]와 요비아누스 황제[814] 통치 아래 『마니교도 반박』*Adversus Manichaeos*[815]이라는 강력한 책과 다른 책 몇 권도 썼다. **2.** 발렌스[816] 통치 아래 사망했다.

---

tarii in epistulas Pauli ad Galatas, ad Philippenses, ad Ephesios가 남아 있다. F. Gori (ed.), CSEL 83/2, Wien 1986 참조.

812 티투스(Titus, 4세기)는 아라비아 지방의 수도인 보스트라의 주교였다. 362년 배교자 율리아누스의 종교 정책에 반대했고(소조메누스 『교회사』 5,15; 율리아누스 『편지』 52), 니케아의 '동일본질'을 '유사본질'의 의미로 인정한 363년 안티오키아 교회회의에 참석하여 요비아누스 황제에게 보낸 교회회의 서간에 서명했다. C. Schmidt, "티투스(보스트라의)", 『교부학 사전』, 1034 참조.

813 율리아누스 황제는 361년부터 363년까지 다스렸다.

814 요비아누스 황제는 363년부터 364년까지 다스렸다.

815 배교자 율리아누스가 죽은 363년 이후에 저술된 『마니교도 반박』은 시리아어 번역본으로만 온전히 보존되어 있고, 그리스어로는 네 권 가운데 첫 두 권과 제3권 일부가 남아 있다 (PG 18,1069-1264).

CIII

Damasus episcopus

1. Damasus, Romanae urbis episcopus, elegans in versibus componendis ingenium habuit multaque et brevia opuscula heroico metro edidit et prope octogenarius sub Theodosio principe mortuus est.

CIV

Apollinaris episcopus

1. Apollinaris, Laodicenus Syriae episcopus, patre presbytero, magis grammaticis in adulescentia operam dedit et postea in sanctas scripturas innumerabilia scribens volumina, sub Theodosio imperatore obiit. **2.** Extant eius *Adversum Porphyrium* triginta libri, qui inter cetera opera eius vel maxime probantur.

---

816 발렌스 황제는 364년부터 378년까지 다스렸다.

817 다마수스(Damasus, †384년)는 리베리우스 교황 재임 기간(352-366년)에 부제였다. 리베리우스가 유배되었을 때는 대립 주교 펠릭스를 지지했고, 로마에 돌아온 리베리우스를 다시 지지했다. 382년에 히에로니무스를 비서로 임명했고, 대중판 라틴어 성경 『불가타』의 번역을 맡겼다.

818 테오도시우스 황제는 379년부터 395년까지 다스렸다.

819 로마에서 384년 12월 11일에 사망했다. 『연대기』(Helm 245) 참조.

820 라오디케아의 아폴리나리스(Apollinaris Laodicenus, 315-392년)는 '육화한 로고스의 완전한 신성'과 '로고스의 신적 · 인간적 일치'를 지나치게 강조하여 로고스가 인간 영혼을 대체한다는 이설을 내놓았다. 377년 로마에서 단죄되었고, 379년 안티오키아에서, 381년 콘스

103

다마수스 주교

1. 로마시의 주교 다마수스[817]는 시를 짓는 데 우아한 재능을 지녔고, 수많은 짧은 작품들을 6운각 시로 출간했다. 테오도시우스 황제[818] 통치 아래 거의 여든에 선종했다.[819]

104

아폴리나리스 주교

1. 시리아 라오디케아의 주교 아폴리나리스[820]는 아버지[821]가 사제였고, 젊은 시절에는 문법에 더 큰 열성을 쏟았다. 나중에는 성경에 관한 수많은 책을 쓰다가[822], 테오도시우스 황제[823] 통치 아래 세상을 떠났다. **2.** 그의 책으로는 『포르피리우스 반박』*Adversus Porphyrium* 서른 권[824]이 있는데, 그의 다른 작품들 가운데 최고로 인정받는다.

탄티노플에서 단죄되었다. G. Feige, "아폴리나리스(라오디케아의)", 『교부학 사전』, 611-613; Ch. Kannengiesser, "Apollinare di Laodicea", NDPAC I, 417-421 참조.

821 아버지의 이름도 아폴리나리스였다.

822 성경 주해 선집(catena)에 편집된 단편 말고는 모두 소실되었다. 요한 크리소스토무스의 이름으로 전해지던 부활 설교 세 편이 그의 작품으로 인정받았다. E. Cattaneo, *Trois homélies preudochrysostomiennes sur la Pâque comme oeuvere d'Apollinaire de Laodicée*, Paris 1981 참조.

823 테오도시우스 황제는 379년부터 395년까지 다스렸다.

824 소실된 작품이다.

CV

Gregorius episcopus

1. Gregorius, Baeticus Eliberi episcopus, usque ad extremam senectutem diversos mediocri sermone tractatus composuit et *De fide* elegantem librum hodieque superesse dicitur.

CVI

Pacianus episcopus

1. Pacianus, in Pyrenaei iugis Barcelonae episcopus, castigatae eloquentiae et tam vita quam sermone clarus, scripsit varia opuscula de quibus est *Cervus* et *Contra Novatianos*, et sub Theodosio principe iam ultima senectute mortuus est.

---

825 바이티카(Baetica)는 오늘날 스페인의 안달루시아이다.

826 엘비라의 주교 그레고리우스(Gregorius Illiberitanus)는 320년경에 태어난 것으로 추정되며(파우스티누스, 『테오도시우스 황제에게 바친 신앙론』 10,34), 엄격한 반(反)아리우스주의자였다.

827 아리우스파를 반박하는 작품이다. 엘비라의 그레고리우스가 지은 책이 아니라는 것이 통설이다. E. Schulz-Flügel, "그레고리우스(엘비라의)", 『교부학 사전』, 128-129 참조.

828 그레고리우스의 사망 연도는 알 수 없지만, 적어도 『명인록』이 저술되던 393년까지 살아 있었다.

829 바르셀로나의 주교 파키아누스(Pacianus, 4세기)는 히에로니무스가 『명인록』을 헌정한 덱스테르 총독(『명인록』 132)의 아버지이다.

105

[엘비라의] 그레고리우스 주교

1. 바이티카[825] 엘비라의 주교였던 그레고리우스[826]는 아주 늘그막까지 평범한 문체로 다양한 작품들과 『신앙론』*De fide*[827]이라는 품격 있는 책을 지었다. 오늘날까지 살아 있다고 한다.[828]

106

파키아누스 주교

1. 피레네산맥에 있는 바르셀로나의 주교 파키아누스[829]는 단정한 웅변술을 지녔으며, 삶만큼이나 설교로도 유명했는데 다양한 작품들을 썼다. 그 가운데 『사슴』*Cervus*[830]과 『노바티아누스파 반박』*Contra Novatianos*[831]이 있고, 이미 아주 연로한 상태에서 테오도시우스 황제[832] 시절에 선종했다.

---

830 사슴처럼 날뛰는 이단과 열교에서 신자들을 보호하려는 작품인데, 소실되었다.

831 노바티아누스 열교의 『심프로니아누스에게 보낸 서간 세 통』*Epistulae III ad Sympronianum* [C. Granado－C. Épitalon－M. Lestienne (ed.), SC 410,166-271]이 남아 있다. 이 작품에서는 배교자들의 죄를 용서하지 않던 노바티아누스 열교의 엄격주의를 비판하고, 잘 못을 뉘우치는 죄인들에게 죽음이 아니라 회심을 바라는 교회의 원천을 신약성경에서 제시한다. 참회를 미루거나 거부하지 말라고 권고하는 소책 『참회 권고』*Paraenesis sive exhortatorius libellus ad paenitentiam*[SC 410,118-147]도 오늘날까지 전해진다.

832 테오도시우스 황제는 379년부터 395년까지 다스렸다.

CVII

Photinus haeresiarches

1. Photinus de Gallograecia, Marcelli discipulus et Sirmii episcopus ordina-
tus, Ebionis haeresim instaurare conatus est et postea a Valentiniano principe
pulsus ecclesia, plura scripsit volumina, in quibus vel praecipui sunt *Contra
gentes* et *Ad Valentinianum* libri.

CVIII

Phoebadius episcopus

1. Phoebadius, Agenni Galliarum episcopus, edidit *Contra Arianos* librum.
Dicuntur eius et alia esse opuscula, quae necdum legi. **2.** Vivit usque hodie
decrepita senectute.

---

833 안키라의 주교 마르켈루스에 관해서는 『명인록』 86 참조.
834 시르미움의 주교 포티누스(Photinus Sirmiensis, †362년 이후)는 351년에 시르미움 교회
회의에서 단죄받아 면직되었으나, 362년 배교자 율리아누스 황제 때 시르미움에 복귀했다
가 다시 쫓겨났다.
835 포티누스의 작품뿐 아니라 그를 반박하는 작품도 모두 소실되었다. 에피파니우스가 전하
는 시르미움 교회회의(351년)의 단죄 조항에서 그 흔적을 더듬어볼 수 있을 따름이다(『약
상자』 71). M. Simonetti, "Fotino di Sirmio", NDPAC II, 1998-1999 참조.
836 아쟁(Agen)은 프랑스 남서쪽 도시이다.
837 포이바디우스(Phoebadius, †393년 이후)는 356/357년부터 392년까지 아쟁의 주교였다.

107

이단 창시자 포티누스

1. 마르켈루스[833]의 제자였고 시르미움의 주교로 서품된 갈라티아 출신 포티누스[834]는 에비온파 이단을 재건하려 했고, 나중에 발렌티니아누스 황제에 의해 교회에서 추방되었다. 많은 책들을 썼으며, 그 가운데 『이교인 반박』*Contra gentes*과 『발렌티니아누스에게』*Ad Valentinianum*라는 작품이 특별하다.[835]

108

포이바디우스 주교

1. 갈리아 아쟁[836]의 주교 포이바디우스[837]는 『아리우스파 반박』*Contra Arianos*[838]이라는 책을 출간했다. 그의 다른 작품들도 있다고 하지만, 나는 아직 읽지 못했다. **2.** 아주 연로하지만 오늘날까지 살아 있다.[839]

---

838 오늘날까지 남아 있는 유일한 작품이며, 시르미움 교회회의(351년)에서 유사파를 반박한 내용이다(힐라리우스, 『교회회의』 11). 갈리아 교회회의(359년)에서는 이 작품을 토대로 유사파에 반대하는 결정을 내렸다. 같은 해 리미니 교회회의(359년)에서 포이바디우스는 니케의 유사파 정식에 반대했지만 콘스탄티우스 황제의 개입으로 뜻을 이루지 못했다(테오도레투스, 『교회사』 2,21,3-7). J. Ulrich, "포이바디우스(아쟁의)", 『교부학 사전』, 1092 참조.

839 히에로니무스가 『명인록』을 저술한 393년까지 생존해 있었다.

CIX

Didymus ὁ βλέπων

1. Didymus Alexandrinus, captus a parva aetate oculis et ob id elementorum quoque ignarus, tantum miraculum sui omnibus praebuit ut dialecticam quoque et geometriam, quae vel maxime visu indiget, usque ad perfectum didicerit. **2.** Hic plurima nobiliaque conscripsit: *Commentarios in Psalmos* omnes, *Commentarios in Evangelium Matthaei et Iohannis* et *De dogmatibus et contra Arianos* libros duos et *De Spiritu Sancto* librum unum, quem ego in Latinum verti, *In Esaiam* tomos decem et octo, *In Osee* ad me scribens *commentariorum* libros tres, et *In Zachariam* meo rogatu libros quinque et *Commentarios in Iob* et infinita alia quae digerere proprii indicis est. **3.** Vivit

---

840 히에로니무스는 디디무스를 일컫는 통상적인 별명인 '시각 장애인'(caecus)이라는 용어 대신 '보는 사람'(ὁ Βλέπων)이라는 덧이름을 목차에 붙였다. 시력을 잃은 상태에서도 놀라운 통찰력으로 저술 활동을 펼친 디디무스의 영적 혜안을 칭송하는 표현이다.

841 디디무스(Didymus Caecus, 313-398년)는 읽기 쓰기를 배우지도 못한 네 살(팔라디우스, 『라우수스에게 바친 수도승 이야기』*Historia Lausiaca* 4) 또는 다섯 살(『연대기』 Helm 246)에 시력을 잃었고, 문맹이었던 까닭에 비서들을 활용하여 공부하고 집필했다. 들은 내용을 기억하는 백과사전식 학습을 통해 철학과 성경 해석에서 해박한 지식과 탁월한 권위를 지니게 되었고, 속기사들의 강연 기록을 통해 그의 저술은 큰 명성을 얻었다. '독방에서' 수행의 삶을 살았으며(팔라디우스, 『라우수스에게 바친 수도승 이야기』 4), 루피누스는 그를 "아타나시우스가 인정한 알렉산드리아 학파의 스승"이라고 소개한다(루피누스, 『교회사』 2,7).

842 Psalmenkommentare aus der Katenenübelieferung von E. Mühlenberg, Band I, *Didymus der Blinde zu Psalm 1 bis 50*, Berlin 1975, 121-373; Band II, *Didymus der Blinde zu Psalm 51 bis 150*, Berlin 1977, 3-367 참조.

843 『요한 복음 주해』는 성경 주해 선집(catena)에 단편으로만 남아 있다. *Clavis Patrum Graecorum* II, 2557 참조.

109

'보는 사람' 디디무스[840]

1. 알렉산드리아의 디디무스[841]는 어린 나이에 시력을 잃었고, 그 결과 기초 적인 것도 알지 못했다. 그는 자신의 그토록 놀라운 재능을 모든 이에게 보여주었으니, 논리학과 시력이 특별히 필요한 기하학마저 완벽한 수준까지 배웠을 정도이다. **2.** 그는 다음과 같이 수많은 탁월한 작품들을 썼다. 모든 『시편 주해』*Commentarii in Psalmos*[842], 『마태오 복음 주해』*Commentarius in Evangelium Matthaei*, 『요한 복음 주해』*Commentarius in Evangelium Iohannis*[843], 『교의와 아리우스파 반박』*De dogmatibus et contra Arianos* 두 권[844]을 지었고, 내가 라틴어로 번역한 『성령론』*De Spiritu Sancto* 한 권,[845] 『이사야서 주해』*In Esaiam* 열여덟 권과[846] 나에게 헌정한 『호세아서 주해』*In Osee commentarius* 세 권을 썼다. 나의 요청으로 『즈카르야서 주해』*In Zachariam* 다섯 권[847]을 저술했고, 『욥기 주해』*Commentarius in Iob*[848]와 고유 목록집이 필요할 만큼 무수한 다른 작품들이 있다. **3.** 그의

---

844 이 책은 소실되었다.

845 디디무스의 대표작인 『성령론』*De Spiritus sancto*은 성령과 삼위일체에 관한 교의 형성에 큰 영향을 미쳤다. 암브로시우스는 이 작품을 토대로 381년에 자신의 『성령론』을 저술했고, 히에로니무스는 암브로시우스에게 표절 시비를 걸기 위해 디디무스의 『성령론』을 라틴어로 번역했다. 『명인록』 124 각주; 아달베르 함만, 『교부와 만나다』, 280; M. Simonetti -E. Prinzivalli, *Storia della letteratura cristiana antica* 467; L. Doutreleau (ed.), SC 386,142-391 참조.

846 단편만 남아 있다. *Clavis Patrum Graecorum* II, 2547 참조.

847 L. Doutreleau (ed.), SC 83,190-413; 84,426-789; 85,802-1087 참조.

848 *Clavis Patrum Graecorum* II, 2553; A. Henrichs (ed.), *Didymus der Blinde. Kommentar zu Hiob*, I-II, Bonn 1968; U. et D. Hagedorn-L. Koenen (ed.), *Kommentar zu Hiob*, III-IV, Bonn 1968 참조.

usque hodie et octogesimum tertium aetatis suae iam excessit annum.

CX

Optatus episcopus

1. Optatus Afer, episcopus Milevitanus, ex parte catholica scripsit sub Valen-
tiniano et Valente principibus *Adversum Donatianae partis calumniam* libros
sex, in quibus asserit crimen Donatianorum in nos falso retorqueri.

CXI

Acilius Severus senator

1. Acilius Severus in Hispania de genere illius Severi ad quem Lactantii
duo epistularum scribuntur libri, composuit volumen quasi ὁδοιπορικόν

---

849 밀레비스의 옵타투스(Optatus Milevitanus, †384년 이후)는 도나투스 논쟁에 뛰어든 최
초의 가톨릭 주교였고, 그가 남긴 작품은 아우구스티누스의 교회론과 성사론에 결정적 영
향을 주었다. 도나투스 열교는 스스로 '거룩한 교회'(ecclesia sancta)라고 내세우며 죄인들
이 베푼 성사는 무효라고 주장했지만, 옵타투스는 교회란 밀과 가라지가 뒤섞여 자라나는
밭과 같고 오직 하느님만 성사의 주인임을 강조한다. 히에로니무스는 이 작품이 여섯 권
이라고 소개하지만, 옵타투스는 364년경에 저술한 여섯 권에 제7권(384년경)을 덧붙여 평
화와 일치의 논리를 강화했다. 당시 도나투스파 수장이었던 파르메니아누스의 주장을 반
박하며 참된 교회의 본성을 해명하는 이 작품은 여러 가지 이름으로 전승되었고 현대어 번
역 제목도 가지각색이지만, 우리말로는 미뉴(J.-P. Migne)의 전통에 따라 『도나투스 열교』
*De schismate donatistarum*라고 옮긴다. Optatus von Mileve, *Gegen den Donatisten*

252

나이는 이미 여든셋을 넘었으며 오늘날까지 살아 있다.

110
옵타투스 주교

1. 아프리카인 옵타투스[849]는 밀레비스의 주교로서 발렌티니아누스[850]와 발렌스[851] 통치 아래 가톨릭 편에서 『도나투스파의 무고(誣告) 반박』*Adversus Donatianae partis calumniam* 여섯 권을 썼다. 그 책에서는 우리에게 거짓으로 뒤집어씌운 도나투스파의 범죄를 밝힌다.[852]

111
아킬리우스 세베루스 원로원 의원

1. 히스파니아의 세베루스 가문 출신 아킬리우스 세베루스[853]는 자기 인생의 모든 여정을 담고 있는 여행기ὁδοιπορικός[854]와도 같은 책을 산문과 시로 지었는데 『결말』Καταστροφή 또는 『체험』Πεῖρα이라고 이름 지었

Parmenianus, H.-J. Sieben (tr.), Freiburg 2013; Optat de Milève, *Traité contre les Donatistes*, I-II, M. Labrousse (ed.), SC 412-413, Paris 1995-1996; Optatus, *Against the Donatists*, M. Edwards (tr.), Liverpool 1997; Ottato di Milevi, *La vera chiesa*, L. Dattrino (tr.), Roma 1988; 최원오, "밀레비스의 옵타투스", 『내가 사랑한 교부들』, 분도출판사 2005, 140-144 참조.

850 발렌티니아누스 황제는 364년부터 375년까지 다스렸다.

851 발렌스 황제는 364년부터 378년까지 다스렸다.

852 도나투스(†355년)와 도나투스 열교에 관해서는 『명인록』 93과 각주 참조.

853 아킬리우스 세베루스(Achilius Severus, †326년 이후)는 322년부터 324년까지 갈리아 총독이었고, 325년부터 326년까지 로마의 집정관을 지냈다. E. Prinzivalli, "Acilio Severo", NDPCA I, 55-56 참조.

totius vitae suae statum continens tam prosa quam versibus, quod vocavit
Καταστροφήν sive Πεῖραν, et sub Valentiniano principe obiit.

CXII
Cyrillus episcopus

1. Cyrillus, Hierosolymae episcopus, saepe pulsus ecclesia et receptus ad ex-
tremum, sub Theodosio principe octo annis inconcussum episcopatum tenuit.
2. Extant eius Κατηχήσεις, quas in adulescentia composuit.

CXIII
Euzoius episcopus

1. Euzoius, apud Thespesium rhetorem cum Gregorio, Nazianzeno episcopo,

---

854 인생 여정을 기록한 자서전과 같은 책이다. 여행기(ὁδοιπορικός)라는 제목은 락탄티
    우스의 작품 『아프리카에서 니코메디아까지 여행기』「Ὀδοιπορικός *de Africa usque*
    *Nicomediam*에서도 사용된다. 『명인록』80,2 참조.
855 소실된 작품이다.
856 364년부터 375년까지 다스렸다.
857 348년에 예루살렘의 주교로 선출된 키릴루스(Cyrillus Hierosolymitanus, 315년경-387년)
    는 카이사리아의 친아리우스파 주교 아카키우스의 교회 정치로 추방되어 유배와 복귀를
    거듭하다가 378년에야 비로소 예루살렘으로 돌아올 수 있었다. 키릴루스는 주교로 지낸
    38년 가운데 16년을 예루살렘 밖에서 귀양살이했다. 고대 그리스도교 교리교육에 관한 소

다.[855] 그에게 써 보낸 락탄티우스의 서간집 두 권이 있고, 발렌티니아누스 황제[856] 통치 아래 세상을 떠났다.

112
[예루살렘의] 키릴루스 주교

1. 예루살렘의 주교 키릴루스[857]는 자주 교회에서 쫓겨났다가 마침내 다시 받아들여졌고, 테오도시우스[858] 황제 통치 아래 8년 동안 흔들림 없는 주교직을 유지했다. **2.** 그의 작품 『교리교육』Κατήχησις[859]이 남아 있는데, 젊은 시절에 쓴 것이다.

113
에우조이우스 주교

1. 에우조이우스[860]는 젊은 시절 카이사리아에서 수사학자 테스페시우스 곁에서 나지안주스의 주교 그레고리우스[861]와 함께 교육을 받았고, 나중에 그

중한 문헌을 남겼다. 아달베르 함만, 『교부와 만나다』, 215-221; M. Simonetti, "Cirilo di Gerusalemme", NDPAC I, 1050-1052 참조.

858 379년부터 395년까지 다스렸다.

859 『교리교육』*Catecheses*은 아직 사제였거나 갓 주교가 된 348년 사순 시기에 세례 청원자들에게 행한 세례 교리교육이다. 스물네 개의 교리교육 가운데 마지막 다섯 개(20-24)는 새 영세자들에게 자신들이 받은 성사(세례, 견진, 성체)의 의미를 설명하는 내용이어서 『신비교육』*Mystagogicae catecheses*이라고도 한다.

860 에우조이우스(Euzoius, †381년)는 발렌스 황제의 친아리우스 정책으로 370년경 유배된 겔라시우스를 이어 팔레스티나 카이사리아의 주교가 되었다가 테오도시우스 황제 때 추방되었다. M. Simonetti, "Euzoio di Cesarea", NDPAC I, 1877 참조.

명인록 | 255

adulescens Caesareae eruditus est et eiusdem postea urbis episcopus, plurimo labore corruptam iam bibliothecam Origenis et Pamphili in membranis instaurare conatus, ad extremum sub Theodosio principe ecclesia pulsus est. **2.** Feruntur eius varii multiplicesque tractatus, quos nosse perfacile est.

CXIV
Epiphanius episcopus

1. Epiphanius, Cypri Salaminae episcopus, scripsit *Adversum omnes haereses* libros et multa alia, quae ab eruditis propter res, a simplicioribus propter verba quoque lectitantur. **2.** Superest usque hodie et in extrema iam senectute varia cudit opuscula.

---

861 『명인록』117 참조.

862 오리게네스와 팜필루스의 도서관에 관해서는 『명인록』75,1 참조.

863 테오도시우스 황제는 379년부터 395년까지 다스렸다.

864 오늘날까지 전해지는 작품은 아무것도 없다.

865 에피파니우스(Epiphanius Salamiensis, †403년)는 366년 키프로스 살라미스의 주교로 서품되었고, 당대의 다양한 교의 논쟁과 교회 정치에 개입했다. 부활절 날짜에 관하여 아타나시우스와 논쟁했고, 성화상 공경에 반대했다. 예루살렘의 키릴루스를 오리게네스주의자로 고발했고, 알렉산드리아의 총대주교 테오필루스 편에 붙어 요한 크리소스토무스를 몰아내는 데 앞장섰다가, 403년 콘스탄티노플에서 키프로스의 자기 교구로 돌아가는 배에서 죽었다. C. Raggi, "Epifanio di Salamina", NDPAC I, 1670-1673; W.A. Löhr, "에피파니우스(살라미스의)", 『교부학 사전』, 717-720 참조.

도시[카이사리아]의 주교가 되었다. 오리게네스와 팜필루스의 이미 망가진 도서관을 양피지 사본으로 복원하기 위해 숱한 고생을 하며 노력했다.[862] 그러나 마지막에는 테오도시우스 황제[863] 통치 아래 교회에서 쫓겨났다. **2.** 다양하고 수많은 그의 작품들이 돌아다니는데, 매우 쉽게 알아볼 수 있다.[864]

114
에피파니우스 주교

1. 키프로스 살라미스의 주교 에피파니우스[865]는 『모든 이단 반박』*Adversus omnes haereses*[866]이라는 책과 다른 많은 작품을 썼는데, 박식한 사람들에게는 그 내용 때문에 읽히지만, 말투 때문에 더 단순한 사람들에게도 읽히고 있다. **2.** 그는 오늘날까지 살아 있으며 이미 아주 연로한데도 다양한 작품을 다듬고 있다.[867]

---

866 『약상자』*Panarion*라고 불리는 이 작품은 374년부터 377년까지 저술된 에피파니우스의 주저이며, 고대 교회의 가장 방대한 이단 사전이다.

867 히에로니무스는 오리게네스와 요한 크리소스토무스에게 극렬하게 맞섰던 에피파니우스를 385년에 키프로스에서 개인적으로 만나기도 했고, 에피파니우스를 도와 편지들을 라틴어로 번역하기도 했지만(히에로니무스, 『편지』 51), 『명인록』에서 에피파니우스 항목을 크게 줄였다.

CXV

Ephrem diaconus

1. Ephrem, Edessenae ecclesiae diaconus, multa Syro sermone composuit et ad tantam venit claritudinem ut post lectionem scripturarum publice in quibusdam ecclesiis eius scripta recitentur. **2.** Legi *De Spiritu Sancto* Graecum volumen quod quidam de Syriaca lingua verterat et acumen sublimis ingenii etiam in translatione cognovi. **3.** Decessit sub Valente principe.

CXVI

Basilius alius episcopus

1. Basilius, Caesareae Cappadociae, quae prius Mazaca vocabatur, episcopus, egregios *Contra Eunomium* elaboravit libros et *De Spiritu Sancto* volumen et

---

868 시리아인 에프렘(Ephrem Sirus, 306년경-373년)은 니시비스의 주교 야코부스의 제자였고, 부제로 활동했다(『명인록』 115,1; 소조메누스, 『교회사』 3,16). 363년 니시비스가 페르시아의 손에 넘어가자, 로마 영토였던 에데사로 이주하여 생애 마지막 10년을 보내면서 성경 주석 학교를 세워 성경을 읽고 노래하고 주해하는 방법을 가르쳤다. 373년에 선종했으며, 그리스인들에게도 칭송을 받았다(에피파니우스, 『약상자』 51,22,17). 아달베르 함만, 『교부와 만나다』, 189-191; F. Rilliet, "Efrem Siro", NDPAC I, 1586-1590; P. Bruns, "에프렘(시리아인)", 『교부학 사전』, 711-715 참조.

869 이 작품은 시리아어 원본뿐 아니라 번역본들까지 모두 소실되었다.

870 발렌스 황제는 364년부터 378년까지 다스렸다.

871 카이사리아의 주교 바실리우스(Basilius Magnus, 330년경-379년)는 마흔 살에 주교가 되어 마흔아홉에 선종하기까지 열정적으로 사목했다. 동방의 4대 교부로 존경받는 대 바실리우스는 평생지기 나지안주스의 그레고리우스, 친동생 니사의 그레고리우스와 함께 삼위일체 신앙을 지키고 사회정의를 일구었다. 오늘날 터키의 심장부인 카파도키아 지방에서

115

에프렘 부제

1. 에데사 교회의 부제 에프렘[868]은 많은 작품을 시리아어로 지었다. 어떤 교회들에서는 성경 독서 뒤에 그의 글이 공적으로 봉독될 정도로 큰 명성을 누렸다. **2.** 나는 어떤 사람이 시리아어에서 번역한 그리스어 책 『성령론』*De Spiritu Sancto*[869]을 읽었는데, 번역으로도 그 탁월한 재능의 예리함을 알 수 있었다. **3.** 발렌스 황제[870] 통치 아래 선종했다.

116

또 다른 [카이사리아의] 바실리우스 주교

1. 카파도키아 카이사리아의 주교 바실리우스[871]는 처음에는 마자카라고 불렸다. 『에우노미우스 반박』*Contra Eunomium*이라는 훌륭한 책[872]과 『성령론』*De Spiritu Sancto*[873]을 저술했고, 『육일 창조 강해』*In hexaemeron*[874]

활동한 이 세 교부를 카파도키아 삼총사라고 일컫기도 한다. 대 바실리우스, 『내 곳간들을 헐어내리라 외』, 노성기 옮김, 분도출판사 2018; C. Moreschini, *Introduzione a Basilio il grande*, Brescia 2005 참조.

872 아리우스 근본주의자 에우노미우스(Eunomius, 325-394년)는 자기 스승 아에티우스와 더불어 '신아리우스파'라고도 불리는 에우노미우스파의 주인공이다. 그들은 성부와 성자의 본질이 다르고, 성자는 성부에게서 나지도 않았다고 주장했다가 제1차 콘스탄티노플 공의회(381년)에서 단죄되었다. 바실리우스는 에우노미우스의 『변론』*Apologia*(360/361년)을 반박하기 위해 세 권으로 된 『에우노미우스 반박』*Contra Eunomium*을 저술했다(363/364년). 에우노미우스에 관해서는 『명인록』 120 참조.

873 바실리우스는 자기 제자인 이코니움의 주교 암필로키우스(『명인록』 133)의 요청으로 374/375년경 『성령론』을 저술했다.

In hexaemeron homilias novem et Ἀσκητικόν et breves variosque tractatus.

2. Moritur imperante Gratiano.

CXVII

Gregorius alius episcopus

1. Gregorius, Nazianzenus episcopus, vir eloquentissimus, praeceptor meus et quo scripturas explanante didici, ad triginta milia versuum omnia opera sua composuit, e quibus illa sunt: **2.** *De morte fratris Caesarii*, Περὶ φιλοπτωχίας, *Laudes Macchabeorum*, *Laudes Cypriani*, *Laudes Athanasii*,

---

874 『육일 창조 강해』는 378년경 카이사리아에서 저술되었다. 자기 공동체에서 며칠 동안 아침 저녁으로 창세기 1장 1-25절을 해설한 내용이며, 성경의 우의적 의미보다 문자적 의미를 강조한다.

875 바실리우스 사제가 교구 수도원을 방문하여 밤 기도가 끝난 뒤 수도자들과 주고받은 영적 문답으로 엮인 수덕집은 『소 수덕집』*Asceticon parvum*과 『대 수덕집』*Asceticon magnum* 두 가지 형태로 전해진다. 203개 질문과 답변으로 이루어진 『소 수덕집』은 360-370년에 저술되었는데, 그리스어 원본은 사라졌고 라틴어 번역본과 시리아어 번역본만 남아 있다. 루피누스가 397년에 폰투스의 에바그리우스에게 전해 받아 번역한 『소 수덕집』의 라틴어 역본은 서방 세계에 널리 퍼져 『바실리우스 규칙서』라고 불리게 되었고, 수도승 베네딕투스도 이 작품을 『성 바실리우스 규칙서』*Regula Sancti Basilii*라 일컬었다(베네딕투스, 『수도 규칙』*Regula* 73,5). 『대 수덕집』은 『소 수덕집』을 새롭게 확대 편집한 이른바 「긴 규칙서」*Regulae fusius tractatae*와 「짧은 규칙서」*Regulae brevius tractatae*를 아우르고 있으며, 373년 이후에 출간되었다. 6세기의 어느 편집자는 여기에다 바실리우스의 『도덕집』*Moralia*과 수덕 서간(제22편과 제173편)까지 함께 묶어 대중판 수덕집을 펴냈으니, 이 또한 『대 수덕집』이라 불린다. J. Pauli, "바실리우스(카이사리아의)", 『교부학 사전』, 313-322; Basilius Magnus, *Asceticon parvum*, K. Zelzer (ed.), CSEL 86,3-221; *Asceticon magnum*, PG 31,901-1305; *The Rule of St. Basil in Latin and English*, A.M. Silvas (ed.), Oxford 2013; *The Asketikon of St Basil The Great*, A.M. Silvas (ed.), Oxford 2007 참조.

876 그라티아누스 황제는 367년부터 383년까지 다스렸다.

아홉 편과 『수덕집』Ασκητικόν[875], 그리고 짧고 다양한 작품들을 썼다. **2.** 그라티아누스 황제[876] 통치 때 선종했다.

117
또 다른 [나지안주스의] 그레고리우스 주교

1. 나지안주스의 주교 그레고리우스[877]는 웅변의 달인이었고 나의 스승이었는데 나는 그의 해설로 성경을 배웠다.[878] 그는 자신의 모든 작품을 30,000시구로 지었는데, 그 가운데 이런 작품들이 있다. **2.** 『형제 카이사리우스의 죽음』*De morte fratris Caesarii*[879], 『가난한 이들에 대한 사랑』Περὶ Φιλο-

---

877 나지안주스의 그레고리우스(Gregorius Nazianzenus, 329-390년)는 유학 중에 만난 대 바실리우스의 평생지기이다. 복음적 감각과 인문학적 지성을 두루 갖춘 인물이었지만, 성직을 선뜻 받아들이지 못했다. 나지안주스의 주교였던 아버지가 갑자기 사제품을 주었을 때나, 카이사리아의 주교였던 친구 바실리우스가 이웃 도시 사시마의 주교로 임명했을 때도 스스로 거룩한 직무에 부당하다고 여겼다. 마침내 콘스탄티노플의 총대주교가 되었지만, 교회 정치꾼들과 뒤엉키지 않고 381년 콘스탄티노플 공의회 도중에 감동적인 고별 연설을 남긴 채 귀향하여 기도와 독서, 저술에 전념하며 수행의 삶을 살다가 390년에 선종했다. 아타나시우스, 대 바실리우스, 요한 크리소스토무스와 더불어 동방의 4대 교부로 존경받는다. C. Moreschini, *Introduzione a Gregorio Nazianzeno*, Brescia 2006; J.A. McGuckin, *St Gregory of Nazianzus. An Intellectual Biography*, New York 2001 참조.

878 히에로니무스는 곳곳에서 나지안주스의 그레고리우스를 자기 스승으로 소개하지만(『루피누스 반박』 1,13; 『편지』 52,8), 나지안주스의 그레고리우스는 히에로니무스에 관해 아무 말도 남기지 않았다. J.N.D., Kelly, *Jerome. His Life, Writings and Controversies*, London 1975, 70; C. Moreschini, "Praeceptor meus: Tracce dell'insegnamento di Gregorio di Nazianzo in Gerolamo", in *Jérôme entre l'Occident et l'Orient*, Y.-M. Duval (ed.), Paris 1988, 129-138; 피에르 마라발, 『히에로니무스의 생애와 편지』, 38 참조.

879 오늘날 『형제 카이사리우스 추도사』(연설 7)*Funebris in laudem Caesarii fratris*라고 불린다: M.-A. Calvet-Sebasti (ed.), SC 405,180-245 참조. 『연설』*Orationes* 마흔다섯 편에는 신학자이면서 시인이기도 했던 그레고리우스가 남긴 인문 교양의 본보기가 보존되어 있다. C. Moreschini, *Introduzione a Gregorio Nazianzeno*, Brescia 2006, 17-54 참조.

Laudes Maximi philosophi post exilium reversi, quem falso nomine quidam
Herona superscripserunt, quia est et alius liber vituperationem eiusdem Maxi-
mi continens, quasi non licuerit eundem et laudare et vituperare pro tempore;
3. et *Liber* hexametro versu *virginitatis et nuptiarum* contra se disserenti-
um, *Adversum Eunomium* libri duo, *De Spiritu Sancto* liber unus, *Contra
Iulianum imperatorem* liber unus. **4.** Secutus est autem Polemonis dicendi
χαϱακτῆϱα vivoque se episcopum in loco suo ordinans ruri vitam monachi
exercuit decessitque ante hoc ferme triennium sub Theodosio principe.

---

880 『가난한 이들에 대한 사랑』(연설 14)*De pauperum amore*, PG 35,857-910 참조.

881 『마카베오 형제들 찬사』(연설 15)*In Maccabaeorum laudem*, PG 35,911-934 참조.

882 『키프리아누스 찬사』(연설 24)*In laudem Cypriani*, J.Mossay－G.Lafontaine (ed.), SC
  284,40-85 참조.

883 『아타나시우스 찬사』(연설 21)*In laudem Athanaisii*, J.Mossay－G.Lafontaine (ed.), SC
  270,110-193 참조.

884 『철학자 막시무스 찬사』(연설 25)*In laudem Heronis[Maximi] Philosophi*, J.Mossay－
  G.Lafontaine (ed.), SC 284,156-205 참조. 나지안주스의 그레고리우스는 그리스도교 신
  앙을 받아들인 철학자 막시무스를 처음에는 칭송했지만, 나중에는 그의 추악하고 거짓스
  러운 교회 정치를 비판했다. 『명인록』 127 참조.

885 그레고리우스는 콘스탄티노플 총대주교로 지내면서 다섯 편의 『신학적 연설』*Orationes
  theologicae*을 썼다. 전통 신앙의 토대 위에서 고전의 품격으로 그리스도와 삼위일체론에
  관하여 정리한 작품이다. 에우노미우스 반박은 『신학적 연설 1-2』(연설 28-29)*Orationes
  theologicae*, P. Gallay－M. Jourjon (ed.), SC 250,100-225이다.

886 성령론은 『신학적 연설 5』(연설 31)*Oratio Theologica*, P. Gallay－M. Jourjon (ed.), SC
  250,276-343이다.

πτωχίας[880], 『마카베오 형제들 찬사』*Laudes Macchabeorum*[881], 『키프리아누스 찬사』*Laudes Cypriani*[882] 『아타나시우스 찬사』*Laudes Athanasii*[883], 귀양살이에서 돌아온 『철학자 막시무스 찬사』*Laudes Maximi philosophi*[884]를 썼다. 어떤 이는 그[막시무스]를 헤론이라는 잘못된 이름으로 고쳐 썼는데, 똑같은 막시무스에 대한 비난을 담고 있는 또 다른 책도 있어, 때에 따라 같은 인물을 칭송하기도 하고 비난하기도 하는 것이 합당하지 않다고 여긴 것 같다. **3.** 『동정과 혼인』*Liber virginitatis et nuptiarum*에 관하여 맞검증한 6운각 시로 된 책과, 『에우노미우스 반박』*Adversus Eunomium* 두 권[885], 『성령론』*De Spiritu Sancto* 한 권[886], 『율리아누스 황제 반박』*Contra Iulianum imperatorem*[887] 한 권이 있다. **4.** 폴레몬[888]의 연설 방식χαρακτήρ을 따랐고, 자신이 살아 있는 동안에 자기 자리에 다른 주교[889]를 서품한 뒤 시골에서 수도승의 삶을 실천했고, 약 삼 년 전[890]에 테오도시우스 황제[891] 통치 아래 선종했다.

---

887 『율리아누스 반박』(연설 4-5)*Contra Iulianum*, J. Bernaddi (ed.), SC 309,86-381 참조.
888 폴레몬(Polemon, †기원전 270년)은 플라톤 전통의 철학자이며 수사학자였고, 플라톤 아카데미아의 책임자였다.
889 그레고리우스를 이어 콘스탄티노플의 총대주교가 된 넥타리우스(381-397년)를 가리킨다. 넥타리우스가 죽자 황실이 뽑은 후임자 요한 크리소스토무스(398-404년)는 교회 쇄신과 사회개혁에 앞장서며 황실의 불의에 맞서다가 두 차례나 추방되었고 407년 유배길에서 선종했다.
890 그레고리우스는 『명인록』이 저술되기 3년 전인 390년에 세상을 떠났다. 그레고리우스는 고향 아리안주스로 물러가 383년부터 수행의 삶을 살면서 저술 활동을 펼쳤는데, 『편지』 244통과 수많은 시들이 남아 있다.
891 테오도시우스 황제는 379년부터 395까지 다스렸다.

CXVIII

Lucius episcopus

1. Lucius, post Athanasium Arianae partis episcopus, usque ad Theodosium principem, a quo et pulsus est, Alexandrinam ecclesiam tenuit. **2.** Extant eius solemnes *De pascha* epistulae et pauci *Variarum* ὑποθέσεων libelli.

CXIX

Diodorus episcopus

1. Diodorus, Tarsensis episcopus, dum Antiochiae esset presbyter magis claruit. Extant eius *In Apostolum commentarii* et multa alia ad Eusebii magis Emiseni characterem pertinentia, cuius cum sensum secutus sit, eloquentiam imitari non potuit propter ignorantiam saecularium litterarum.

---

892 루키우스(Lucius, †380년 이후)는 알렉산드리아의 세 번째 아리우스파 주교였다. 361년, 알렉산드리아의 주교 게오르기우스 주교가 살해된 뒤 주교로 선출되었으나 민중의 저항으로 착좌하지 못했고, 373년 아타나시우스가 세상을 떠나자, 발렌스 황제의 지원으로 주교좌에 앉아 정통 신앙파를 박해했다. 378년 발렌스 황제가 죽자 추방되었고, 테오도시우스 황제의 명령으로 380년부터 귀양살이를 했다. 그의 작품 가운데 부활 설교 단편만 남아 있다. E. Prizivalli, "Lucio di Alessandria", NDPAC II, 2939 참조.

118

루키우스 주교

1. 루키우스[892]는 테오도시우스 황제에게 추방될 때까지 아타나시우스 후임으로 알렉산드리아 교회를 맡은 아리우스파 주교이다. **2.** 『부활절』*De pascha* 장엄 서간과 『다양한 문제』*Variae ὑποθέσεις*에 관한 그의 책들이 조금 있다.

119

디오도루스 주교

1. 타르수스의 주교 디오도루스[893]는 안티오키아의 사제로 있는 동안 크게 명성을 떨쳤다. 그의 작품 『사도 [바오로 서간] 주해』*In Apostolum commentarii*[894]와 에메사의 에우세비우스[895]의 방법론에 속하는 다른 많은 작품도 있는데, 그의 사상은 따랐지만 세속 문학에 무지했던 까닭에 수사학적 기법마저 흉내 낼 수는 없었다.

---

893 타르수스의 디오도루스(Diodorus Tarsensis, †394년 이전)는 에메사의 에우세비우스의 제자였고, 요한 크리소스토무스의 스승이었으며(『명인록』 124), 요한이 쓴 『디오도루스 주교 찬가』*Laus Diodori episcopi*의 주인공이다. 오래도록 안티오키아의 수도승과 사제로 활동했고, 378년에 타르수스의 주교가 되었다. 역사적·문자적 의미를 강조하는 이른바 안티오키아 성경 주석의 창시자였으나, 그의 그리스도론이 후대에 네스토리우스주의로 몰려 그가 남긴 거의 모든 작품은 소실되었다. 카를 수소 프랑크, 『고대 교회사 개론』, 829 참조.

894 소실된 작품이다.

895 『명인록』 91 참조.

CXX

Eunomius haeresiarches

1. Eunomius, Arianae partis Cyzicenus episcopus, in apertam haereseos suae prorumpens blasphemiam ut quod illi tegunt iste publice fateretur, usque hodie vivere dicitur in Cappadocia et multa contra ecclesiam scribere. **2.** Responderunt ei Apollinaris, Didymus, Basilius Caesariensis, Gregorius Nazianzenus et Nyssenus.

CXXI

Priscillianus episcopus

1. Priscillianus, Abilae episcopus, qui factione Hydatii et Ithacii Treveris a

---

896 에우노미우스(Eunomius Cyzicenus, 325-394년)는 초월적인 하느님과 아들을 엄격하게 분리했다. 아들의 본질(οὐσία)은 창조되었기에 하느님의 본질(οὐσία)과 구분되며, 그 활동 방식(ἐνέργεια)에서도 성자는 성부에게 종속된다고 주장했다. 아리우스 근본주의자 에우노미우스는 제1차 콘스탄티노플 공의회(381년)에서 단죄되었다.

897 아폴리나리스와 디디무스의 작품은 전해재지 않는다.

898 바실리우스는 363/364년에 에우노미우스의 『변론』*Apologia*(360/361년)을 반박하기 위해 세 권으로 된 『에우노미우스 반박』*Adversus Eunomium*을 저술했다. 『명인록』 116,1; M. Simonetti, "Eunomio di Cizico", NDPAC I, 1836-1837 참조.

899 나지안주스의 그레고리우스가 쓴 에우노미우스 반박 작품은 『신학적 연설』*Orationes theologicae* 1-2(연설 28-29)이다. 『명인록』 117,3 각주 참조.

900 니사의 그레고리우스는 380-383년에 『에우노미우스 반박』*Contra Eunomium* 세 권을 저술했다. 대 바실리우스의 견해를 변호하면서 에우노미우스와 그의 스승 아에티우스를 논박한다. 특히 하느님의 본질은 제한이 없고, 이해할 수 없다는 부정신학 전통을 강화한다. 『에우노미우스 신앙고백 반박』*Refutatio confessionis Eunomii*은 에우노미우스가 383년에 콘스탄티노플 교회회의에 제출한 신앙고백을 논박한다. *Contra Eunomium*, W. Jaeger

120
이단 창시자 에우노미우스

1. 키지쿠스의 아리우스파 주교 에우노미우스[896]는 자기 이단의 신성 모독을 대놓고 쏟아냄으로써 그들이 감추고 있던 것을 공적으로 드러냈다. 오늘날까지 카파도키아에 살면서 교회를 거슬러 많은 작품을 쓰고 있다고 한다. **2.** 아폴리나리스, 디디무스[897], 카이사리아의 바실리우스[898], 나지안주스의 그레고리우스[899]와 니사의 그레고리우스[900]가 그를 반박했다.

121
프리스킬리아누스 주교

1. 아빌라의 주교 프리스킬리아누스[901]는 히다티우스[902]와 이타키우스[903]의

(ed.), *Gregorii Nysseni Opera* I, libri I-II, Leiden 1960; F. Dünzl, "그레고리우스(니사의)", 『교부학 사전』, 109-119 참조.

901 프리스킬리아누스(Priscillianus, †385년)는 히스파니아의 귀족 가문 출신 평신도 신분이었지만 370-375년 사이에 엄격한 금욕주의 설교로 유명했다. 에메리타의 주교 히다티우스와 오소노바의 주교 이타키우스는 380년 사라고사 교회회의에서 프리스킬리아누스 사상의 위험성을 경고하고 단죄했다. 이에 맞서 인스탄티우스 주교와 살비아누스 주교가 프리스킬리아누스를 아빌라의 주교로 서품하자, 히다티우스와 이타키우스는 그라티아누스 황제에게 요청하여 반(反)프리스킬리아누스파 칙령을 반포하게 했다. 갈리아 지방까지 영향력을 뻗친 프리스킬리아누스는 로마와 밀라노에 가서 구제를 요청했지만, 다마수스 교황과 암브로시우스 주교가 손을 잡아 주지 않아 뜻을 이루지 못했다. 382년 그라티아누스 황제의 칙령을 파기하는 데 성공했지만, 찬탈자 막시무스가 황제를 살해하고 권력을 잡았다. 383년 오소노바의 주교 이타키우스는 트리어에 있던 찬탈자 막시무스에게 이들을 고발했고, 보르도 교회회의(384년)에서 심리를 진행했다. 인스탄티우스 주교는 면직되었으나(살비아누스 주교는 이미 세상을 떠난 상태였다), 프리스킬리아누스는 출석하지 않고 막시무스의 황궁 법원에 곧장 항소했다. 히다티우스와 이타키우스도 트리어로 가서 찬탈

Maximo tyranno caesus est, edidit multa opuscula, de quibus ad nos aliqua pervenerunt. **2.** Hic usque hodie a nonnullis gnosticae id est Basilidis vel Marci, de quibus Irenaeus scripsit, haereseos accusatur, defendentibus aliis non ita eum sensisse ut arguitur.

CXXII
Latronianus

1. Latronianus, provinciae Hispaniae, vir valde eruditus et in metrico opere veteribus comparandus, caesus est et ipse Treveris cum Priscilliano, Felicissi-mo, Iuliano et Euchrotia, eiusdem factionis auctoribus. **2.** Extant eius ingenii opera diversis metris edita.

자 막시무스 곁에서 프리스킬리아누스와 그 추종자들의 단죄를 주도했다. 투르의 주교 마르티누스가 항변했으나 소용없었다. 프리스킬리아누스와 에우크로티아는 마법사라는 이유로 385년 트리어에서 참수되었고(『명인록』 122), 인스탄티우스와 다른 이들은 유배형을 받았다. 이단자라는 이유로 처형당한 최초의 사례가 되었다. 암브로시우스는 프리스킬리아누스를 지지하지 않았지만 강력하게 항의했다. 거센 반발에 히다티우스는 면직되었고, 이타키우스도 곧장 물러났다. 프리스킬리아누스는 순교자로 치장되었고, 히스파니아에서는 프리스킬리아누스 신심 운동이 5세기에 꽃피었다. 아우구스티누스가 415년에 『프리스킬리아누스파 반박』*Contra Prischillianistas*을 저술해야 할 정도였다. M. Simonetti, "Priscilliano-Priscillianismo", NDPAC III, 4333-4335; K.H. Schwarte, "프리스킬리아누스", 『교부학 사전』, 1121-1123 참조.

902 에메리타의 주교 히다티우스는 프리스킬리아누스와 그 추종자들을 영지주의 이단으로 몰아 파문하고 사라고사 교회회의(380년)에서 승인을 받았으며, 그라티아누스 황제의 개입을 요청한 인물이다.

903 오소노바의 주교 이타키우스는 프리스킬리아누스와 그 추종자들에게 이단 혐의를 씌워 찬탈자 막시무스에게 고발함으로써 마침내 극형에 이르게 한 인물이다.

고소로 트리어에서 찬탈자 막시무스에게 처형되었다. 그는 많은 작품을 출간했는데, 그 가운데 몇 가지가 우리에게 전해진다.[904] **2.** 오늘날까지도 어떤 사람들은 그를 이레네우스가 저술한 바 있는 바실리데스나 마르쿠스 같은 영지주의 이단[905] 추종자라고 비난하지만, 다른 이들은 그가 그렇게 고발당할 만한 견해를 공유하지 않았다고 변호한다.[906]

122
라트로니아누스

1. 히스파니아 지방의 라트로니아누스[907]는 매우 박학하고 시작(詩作)에서는 고대인들에게 비길 만한 인물이었다. 그도 자기 분파의 우두머리들인 프리스킬리아누스[908], 펠리키시무스, 율리아누스, 에우크로티아와 함께 트리어에서 처형되었다. **2.** 다양한 운율로 저술된 그의 걸작들이 남아 있다.[909]

---

904 오늘날까지 전해지는 작품은 아무것도 없다.

905 이레네우스, 『이단 반박』 1,13-5; 1,24,3-7 참조.

906 프리스킬리아누스는 긴 세월 동안 주로 반대자들의 저술과 히스파니아 교회회의 법규 등을 통해서 알려졌지만, 1889년에 출간된 프리스킬리아누스파 문헌 총서는 부분적인 문제 말고는 정통 신앙에서 크게 벗어나지 않았다고 재평가하게 해주었다. M. Simonetti, "Priscilliano-Priscillianismo", NDPAC III, 4334 참조.

907 프리스킬리아누스의 추종자로서 다른 동료들과 함께 385년에 트리어에서 처형된 라트로니아누스(Latronianus)에 관해서는 H. Chadwick, *Priscillian of Abila. The Occult and the Charismatic in the Early Church*, Oxford 1976, 144; V. Burrus, *The making of a heretic. Gender, Authority, and the Priscillianist Controversy*, Berkeley 1995, 27-78; S. Zincone, "Latroniano", NDPAC II, 2747 참조.

908 『명인록』 121 참조.

909 모든 작품이 소실되었다.

CXXIII

Tiberianus

1. Tiberianus Baeticus scripsit pro suspicione qua cum Priscilliano accusabatur haereseos *Apologeticum* tumenti compositoque sermone, sed post suorum caedem, taedio victus exilii, mutavit propositum et iuxta sanctam scripturam *canis reversus ad vomitum suum* filiam, devotam Christo virginem, matrimonio copulavit.

CXXIV

Ambrosius episcopus

1. Ambrosius, Mediolanensis episcopus, usque in praesentem diem scribit,

---

910 바이티카는 오늘날 스페인 남부 안달루시아 지역이다. 타키투스, 『역사』*Historiae* 1,53 참조.

911 히스파니아의 프리스킬리아누스파 티베리아누스(Tiberianus)는 재산을 몰수당한 뒤 프리스킬리아누스를 아빌라의 주교로 서품한 인스탄티우스와 함께 시칠리아로 추방되었다. S. Zincone, "Tiberiano", NDPAC III, 5348 참조.

912 『명인록』 121 참조.

913 소실된 작품이다.

914 잠언 26,11; 2베드 2,22 참조. 히에로니무스는 이 구절을 요비니아누스에게도 적용한다. 『요비니아누스 반박』 1,39 참조.

915 암브로시우스(Ambrosius, 334-397년)는 334년경 트리어에서 태어났다. 갈리아 지방 총독이었던 아버지가 일찍 세상을 떠나자, 어머니는 삼 남매를 데리고 로마로 돌아갔고, 암브로시우스는 그곳에서 훌륭한 인문 교육을 받았다. 형 사티루스와 함께 시르미움의 법원에서 변호사로 짧게 활동했고, 프로부스 총독의 고문으로 일했다. 370년경 밀라노에 행정 소

123

티베리아누스

1. [히스파니아] 바이티카[910] 출신 티베리아누스[911]는 프리스킬리아누스[912]와 함께 고소당한 이단 혐의를 벗기 위해 『변론』*Apologeticum*이라는 작품을 장황하고 복잡한 문체로 저술했다.[913] 그러나 자기 동료들이 처형된 뒤로는 귀양살이에 대한 두려움에 사로잡혀 주장을 바꾸었다. "자기가 게운 데로 되돌아가는 개"[914]라는 성경 표현대로 그리스도에게 봉헌된 동정녀인 딸과 결혼했다.

124

암브로시우스 주교

1. 밀라노의 주교 암브로시우스[915]는 오늘날까지 저술하고 있다. 그가 아직

재지를 둔 에밀리아 리구리아 지방 집정관이 되었다. 374년 밀라노 주교좌가 공석이 되자, 후임 주교 선출 문제로 맞서 싸우던 정통 신앙파와 아리우스파를 중재하고 주교 선출을 감독하러 밀라노 대성당에 들어서던 암브로시우스는 한마음으로 "암브로시우스 주교!"를 외치는 신자들의 요청으로 주교가 되었다. 때늦은 세례를 받은 지 이레 만에 주교품을 받았고, 가진 재산을 가난한 이들에게 나누어주었다. 제국과 황실의 불의와 횡포에 저항하며 교회와 국가 관계에 균형추를 놓았고, 가난한 이들과 사회적 약자들에 대한 특별한 사랑으로 사회정의를 위해 헌신했으며, 성경 주해와 신학 저술을 비롯하여 다양한 사회 윤리 작품을 남겼다. 그의 인품과 가르침은 아우구스티누스의 회심에도 큰 영향을 주었다. 397년 성 토요일에 선종하여 이튿날인 부활 대축일에 밀라노 주교좌 대성당에 묻혔다(암브로시우스, 『성직자의 의무』, 최원오 옮김, 아카넷 2020, 659). A. Paredi, *Sant'Ambrogio e la sua età*, Milano 2015; M.G. Mara, "Ambrogio di Milano", in NDPAC III, Milano 2006², 229-235; E. Dassmann, *Ambrosius von Mailand*, Stuttgart 2004; 장인산, "암브로시오", 『한국가톨릭대사전』, 8,5874-5882; C. Marscheis, "암브로시우스(밀라노의)", 『교

de quo quia superest meum iudicium subtraham, ne in alterutram partem aut adulatio in me reprehendatur aut veritas.

CXXV

Euagrius episcopus

1. Evagrius, Antiochiae episcopus, acris et praestantis ingenii, cum adhuc esset presbyter, *Diversarum* ὑποθέσεων *tractatus* mihi legit, quos necdum edidit, vitam quoque beati Antonii de Graeco Athanasii in sermonem nostrum transtulit.

CXXVI

Ambrosius Didymi discipulus

1. Ambrosius Alexandrinus, auditor Didymi, scripsit adversus Apollinarem

---

부학 사전』, 633-647; E. Dassmann, "Ambrosius", in *Augustinus Lexikon*, Cornelius Mayer (ed.), vol. 1, Basel 1994, 270-285 참조.

916 암브로시우스에 대한 히에로니무스의 경쟁심과 편견이 드러나는 대목이다. 암브로시우스를 비롯하여 동방의 대표적 교부들인 요한 크리소스토무스, 대 바실리우스, 니사의 그레고리우스 등에 관한 매우 인색한 평가는 그리스도교의 거룩한 전통에 어긋난다. A. Paredi, *S. Gerolamo e S. Ambrogio*, Città del Vaticano 1964, 198 참조.

917 젊은 시절 히에로니무스는 암브로시우스의 『루카 복음 해설』*Expositio Evangelii secundum Lucam*에 표절 시비를 걸기 위해 오리게네스의 『설교』*Homiliae*를 번역했고, 그 뒤 시각 장애인 디디무스의 『성령론』*De Spiritu sancto*을 번역한 이유도 암브로시우스의 『성령론』*De Spiritu sancto*을 표절로 몰기 위한 것이었다. 『명인록』109,2; 아달베르 함만, 『교부와 만나다』, 280-281 참조.

918 폰투스의 수도승 에바그리우스(Evagrius Ponticus, 345-399년)와 다른 인물이다. 안티오

살아 있으므로 그에 관한 나의 판단은 유보하겠다.[916] 어느 부분이 표절이고 어느 부분이 진리인지 따지느라 내가 비난받고 싶지 않기 때문이다.[917]

125
에바그리우스 주교

1. 예리하고 탁월한 재능을 지닌 안티오키아의 주교 에바그리우스[918]는 아직 사제였을 때 출간하지도 않은 다양한 주제ὑπόθεσις의 작품을 나에게 읽게 해주었다.[919] 아타나시우스의 복된 『안토니우스의 생애』*Vita Antonii*도 그리스어에서 우리말로 번역했다.[920]

126
디디무스의 제자 암브로시우스

1. 디디무스[921]의 제자인 알렉산드리아의 암브로시우스[922]는 아폴리나리스

키아의 주교 에바그리우스(Evagrius Antiochenus, †394년 이후)는 기혼자였으나 388년 파울리누스를 이어 안티오키아의 주교가 되었다. 히에로니무스에게 칼키스의 수도승 생활을 소개했으며, 아타나시우스가 쓴 『안토니우스의 생애』*Vita Antonii*를 라틴어로 번역했다. 세련된 문체로 옮겨진 라틴어 번역본은 서방 그리스도인들 사이에서 큰 반향을 불러일으켰다. J. Gribomont, "Evagrio di Antiochia", NDPAC I, 1877; K. Balke, "에바그리우스(안티오키아의)", 『교부학 사전』, 669 참조.

919 히에로니무스는 372년 말 동방을 처음 방문했을 때부터 안티오키아의 주교 에바그리우스의 환대를 받았고, 개인적인 관계를 이어갔다. A. Ceresa-Gastaldo, *Gerolamo*, 243 참조.

920 세련된 문체로 출간된 이 라틴어 번역본은 수도승 생활에 대한 열망이 서방 그리스도교로 퍼져나가는 데 크게 이바지했다. 『명인록』 87과 88 참조.

921 시각 장애인 디디무스(Didymus caecus, 313-398년)에 관해서는 『명인록』 109 참조.

922 알렉산드리아의 암브로시우스에 관한 정보는 히에로니무스의 『명인록』이 유일하다.

volumen multorum versuum *De dogmatibus* et, ut ad me nuper quodam nar-
rante perlatum est, *Commentarios in Iob*. Usque hodie superest.

CXXVII

Maximus ex philosopho episcopus

1. Maximus philosophus, natus Alexandriae, Constantinopoli episcopus or-
dinatus et pulsus, insignem *De fide* adversum Arianos scripsit librum, quem
Mediolani Gratiano principi dedit.

CXXVIII

Gregorius alius episcopus

1. Gregorius, Nyssenus episcopus, frater Basilii Caesariensis, ante paucos

---

923 히에로니무스만 소개하는 이 작품들은 전해지지 않는다.

924 견유학파 막시무스(Maximus cynicus, †382년 이후)는 철학자였다가 그리스도교 신앙을
받아들였다. 신앙 때문에 고난을 겪은 고백자로 알려졌지만, 사실은 추문으로 쫓겨났다.
코린토에서 엉터리 수행의 삶을 살다가 379년에 콘스탄티노플에 왔을 때 그곳 총대주교였
던 나지안주스의 그레고리우스는 그를 환대했고 칭송하기까지 했다(『철학자 막시무스 찬
사』(연설 25)*Laudes Maximi philosophi*). 그러나 알렉산드리아의 주교 페트루스의 지지
를 얻은 막시무스는 나지안주스의 그레고리우스에게 정면으로 맞섰고, 마침내 아나스타시
아 성당에서 밤중에 몰래 거행된 서품식에서 주교가 되었다. 그러나 콘스탄티노플 공의회
(381년)는 그가 서품된 적이 없다고 선언했다(『법규』*Canon* 4). 그 도시에서 쫓겨난 막시무
스는 암브로시우스를 비롯한 서방 주교들에게 도움을 청했으나 로마 교회회의(382년)도
그를 단죄했다. 히에로니무스는 나지안주스의 그레고리우스가 처음에는 이런 인물을 칭송
했으나, 나중에 다른 책에서는 비판했다고 증언한다(『명인록』 117). 테오도레투스, 『교회

를 거슬러 매우 많은 구절의 책 『교의들』 *De dogmatibus*을 썼다. 최근에 어떤 사람이 나에게 일러준 대로 『욥기 주해』 *Commentarii in Iob*도 지었다.[923] 오늘날까지 생존해 있다.

127
철학자였던 막시무스 주교

1. 알렉산드리아 출신 철학자 막시무스[924]는 콘스탄티노플의 주교로 서품되었다가 추방되었다. 아리우스파를 거슬러 『신앙론』 *De fide*이라는 빼어난 책을 써서, 밀라노의 그라티아누스 황제[925]에게 헌정했다.

128
또 다른 [니사의] 그레고리우스 주교

1. 카이사리아의 바실리우스 동생인 니사의 주교 그레고리우스[926]는 몇

사』 *Historia ecclesiastica* 5,8,4; D. Stiernon, "Massimo il Cinico", NDPAC II, 3118-3119 참조.

925 그라티아누스 황제(375-383년 재위)의 황궁은 밀라노에 있었다.

926 니사의 그레고리우스(Adversus Eunomium, 335-394년)는 대 바실리우스의 동생이다. 10 남매 가운데 셋이 주교였고(바실리우스, 그레고리우스, 페트루스), 할머니와 어머니, 누나 마크리나도 성인으로 공경받는다. 그레고리우스는 형 바실리우스를 '아버지와 스승'으로 존경하고 따랐다(『편지』 13,4-6). 독서직을 받았지만 얼마 뒤 한 여인과 결혼했다(『동정』 3). 그러나 카이사리아의 주교 바실리우스는 카파도키아 지방에 정통 신앙을 확산하려고 371년경 니사에 새로운 주교좌를 만들어 그레고리우스를 그곳 주교로 임명했다(『편지』 22,5). 행정과 회계 업무에 미숙했던 그레고리우스는 아리우스파의 농간에 면직되기도 했지만, 콘스탄티노플 공의회(381년)에서 정통교리의 기둥으로 우뚝 섰다. 대 바실리우스, 나지안주스의 그레고리우스와 더불어 니케아의 삼위일체론을 지혜롭게 풀어냈고,

annos mihi et Gregorio Nazianzeno *Contra Eunomium* legit libros, qui et alia multa scripsisse et scribere dicitur.

CXXIX
Iohannes presbyter

1. Iohannes, Antiochenae ecclesiae presbyter, Eusebii Emiseni Diodorique sectator, multa componere dicitur, de quibus Περὶ ἱερωσύνης tantum legi.

사회적 가르침과 연대 의식을 공유했다. L.F. Mateo-Seco (ed.), *The Brill Dictionary of Gregory of Nyssa*, Leiden 2010; 최원오, 『교부들의 사회교리』 117 참조.

927 380년에서 383년 사이에 저술한 작품이다. 이미 형 바실리우스가 비유사파 지도자인 키지쿠스의 에오노미우스와 벌인 논쟁(『에우노미우스 반박』*Adversus Eunominum*: 『명인록』 120)을 계승한 작품이다.

928 니사의 그레고리우스의 대표작으로는 『동정』*De virginitate*, 『인간 만듦』*De opificio hominis*, 『영혼과 부활』*De anima et resurrectione* 등이 있지만, 히에로니무스는 침묵한다.

929 요한 크리소스토무스(Iohannes Chrysostomus, 349~407년)는 민중을 사로잡는 복음 설교로 '황금의 입'[金口, 크리소스토무스]이라는 영예로운 별명을 얻었다. 안티오키아에서 나고 자란 요한은 6년 동안 수행 생활을 한 뒤 381년에 부제품을 받았고, 386년에 사제가 되었다. 398년 로마 제국은 요한을 콘스탄티노플 총대주교로 전격 발탁했다. 정치와 종교가 한통속이 되기를 기대했던 황실의 예상과는 달리, 새로운 총대주교는 세상 불의와 거짓과 타협할 줄 몰랐다. 먼저 성직자와 수도자의 생활을 과감하게 개혁했고, 화려한 교회 건축 자재들을 팔고 성물을 녹여 가난한 이들에게 나누어주었다. 부자들의 탐욕과 권력자들의 불의를 꾸짖고, 황실의 사치와 허례허식을 비판하는 글과 강론을 열정적으로 쏟아냈다. 많은 신자들이 뜨거운 지지를 보냈지만, 무능한 황실과 교회 정치꾼들의 야비하고 터무니

해 전 나와 나지안주스의 그레고리우스에게 『에우노미우스 반박』*Contra Eunomium*[927]이라는 책을 읽게 해주었다. 다른 많은 작품도 썼고 또 쓰고 있다고 한다.[928]

129
요한 [크리소스토무스] 사제

1. 안티오키아 교회의 사제 요한[929]은 에메사의 에우세비우스[930]와 디오도루스[931]의 제자로서 많은 작품을 쓴다고 한다. 그 가운데 나는 『사제직』Περὶ ἱερωσύνης[932]만 읽었다.[933]

없는 고발로 요한은 두 차례 유배길에 올랐다. 3년 가까운 귀양살이 중에도 요한의 가르침을 받으려는 신자들의 발길과 서신 왕래가 먼 유배지까지 이어졌다. 요한의 한결같은 권위에 두려움을 느낀 권력자들은 요한에게 또다시 추방 명령을 내렸다. 죽음의 행진 도중에 쓰러진 요한은 407년 9월 14일 성체를 모신 뒤 선종했다. "하느님은 모든 일에 찬미받으소서!" 그가 남긴 마지막 말이었다. 요한 크리소스토무스, 『참회에 관한 설교·자선』, 최문희 옮김·최원오 해제, 분도출판사 2019, 269-275; 요한 크리소스토무스, 『라자로에 관한 강해』, 하성수 옮김, 분도출판사 2019, 289-333; 루돌프 브랜들레, 『요한 크리소스토무스. 고대 교회 한 개혁가의 초상』, 이종한 옮김, 분도출판사 2016 참조.

930 『명인록』 92 참조.
931 『명인록』 119 참조.
932 『사제직』*De sacerdotio*은 요한 크리소스토무스가 자신의 사제직을 준비하기 위해 저술한 작품이다. 친구 바실리우스와 대화를 나누는 형식으로 저술한 이 작품은 사제 영성 고전이 되었다.
933 요한 크리소스토무스도 밀라노의 암브로시우스와 더불어 히에로니무스에게 저평가된 대표적 인물이다. 『명인록』 124 각주 참조.

CXXX

Gelasius episcopus

1. Gelasius, Caesareae Palaestinae post Euzoium episcopus, accurati lima-
tique sermonis fertur quaedam scribere, sed celare.

CXXXI

Theotimus episcopus

1. Theotimus, Scythiae Tomorum episcopus, in morem dialogorum et veteris
eloquentiae breves commaticosque tractatus edidit. Audio eum et alia scribe-
re.

CXXXII

Dexter Paciani, nunc praefectus praetorio

1. Dexter, Paciani de quo supra dixi filius, clarus ad saeculum et Christi fidei

---

934 팔레스티나 카이사리아의 주교 에우조이우스(Euzoius, †381년)에 관해서는 『명인록』 113
참조.

935 겔라시우스(Gelasius Caesariensis, †395년)는 예루살렘의 키릴루스의 조카이며, 365년부
터 카이사리아의 주교로 활동했다. 콘스탄티노플 공의회(381년)에 참석했으며, 395년에 세
상을 떠났다. 에우세비우스의 『교회사』를 이어 395년까지의 역사를 다룬 겔라시우스의 『교
회사』Historica ecclesiastica는 단편으로만 남아 있다(포티우스, 『저서 평론』Μυριόβιβλος
89). G. Röwekamp, "겔라시우스(카이사리아의)", 『교부학 사전』, 75-76 참조.

130

겔라시우스 주교

1. 에우조이우스[934]를 계승한 팔레스티나 카이사리아의 주교 겔라시우스[935]
는 섬세하고 정확한 문체의 몇몇 작품을 저술하고도 출간하지는 않는다고
한다.

131

테오티무스 주교

1. 스키티아 토미의 주교 테오티무스[936]는 대화 방식으로 고대 수사학에 관
한 간결하고 짤막한 작품들을 출간했다. 나는 그가 다른 작품들을 저술하
고 있다고 들었다.[937]

132

파키아누스의 아들인 덱스테르 현(現) 총독

1. 앞에서 말한 파키아누스[938]의 아들인 덱스테르[939]는 사회적으로 유명 인

---

936 토미(오늘날 루마니아의 콘스탄차)의 주교 테오티무스(Theotimus, 4-5세기)는 처음에는
이교 철학자였다가 회심한 뒤 392년경 주교로 서품되었다. 403년 오리게네스의 단죄에 반
대했으며, 431년 에페소 공의회 이전에 사망했다. G. Ldocsi-S. Samulowitz, "Teotimo
di Tomi", NDPAC III, 5296 참조.

937 테오티무스의 작품은 모두 소실되어 남아 있지 않다.

938 덱스테르 총독의 아버지인 바르셀로나의 주교 파키아누스(4세기)에 관해서는 『명인록』 머
리말과 106 참조.

deditus, fertur ad me *Omnimodam historiam* texuisse, quam necdum legi.

CXXXIII
Amphilochius episcopus

1. Amphilochius, Iconii episcopus, nuper mihi librum legit *De Spiritu Sancto*, quod Deus et quod adorandus quodque omnipotens sit.

CXXXIV
Sophronius

1. Sophronius, vir apprime eruditus, *Laudes Bethleem* adhuc puer et nuper *De subversione Serapis* insignem librum composuit; **2.** *De virginitate* quoque *ad Eustochium* et *Vitam Hilarionis monachi*, opuscula mea, in Graecum ser-

---

939 히에로니무스는 눔미우스 아이밀리아누스 텍스테르(Nummius Aemilianus Dexter)에게 『명인록』을 헌정했다. 아버지는 바르셀로나의 주교 파키아누스였다. 더 자세한 정보는 머리말 각주 참조.
940 히에로니무스, 『루피누스 저서 반박 변론』 23 참조.
941 이 작품에 관한 더 자세한 정보는 남아 있지 않다.
942 암필로키우스(Amphilochius, 4-5세기)는 340/345년경 카파도키아 상류층 그리스도인 집안에서 태어났다. 나지안주스의 그레고리우스의 사촌이었고, 리바니오스의 제자였으며, 364/365년 콘스탄티노플에서 연설가 또는 변호사로 활동하기 시작했다. 373년 대 바실리우스는 정통 신앙 교회를 확장하기 위해 그를 새로운 지방인 리카오니아의 수도 이코니움의 주교로 임명했다. 암필로키우스는 성령신성부인론자들을 거슬러 이코니움 교회회의(376년)를 열었으며, 콘스탄티노플 공의회(381년)에 참석해 정통 신앙을 수호했다

사이고, 그리스도 신앙이 독실하다.[940] 나를 위해 『보편 역사』*Omnimoda historia*[941]를 지었다고 하는데, 아직 읽어보지 못했다.

133
암필로키우스 주교

1. 이코니움의 주교 암필로키우스[942]는 최근에 나에게 『성령론』*De Spiritu Sancto*[943]이라는 책을 읽게 해주었다. 성령은 하느님이시고 찬미받으셔야 하며 전능하신 분이시라는 것이다.[944]

134
소프로니우스

1. 매우 박학한 사람인 소프로니우스[945]는 아직 소년이었을 때 『베들레헴 찬가』*Laudes Bethleem*를 지었고, 최근에 『세라피온 성전 파괴』*De subversione Serapis*[946]라는 탁월한 책을 썼다. **2.** 나의 저술들인 『에우스토키움에게 보

(『테오도시우스 법전』*Codex Theodosianus* 16,1,3). 398년과 404년 사이에 선종했다. G. Röwekamp, "암필로키우스(이코니움의)", 『교부학 사전』, 647-648 참조.

943 이 작품은 제1차 콘스탄티노플 공의회(381년)에서 봉독되었으나 소실되었다.

944 대 바실리우스는 자신의 『성령론』*De Spiritus Sancto*을 암필로키우스에게 헌정했다.

945 소프로니우스(Sophronius, 4세기)는 셀레우키아 교회회의(359년)에서 유사파의 대표적 인물이었고, 그 때문에 콘스탄티노플 교회회의(360년)에서 단죄를 받아 추방되었다. 361년 콘스탄티우스 황제가 죽자 유사파 지지자들과 함께 리미니와 콘스탄티노플 교회회의의 결정을 뒤집어엎었다. 그 뒤로는 삶의 흔적을 찾을 길이 없다. M. Simonetti, "Sofronio di Pompeiopoli", NDPAC III, 5296 참조

946 세라피온 성전 파괴에 관한 이야기는 루피누스, 『교회사』*Historia ecclesiastica* 2,23 참조.

monem elegantissime transtulit, psalterium quoque et prophetas, quos nos de Hebraeo in Latinum vertimus.

CXXXV

Hieronymus presbyter

1. Hieronymus, natus patre Eusebio, oppido Stridonis, quod a Gothis eversum Dalmatiae quondam Pannoniaeque confinium fuit, usque in praesentem annum, id est Theodosii principis quartum decimum haec scripsi: **2.** *Vitam Pauli monachi, Epistularum ad diversos* librum unum, *Ad Heliodorum exhortatoriam, Altercationem Luciferiani et orthodoxi, Chronicon omnimodae historiae, In Hieremiam et Ezechiel homilias Origenis* viginti octo, quas de Graeco in

---

947 히에로니무스, 『편지』 22와 같은 작품이다.

948 『명인록』 135,4 참조.

949 『명인록』의 그리스어 번역본이 소프로니우스의 작품이라고 오랫동안 잘못 알려졌다. 소프로니우스가 그리스어로 번역한 책은 하나도 남아 있지 않다.

950 히에로니무스(Hieronymus, 347-420년)의 생애에 관해서는 해제 참조.

951 스트리돈(Stridon/Stridonium/Stridonia)은 오늘날 크로아티아의 달마티아(Dalmatia)이다.

952 393년이다. 자세한 내용은 해제의 '저술 시기' 참조.

953 히에로니무스는 393년까지 저술한 자기 작품을 연대기순이나 논리적 순서를 크게 고려하지 않고 나열했다.

954 히에로니무스는 극단적인 금욕생활 방식을 퍼뜨렸는데, 아타나시우스의 『안토니우스의 생애』Vita Antonii와 경쟁하듯 수도승 세 명의 전기, 곧 『힐라리온의 생애』Vita Hilarinois(『명인록』135,4), 『말쿠스의 생애』Vita Malchi(『명인록』135,4) 그리고 여기 언급된 『파울루스의 생애』Vita Pauli를 썼다. 히에로니무스는 이 작품으로 저술가의 명성을 얻게 되었다.

955 칼키스 사막에서 지내던 375년에서 377년 사이에 저술되었다.

낸 동정론『De virginitate ad Eustochium』[947]과 『수도승 힐라리온의 생애』Vita Hilarionis monachi[948]도 매우 수려하게 그리스어로 번역했으며, 우리[내]가 히브리어에서 라틴어로 옮긴 시편과 예언서도 그리스어로 번역했다.[949]

135
히에로니무스 사제

1. 아버지 에우세비우스에게서 태어난 나 히에로니무스[950]는 고트족에게 파괴된 스트리돈[951] 도시 출신이다. 이 도시는 한때 달마티아와 판노니아 사이의 경계 지역이었다. 테오도시우스 황제 재위 14년인 올해[952]까지 나는 이런 작품들을 썼다.[953] **2.** 『수도승 파울루스의 생애』Vita Pauli monachi[954], 『다양한 사람들에게 보낸 서간집』Epistulae ad diversos 한 권[955], 『헬리오도루스를 향한 권고』Ad Heliodorum exhortatoria[956], 『루키페르파와 정통 신앙파의 논쟁』Altercatio Luciferiani et orthodoxi[957], 『보편 역사 연대기』Chronicon omnimodae historiae[958], 내가 그리스어에서 라틴어로 번역한 오리게네스의 『예레미야서 강해』In Hieremiam homiliae[959]와 『에제키엘서 강해』In Ezechiel homiliae 스물여덟 권[960], 『세라핌[사람] 천사』De

---

956 『다양한 사람들에게 보낸 서간집』 열일곱 통 가운데 열네 번째 편지는 수도승 생활에 관하여 『헬리오도루스를 향한 권고』이다.

957 안티오키아와 콘스탄티노플에서 지내던 376/377년부터 382년 사이에 저술된 이 작품은 배교자들과 세례 문제를 다룬다.

958 에우세비우스의 『연대기』Chronica를 번역하고 이어서 저술한 작품이다.

959 오리게네스의 『예레미야서 강해』 열네 권의 라틴어 번역본이다.

960 오리게네스의 『에제키엘서 강해』 열네 권의 라틴어 번역본이다.

Latinum verti, *De seraphim, De osanna, De frugi et luxurioso filiis, De tribus quaestionibus legis veteris, Homilias in Canticum canticorum* duas, **3.** *Adversus Helvidium de Mariae virginitate perpetua, Ad Eustochium de virginitate servanda, Ad Marcellam* epistularum librum unum, *Consolatoriam de morte filiae ad Paulam, In epistulam Pauli ad Galatas commentariorum* libros tres, *In epistulam ad Ephesios commentariorum* libros tres, *In epistulam ad Titum* librum unum, *In epistulam ad Philemonem* librum unum, *In Ecclesiastem commentarios,* **4.** *Quaestionum Hebraicarum in Genesim* librum unum, *De locis* librum unum, *Hebraicarum nominum* librum unum, *De Spiritu Sancto Didymi* quem in Latinum transtuli librum unum, *In Lucam homilias* triginta novem, *In Psalmos* a decimo usque ad sextum decimum tractatus septem, *De captivo monacho, Vitam beati Hilarionis;* **5.** Novum Testamentum Graecae

---

961 이사야서 6장 1-9절에 나오는 세라핌(사랍) 천사의 환시에 관한 주해이며, 『편지』 18에 해당한다.

962 호산나 용어에 관한 설명이며, 『편지』 20에 해당한다.

963 루카 복음에 나오는 자비로운 아버지의 비유(15,1-32)에 관한 해설이며, 『편지』 21에 해당한다.

964 창세기 5장 15절, 15장 16절, 27장 21절 등의 성경 구절에 관한 설명이며, 『편지』 36에 해당한다.

965 오리게네스의 『아가 강해』*In Canticum canticorum homiliae* 두 권의 라틴어 번역이지만, 히에로니무스는 번역본이라는 사실을 밝히지 않는다.

966 성모 마리아의 평생 동정을 본보기로 동정 생활을 권고하는 책들이다. L. Gambero, *Maria nel pensiero dei padri della Chiesa*, Milano 1991, 226-239 참조.

967 스물두 통의 편지로 구성되어 있다.

968 384년에 맏딸 블레실라(Blesilla)를 잃은 파울라를 위로하는 내용이며, 『편지』 39에 해당한다.

969 바오로 서간 네 권에 관한 주해는 팔레스티나에 머물던 386년부터 『명인록』을 저술한 393년 사이에 저술된 작품이다.

seraphim[961], 『호산나』*De osanna*[962], 『건실한 아들과 방탕한 아들』*De frugi et luxurioso filiis*[963], 『옛 율법의 세 가지 문제』*De tribus quaestionibus legis veteris*[964], 『아가 강해』*Homilias in Canticum canticorum* 두 권[965], **3.** 『마리아의 영원한 동정에 관하여 헬비디우스 반박』*Adversus Helvidium de Mariae virginitate perpetua*, 『보존해야 할 동정에 관하여 에우스토키움에게』*Ad Eustochium de virginitate servanda*[966], 『마르켈라에게』*Ad Marcellam* 보낸 서간집 한 권[967], 『파울라에게 보낸 딸의 죽음에 대한 위로』*Consolatoria de morte filiae ad Paulam*[968], 바오로의 『갈라티아서 주해』*In epistulam ad Galatas commentarii* 세 권, 『에페소서 주해』*In epistulam ad Ephesios commentarii* 세 권, 『티토서 주해』*In epistulam ad Titum* 한 권, 『필레몬서 주해』*In epistulam ad Philemonem* 한 권[969], 『코헬렛 주해』*In Ecclesiastem commentarii*, **4.** 『창세기에 관한 히브리인들의 질문』*Quaestiones Hebraicae in Genesim* 한 권, 『지명록』*De locis* 한 권[970], 『히브리 이름』*Hebraica nomina* 한 권[971], 내가 라틴어로 번역한 디디무스의 『성령론』*De Spiritu Sancto* 한 권[972], 『루카 복음 강해』*In Lucam homiliae* 서른아홉 권[973], 제10편부터 제16편까지 『시편 주해』*In Psalmos* 일곱 권, 『감금된 수도승』*De captivo monacho*[974], 『복된 힐라리온의 생애』*Vita beati Hilarionis*가 있다. **5.** 나는 신약성경을 그리스어에 충실하게 수

---

970 에우세비우스 『지명록』*Onomasticon*의 라틴어 번역본이다.
971 오리게네스가 다시 손질한 필론의 분석 작품의 라틴어 번역본이다.
972 시각 장애인 디디무스의 『성령론』을 라틴어로 번역한 작품이다. 『명인록』 109,2 참조.
973 오리게네스의 『루카 복음 강해』 서른아홉 권의 라틴어 번역이지만, 히에로니무스는 번역본이라는 사실을 밝히지 않는다.
974 사라센족에게 사로잡혀 지내다가 탈출한 수도승 『말쿠스의 생애』*Vita Malchi*를 가리킨다.

fidei reddidi, Vetus iuxta Hebraicum transtuli; epistularum autem *Ad Paulam et Eustochium*, quia cotidie scribuntur, incertus est numerus. **6.** Scripsi praeterea *In Micheam explanationum* libros duos, *In Naum* librum unum, *In Abacuc* libros duos, *In Sophoniam* librum unum, *In Aggaeum* librum unum multaque alia de opere prophetali quae nunc habeo in manibus et necdum expleta sunt.

---

975 『대중판』*Vulgata*이라고 불리게 될 라틴어 성경 번역은 382년 로마의 주교 다마수스의 요청으로 시작되었다. 당시 다마수스 교황의 비서였던 히에로니무스 사제는 383년에 네 복음서의 『옛 라틴어』*Vetus Latina* 번역본을 그리스어 원문에 따라 개정했고, 시편은 칠십인역(LXX) 그리스어 본문대로 1차 수정했다(시편 1차 수정은 384년에, 2차 수정은 386/391년에 오리게네스의 『육중역본』*Hexapla*으로, 3차 수정은 398-406/407년에 히브리어 본문으로 진행). 신약성경 가운데 복음서를 제외한 사도행전, 서간, 묵시록의 라틴어 번역은 히에로니무스가 손대지 않았고, 아마도 그의 제자(시리아인 루피누스?)가 수정했으리라 추정한다. 384년 다마수스 교황이 죽은 뒤 386년에 베들레헴에 정착한 히에로니무스는 본격적으로 구약성경 번역에 매달려 390년부터 407년경까지 구약성경 38권을 히브리어 원전에서 번역했고, 제2정경 유딧기와 토빗기는 칠십인역에서 옮겼으며, 나머지 제2정경 6권은 기존 라틴어 번역본을 고쳐 옮겼다. 이 성경은 마침내 9세기에 교회의 공식 전례 성경으로 채택되었고, 가톨릭교회의 공식 라틴어 성경인 『새 불가타』*Nova Vulgata*(1979)로 이어지고 있다. M. Simonetti-E. Prinzivalli, *Storia della letteratura cristiana antica*, 462; A. Fürst, *Hieronymus. Askese und Wissenschaft in der Spätantike*, 90-91; *La Bibbia 'Vulgata' dalle origini ai nostri giorni. Atti del Simposio internazionale in onore di Sisto V*, T. Stramare (ed.), Città del Vaticano 1987 참조.

정했고, 구약성경을 히브리어에 따라 번역했다.[975] 그러나 『파울라와 에우스토키움에게』*Ad Paulam et Eustochium* 보낸 서간집은 날마다 썼기 때문에 그 수가 확실하지 않다.[976] **6.** 그 밖에도 『미카서 해설』*In Micheam explanationes* 두 권, 『나훔서 주해』*In Naum* 한 권, 『하바쿡서 주해』*In Abacuc* 두 권, 『스바니야서 주해』*In Sophoniam* 한 권, 『하까이서 주해』*In Aggaeum* 한 권[977]과 예언서에 관한 다른 많은 작품들도 썼는데, 지금 내가 손에 붙들고 있긴 하지만 아직 완성되지는 않았다.[978]

---

976 이 가운데 오늘날 파울라에게 보낸 편지 세 통(『편지』 30, 33, 39)과 그의 딸 에우스토키움에게 보낸 편지 두 통(『편지』 22, 31)만 남아 있다. 그 밖에도 다양한 성경 번역본의 머리말이 이 여인들에게 헌정되었다.

977 이 주해서들은 『명인록』이 저술된 393년보다 조금 앞서 쓴 것이다.

978 히에로니무스가 언급하지 않은 다른 작품 목록에 관해서는 P. Nautin, "La liste des oeuvres de Jérôme dans le 《De viris illustribus》", in *Orpheus* 5 (1984), 326-344 참조.

히에로니무스 저술 목록

이 목록은 한국교부학연구회『교부 문헌 용례집』(수원가톨릭대학교출판부 2014)을 수정·보완하여 펴낸『교부학 사전』(한국성토마스연구소 2021)을 최종 잣대로 삼았다.

Adversus Helvidium de Mariae
virginitate perpetua
마리아의 영원한 동정에 관해 헬비디우스 반박

Adversus Iovinianum
요비니아누스 반박

Altercatio Luciferiani et Orthodoxi
루키페르파와 정통신앙파의 논쟁

Apologia adversus libros Rufini (seu
Epistula Hieronymi adversus Rufinum)
루피누스 저서 반박 변론

Breviarium in psalmos / In Psalmos
breviarium (Spuria = Sp. 불확실한 작품)
시편 성무일도

Commentarii in Danielem
다니엘서 주해

Commentarii in IV epistulas Paulinas
(ad Galatas, ad Ephesios, ad Titum,
ad Philemonem)
바오로의 네 서간(갈라티아, 에페소, 티토, 필레몬) 주해

Commentarii in Evangelium Matthaei
/ In evangelium Matthaei commentarii
마태오 복음 주해

Commentarii in Ezechielem
에제키엘서 주해

Commentarii in Isaiam /
In Isaiam commentarii
이사야서 주해

Commentarii in Prophetas minores
소예언서 주해

Commentarii in Sacram Scripturam
성경 주해

Commentarioli in psalmos /
In Psalmos commentarioli
시편 주해

Commentarius brevis in psalmos (Sp.)
시편 짧은 주해

Commentarius in Ecclesiasten /
In Ecclesiasten commentarius
코헬렛 주해

Commentarius in Evangelium
secundum Marcum (Sp.)
마르코 복음 주해

Contra Ioannem Hierosolymitanum /
Contra Ioannem

예루살렘의 요한 반박

Contra Vigilantium
비길란티우스 반박

De Christianitate (Sp.)
그리스도교

De exodo, in vigilia Paschae
부활 성야 탈출기 강해

De formis hebraicarum litterarum (Sp.)
히브리 문자 형태

De monogramma XPI (Sp.)
합일문자 XPI

De persecutione Christianorum
그리스도인에 대한 박해

De septem Spiritus sancti donis et
septem uitiis (Sp.)
성령의 일곱 은사와 일곱 악습

De situ et nominibus locorum
Hebraicorum
히브리 지역의 위치와 이름

De viris illustribus
명인록

Dialogi contra Pelagianos libri III /
Dialogi contra Pelogianos /
Dialogus adversus Pelagianos
펠라기우스파 반박 대화 (3권)

Dicta sancti Hieronimi presbiteri de
omnes cursus seu Pro quale virtute
cantantur omnes cursus (Sp.)
인생 여정에 관한 성 히에로니무스 사제
의 말씀 또는 어느 덕행으로 인생 여정
이 칭송받는가?

Epistula ad Praesidium
프라이시디우스에게 보낸 편지

Epistula Ps. Damasi Papae ad
Hieronymum de hora sacrificii (Sp.)
희생제 시간에 관해 히에로니무스에게
보낸 위-다마수스 교황의 편지

Epistula Ps. Damasi Papae ad
Hieronymum de Melchisedech (Sp.)
멜키체덱에 관해 히에로니무스에게 보낸
위-다마수스 교황의 편지

Epistulae
서간집

Expositio quattuor evangeliorum (Sp.)
네 복음서 해설

⟨Fides sancti Hieronymi⟩ (Sp.)
"성 히에로니무스의 신앙"

Fragmenta de psalmis
시편 단편

Homilia ad monachos (Sp.)
수도승들을 위한 설교

Homilia de nativitate Domini
주님의 탄생에 관한 설교

Homilia in Evangelium secundum
Matthaeum
마태오 복음 강해

Homilia in Ioannem Evangelistam /
Homilia in Ioannem Evangelistam
복음사가 요한에 관한 설교

Homilia in Lucam, de Lazaro et divite

라자로와 부자에 관한 루카 복음 강해

Homilia, in qua corruptio doctrinae
apostolorum vituperatur (Sp.)
사도들 가르침의 변질을 꾸짖는 설교

In die dominica Paschae I
부활 주일에 관한 첫째 설교

In die dominica Paschae II
부활 주일에 관한 둘째 설교

In Esaia parvula adbreviatio
이사야서 강해 요약

In Hieremiam prophetam libri VI
예레미야서 주해 (6권)

In lamentationes Ieremiae (Sp.)
예레미야의 애가 주해

In psalmum XLI, ad neophytos
갓 세례받은 이들을 위한 시편 제41편
강해

Incipit de psalmo liber Sancti
Hieronymi (Sp.)

성 히에로니무스의 시편 시작

Indiculus de haeresibus (Sp.)
이단 목록

Interpretatio alphabeti Hebraeorum
(Sp.)
히브리어 알파벳 해설

Liber interpretationis hebraicorum
nominum / De nominibus
hebraicis sive Philonis liber De
interpretationenominum hebraicorum
히브리 이름 해설

Liber quaestionum hebraicarum in
Genesim / Questiones hebraicae in
Genesim
창세기의 히브리어에 관한 질문

Liber tertius adversus libros Rufini
루피누스 저서 반박 제3권

Prologi psalmorum editi a Beato
Hieronymo presbytero (fragm./Sp.)
복된 히에로니무스 사제가 편집한 시편
서론

Sermo de die epiphaniorum et de
psalmo XXVIII
공현일과 시편 제28편에 관한 설교

Sermo de quadragesima
사순절에 관한 설교

Sermo Sancti Hieronymi de psalterio
(Sp.)
시편집에 관한 성 히에로니무스의 설교

Tractatus de oboedientia
순명에 관한 설교

Tractatus in Marci Evangelium /
In evangelium Marci tractatus
마르코 복음 강해

Tractatus LIX in psalmos /
In Psalmos tractatus
시편 강해 (59편)

Tractatuum in psalmos series altera
또 다른 시편 강해

Versus Damasi et Hieronymi (Sp.)
다마수스와 히에로니무스의 시

Versus Hieronymi ad Augustinum et
Augustini ad Hieronymum (Sp.)
아우구스티누스에게 보낸 히에로니무스
의 시와 히에로니무스에게 보낸 아우구
스티누스의 시

Versus Hieronymi de mobilitate mentis
humanae (Sp.)
인간의 불완전한 정신에 관한 히에로니
무스의 시

Vita Malchi
말쿠스의 생애

Vita sancti Hieronymi (appen.)
성 히에로니무스의 생애

Vita sancti Hilarionis
성 힐라리온의 생애

Vita sancti Pauli
성 파울루스의 생애

황제 연보

1. 이 연보는 Saint Jerome, *On Illustrious Men*, T.P. Halton (tr.), Wsahington 1999, 190-192에 기댔다.
2. 『명인록』에 등장하는 저술가 135명 가운데 히에로니무스가 황제의 통치 시기와 함께 언급한 인물과 항목만 나열했다.

통치 시기	황제	인물	
37–41년	가이우스 칼리굴라	유대인 필론	『명인록』 11
41–54년	클라우디우스	시몬 베드로	『명인록』 1
54–68년	네로	주님의 형제 야고보	『명인록』 2
		바오로[바울]	『명인록』 5
		복음사가 마르코	『명인록』 8
		루키우스 안나이우스 세네카	『명인록』 12
69–79년	베스파시아누스		
79–81년	티투스	사도 복음사가 요한	『명인록』 9
81–96년	도미티아누스		
98–117년	트라야누스	사도 복음사가 요한	『명인록』 9
		로마의 클레멘스	『명인록』 15
		안티오키아의 이그나티우스	『명인록』 16
117–138년	하드리아누스	콰드라투스 주교	『명인록』 19
		철학자 아리스티데스	『명인록』 20
		아그리파 카스토르	『명인록』 21
		역사가 헤게시푸스	『명인록』 22

연도	황제	인물	출처
138-161년	안토니누스 피우스	스미르나의 폴리카르푸스	『명인록』 17
		순교자 유스티누스	『명인록』 23
		로마의 가이우스	『명인록』 59
161-180년	마르쿠스 아우렐리우스 안토니누스 베루스	순교자 유스티누스	『명인록』 23
		사르데스의 멜리톤	『명인록』 24
		안티오키아의 테오필루스	『명인록』 25
		히에라폴리스의 아폴리나리스	『명인록』 26
		코린토의 디오니시우스	『명인록』 27
		크레타의 피니투스	『명인록』 28
		타티아누스	『명인록』 29
		크레타의 필리푸스	『명인록』 30
		무사누스	『명인록』 31
		모데스투스	『명인록』 32
		바르다이산	『명인록』 33
180-192년	콤모두스	이레네우스	『명인록』 35
193-211년	세베루스	밀티아데스	『명인록』 39
		안티오키아의 세라피온	『명인록』 42
193-211년	셉티미우스 세베루스	판타이누스	『명인록』 36
211-217년	카라칼라	로돈	『명인록』 37
		바킬루스	『명인록』 44
		폴리크라테스	『명인록』 45
		헤라클리투스	『명인록』 46
		막시무스	『명인록』 47
		칸디두스	『명인록』 48
		아피온	『명인록』 49
		섹스투스	『명인록』 50
		테르툴리아누스	『명인록』 53
218-222년	마르쿠스 아우렐리우스 안토니누스 또는 엘라가발루스	율리우스 아프리카누스	『명인록』 63

221–222년	클라우디우스 아우렐리우스	말키온	『명인록』71
222–235년	맘마이아의 아들 알렉산데르	오리게네스	『명인록』54
251–253년	갈루스 볼루시아누스	코르넬리우스 노바티아누스	『명인록』66 『명인록』70
249–251년	데키우스	히폴리투스 예루살렘의 알렉산데르 올림푸스의 메토디우스	『명인록』61 『명인록』62 『명인록』83
253–259년	발레리아누스		
253–259년	발레리아누스	키프리아누스 폰티우스 알렉산드리아의 디오니시우스	『명인록』67 『명인록』68 『명인록』69
253–268년	갈리에누스		
268–270년	클라우디우스 고티쿠스	안티오키아의 말키온	『명인록』71
270–275년	아우렐리아누스		
276–282년	프로부스	아르켈라우스 아나톨리우스	『명인록』72 『명인록』73
282–283년	카루스		
284–305년	디오클레티아누스	피에리우스 아르노비우스	『명인록』76 『명인록』77
308–314년	막시미누스	팜필리우스 안티오키아의 루키아누스 필레아스	『명인록』75 『명인록』77 『명인록』78
306–337년	콘스탄티누스	락탄티우스 유벤쿠스 안토니우스	『명인록』80 『명인록』84 『명인록』88
337–361년	아들들		
	콘스탄티누스 / 콘스탄티우스	카이사리아의 에우세비우스 오텡의 레티키우스 안키라의 마르켈루스	『명인록』81 『명인록』82 『명인록』86

296

337-361년	콘스탄티우스	시데의 에우스타티우스	『명인록』 85
		안키라의 바실리우스	『명인록』 89
		헤라클레이아의 테오도루스	『명인록』 90
		에메사의 에우세비우스	『명인록』 91
		트리필리우스	『명인록』 92
		아스테리우스	『명인록』 93
		포르투나티아누스	『명인록』 94
		아카키우스	『명인록』 97
		트무이스의 세라피온	『명인록』 99
		빅토리누스	『명인록』 100
361-363년	율리아누스	칼리아리의 루키페르	『명인록』 95
363-364년	요비아누스	베르첼리의 에우세비우스	『명인록』 96
364-375년, 서방	발렌티니아누스	푸아티에의 힐라리우스	『명인록』 100
		포티누스	『명인록』 107
		밀레비스의 옵타투스	『명인록』 110
		아킬리우스 세베루스	『명인록』 111
364-378년, 동방	발렌스	아타나시우스	『명인록』 87
		보스트라의 티투스	『명인록』 102
		에프렘	『명인록』 115
367-383년, 밀라노	그라티아누스	카이사리아의 바실리우스	『명인록』 116
383-388년, 트리어	막시무스	프리스킬리아누스	『명인록』 121
		라트로니아누스	『명인록』 122
		티베리아누스	『명인록』 123
379-395년	테오도시우스	파키아누스	『명인록』 106
		나지안주스의 그레고리우스	『명인록』 117
		알렉산드리아의 루키우스	『명인록』 118
		요한 크리소스토무스	『명인록』 129

찾아보기

(1) [인명·지명]

(2) [주제·사항]

(3) [작품명]

지은이

:: 히에로니무스 Hieronymus, 347-420년

히에로니무스는 위대한 성서학자이자 번역가의 수호성인이며, 암브로시우스, 아우구스티누스, 대 그레고리우스와 더불어 서방의 4대 교부이다. 347년 달마티아(크로아티아 지방)의 작은 마을 스트리돈에서 태어난 히에로니무스는 로마에서 문법과 수사학을 공부했고, 스무 살 무렵부터 수행의 삶을 추구하며 성경 공부를 하다가 378/9년경 안티오키아에서 사제품을 받았다. 382년 로마 교회회의에 통역으로 참석했다가 로마의 주교 다마수스의 비서가 되었다. 다마수스의 요청으로 네 복음서와 시편의 '옛 라틴어'(vetus latina) 번역본을 그리스어 원문과 칠십인역을 바탕으로 개정하면서, '대중판'(vulgata)이라 불리게 될 라틴어 성경 번역을 시작했다. 384년 다마수스 교황이 선종하자 히에로니무스도 그 이듬해 로마를 떠났다. 386년 베들레헴에 정착한 그는 남녀 수도원을 세웠고, 390년부터 407년경까지 구약성경 번역에 투신했다. 히브리어 원전에서 옮긴 대중판 라틴어 성경 『불가타』*Vulgata*는 그가 이룬 가장 위대한 업적이다. 방대한 성경 주해서도 남겼는데, 라틴 교부들 가운데 유일하게 모든 예언서를 주해한 인물이다. 세상을 떠날 때까지 34년 동안 베들레헴에서 수행의 삶을 살다가 420년 9월 30일 선종했다. 그의 나이 일흔셋이었고, 주님 탄생 성당 근처에 묻혔다고 한다. 가톨릭 교회는 그의 천상 생일인 9월 30일에 성 히에로니무스 사제 학자를 기념한다. 지난 2020년 히에로니무스 선종 1600주년에 프란치스코 교황은 이 교부를 '성경 해설의 가장 위대한 학자'(doctor maximus explandis Scripturis)로 기억했다. 비록 고결하고 훌륭한 인품을 지니지는 못했지만 한평생 성경 연구에 헌신하면서 인문 고전의 탁월한 역량을 새로운 그리스도교 문화를 일구고 꽃피우는 데 오롯이 바친 까닭에 '르네상스 인문주의자들의 선구자'라는 평가도 받는다.

옮긴이

:: 최원오

광주가톨릭대학교와 대학원을 졸업하고, 로마 아우구스티누스 대학에서 교부학 박사학위를 받았다. 부산가톨릭대학교 교수로 일했으며, 현재 대구가톨릭대학교 교수다. 『교부들의 사회교리』(분도출판사 2020), 『교부들에게 배우는 삶의 지혜』(분도출판사 2017, 공저), 『종교 간의 대화』(현암사 2009, 공저), 『내가 사랑한 교부들』(분도출판사 2005, 공저)을 지었고, 포시디우스의 『아우구스티누스의 생애』(분도출판사 2008, 공역), 아우구스티누스의 『요한 서간 강해』(분도출판사 2011, 공역), 암브로시우스의 『성직자의 의무』(아카넷 2020), 『토빗 이야기』(분도출판사 2016), 『나봇 이야기』(분도출판사 2012), 오리게네스의 『원리론』(아카넷 2014, 공역), 키프리아누스의 『선행과 자선·인내의 유익·시기와 질투』(분도출판사 2018), 요한 크리소스토무스의 『참회에 관한 설교』(분도출판사 2019, 해제), 『교부들의 성경 주해. 마르코 복음서』(분도출판사 2011), 『성 아우구스티누스』(분도출판사 2015, 공역), 『교부와 만나다』(비아출판사 2019, 공역), 『교부학 사전』(한국성토마스연구소 2021, 공역)을 우리말로 옮겼으며, 『교부 문헌 용례집』(수원가톨릭대학교출판부 2014)을 함께 엮었다.

한국연구재단총서 학술명저번역 **636**

명인록

1판 1쇄 찍음 ┆ 2022년 8월 10일
1판 1쇄 펴냄 ┆ 2022년 8월 31일

지은이 ┆ 히에로니무스
옮긴이 ┆ 최원오
펴낸이 ┆ 김정호

책임편집 ┆ 박수용
디자인 ┆ 이대응

펴낸곳 ┆ 아카넷
출판등록 ┆ 2000년 1월 24일(제406-2000-000012호)
주소 ┆ 10881 경기도 파주시 회동길 445-3
전화 ┆ 031-955-9511(편집)·031-955-9514(주문)
팩시밀리 ┆ 031-955-9519
www.acanet.co.kr

ⓒ 한국연구재단, 2022

Printed in Paju, Korea.

ISBN 978-89-5733-808-7 94230
ISBN 978-89-5733-214-6 (세트)

이 번역서는 2019년 대한민국 교육부와 한국연구재단의 지원을 받아 수행된 연구임
(NRF-2019S1A5A7068501)

This work was supported by the Ministry of Education of the Republic of Korea
and the National Research Foundation of Korea. (NRF-2019S1A5A7068501)